# Das Geheimnis von Shambhala

JAMES REDFIELD

# DAS GEHEIMNIS VON SHAMBHALA

Aus dem Amerikanischen von
Thomas Görden und Renate Schilling

WILHELM HEYNE VERLAG
MÜNCHEN

Herausgegeben von Michael Görden

Die Originalausgabe erschien 1999 unter dem Titel
THE SECRET OF SHAMBHALA
im Verlag Warner Books, New York

*Umwelthinweis:*
Dieses Buch wurde auf
chlor- und säurefreiem Papier gedruckt.

2. Auflage

http://www.heyne.de
Printed in Germany 1999
Umschlaggestaltung: Nele Schütz Design, München
Umschlagabbildung: Warner Books, New York
Satz: Leingärtner, Nabburg
Druck und Bindung: Wiener Verlag, Himberg
Printed in Austria

ISBN 3-453-16554-3

# *Inhalt*

# 1 Gedankenfelder

Ich blickte aus dem Fenster auf die Bäume und Wildblumen, in der Hoffnung, die leuchtenden Herbstfarben des Waldes könnten mich von meinen Grübeleien und meiner inneren Unzufriedenheit ablenken. Wie lange lag meine Reise nach Peru nun zurück? Damals hatte ich mich Hals über Kopf in ein verrücktes Abenteuer nach dem anderen gestürzt und war dabei doch wie von einer unsichtbaren Hand von Erkenntnis zu Erkenntnis geführt worden – zu *den* Neun Erkenntnissen. Ich erinnere mich noch an alles, was ich damals gelernt hatte, auch wenn der ganze Aufenthalt in Peru mir immer mehr vorkam wie ein ferner, verblassender Traum.

Ich hatte so viel gelernt – über den Wettkampf um Energie, der zwischen den Menschen herrscht und den wir nur überwinden können, indem wir uns selbst immer wieder mit spiritueller Energie aufladen. Darüber, wie man anderen Menschen Energie schicken kann, indem man sich auf die Schönheit in ihren Gesichtern konzentriert. Und über unsere höhere Bestimmung, die wir finden können, indem wir uns von den synchronistischen Fügungen in unserem Leben leiten lassen. Ich wußte, daß alle diese Methoden funktionierten. In der ersten Zeit nach meiner Rückkehr aus Peru hatte ich sie noch häufig praktiziert, doch letztlich war wohl die Macht der Routine stärker, die mich in alte, vertraute Muster zurückfallen ließ. Intellektuell hatte ich zweifellos begriffen, worum es in den Neun Erkenntnissen ging, aber in unserem heutigen Leben dauerhaft einen spirituellen, energetisierten Bewußtseinszustand aufrechtzuerhalten war ganz etwas anderes. Ich fühlte mich wie ein Versager.

Und was war mit der spirituellen Revolution, dem Auftauchen einer neuen Kultur, das der Menschheit bevorstand? Ich mußte an meine zweite Abenteuerreise denken, in die Appalachen, die aufregenden Ereignisse dort, die mich geradewegs zur Zehnten Erkenntnis geführt hatten. Man muß seine Geburtsvision finden, sich daran erinnern, warum wir als Menschen hier auf diese Welt gekommen sind. Setzte ich dieses Wissen um? Ich seufzte und schüttelte den Kopf. Ich hatte keinerlei Kontakte mehr mit dem Jenseits gehabt. Es war mir nicht gelungen, eine klare Vorstellung von meiner eigenen Geburtsvision zu gewinnen – wie sollte ich da einen Beitrag zur spirituellen Evolution der Menschheit leisten? Und wenn ich die Fernsehnachrichten ansah, wurde mir nur zu bewußt, wie weit unsere Zivilisation noch von jener wahren Spiritualität entfernt war.

Wils Gesicht tauchte vor meinem inneren Auge auf. Ich spürte, wie sehr ich ihn vermißte. In Peru und später dann in den Appalachen war er mein geheimnisvoller Lehrer und Führer gewesen – und hatte sich immer als echter Freund erwiesen. Wenn es eines Beweises bedurfte, daß wir Menschen letztlich spirituelle Energiewesen sind, dann war Wil der lebendige Beweis – Will mit seiner geradezu unheimlichen Fähigkeit, sich vor meinen Augen in nichts aufzulösen und dann ebenso unerwartet an anderer Stelle wieder aus dem Nichts aufzutauchen. Jetzt aber kam es mir so vor, als habe ihn das Nichts für immer verschluckt. Es schien mir eine Ewigkeit her, daß wir uns zuletzt begegnet waren.

Das Telefon klingelte. Ich zögerte. Im Grunde wollte ich meine Ruhe haben, mich weiter in letztlich fruchtlosen Grübeleien ergehen. Wils Gesicht verschwand und machte den schemenhaften Umrissen einer Person Platz, die dringend mit mir sprechen mußte. Es war nur ein flüchtiger Eindruck. Genau erkennen, um wen es sich handelte, konnte ich nicht. Nun griff ich doch zum Hörer und meldete mich.

»Hier ist Bill«, sagte eine vertraute Stimme. Bill war Landschaftsarchitekt und hatte mir bei der Gestaltung meines Gartens geholfen. Er wohnte nur wenige hundert Meter entfernt, weiter unten am Berg.

»Hören Sie, Bill«, sagte ich, »kann ich Sie später zurückrufen? Ich arbeite gerade an etwas, das dringend fertig werden muß.«

Das stimmte nur zum Teil.

»Kennen Sie eigentlich meine Tochter Natalie?«

»Bitte?«

Keine Antwort.

»Bill?«

»Sehen Sie«, sagte er schließlich, »meine Tochter möchte gerne mit Ihnen reden. Ich denke, daß es wichtig sein könnte. Ich weiß nicht genau, woher sie das hat, aber sie scheint mit Ihrer Arbeit bestens vertraut zu sein. Sie sagt, sie hätte Informationen über einen Ort, der Sie vielleicht interessieren könnte. Irgendwo im Norden Tibets. Sie sagt, die Leute dort hätten wichtige Informationen.«

»Wie alt ist sie?« fragte ich.

Bill lachte leise. »Sie ist erst vierzehn, aber sie hat in letzter Zeit einige sehr bemerkenswerte Dinge gesagt. Sie hofft, daß Sie noch heute nachmittag mit ihr sprechen, vor dem Fußballspiel. Wäre das möglich?«

Ich wollte ihn auf später vertrösten, doch dann nahm das geistige Bild, das ich zuvor schon vor Augen gehabt hatte, deutlicher Gestalt an. Ich glaubte zu sehen, wie das Mädchen und ich bei der großen Quelle oberhalb ihres Hauses miteinander sprachen.

»Also gut«, sagte ich. »Wie wäre es um 14 Uhr?«

»Das paßt ausgezeichnet«, sagte Bill.

Auf dem Weg zu ihnen bemerkte ich ein neues Haus auf der anderen Seite des Tales. Jetzt sind es schon fast vierzig, dachte ich. Alle in den letzten zwei Jahren gebaut. Ich wußte, daß die Schönheit dieses wie eine Schale geformten Tales sich herumgesprochen hatte, aber ich machte mir keine ernsthaften Sorgen, daß dieser Ort übervölkert oder seine landschaftliche Schönheit zerstört werden könnte. Die nächste Stadt war fünfzehn Kilometer entfernt, und gleich hinter den Häusern begann ein riesiges Waldgebiet – den meisten Leuten war das zu abgelegen. Und die Familie, der das Land gehörte und die nun ausgewählte Baugrundstücke an den Berghängen verkaufte, schien entschlossen, den natürlichen Reiz des Ortes zu bewahren. Es wurde nur eine niedrige Bebauung zugelassen, so daß die Häuser unter den hoch in den Himmel ragenden Pinien und Platanen verborgen blieben.

Da beunruhigte mich die starke Zurückgezogenheit der Bewohner schon eher. Soweit ich sagen konnte, handelte es sich bei ihnen durchweg um ungewöhnliche Naturen, Aussteiger aus unterschiedlichen Berufszweigen. Sie hatten sich ihre freiberuflichen Nischen geschaffen, die es ihnen ermöglichten, nach eigener Zeiteinteilung zu arbeiten – was unabdingbar war, wenn man so weit draußen in der Wildnis wohnte.

Das, was uns alle hier draußen zu verbinden schien, war ein beharrlicher Idealismus und der Wunsch, unsere jeweilige berufliche Tätigkeit mit einer spirituellen Vision zu verbinden – ganz im Sinne der Zehnten Erkenntnis von Celestine. Doch letztlich lebten die meisten hier in diesem Tal für sich allein, offenbar zufrieden damit, sich auf ihre persönlichen Aufgaben zu konzentrieren. Dem Gemeindeleben oder dem Aufbau einer verbindenden Vision wurde wenig Aufmerksamkeit gewidmet. Dies galt besonders für die Angehörigen unterschiedlicher Religionen. Dieses Tal hatte aus irgendeinem Grund Menschen verschiedenster Glaubensrichtungen angezogen, darunter Buddhisten, Juden, katholische und evangelische Christen und Muslime. Zwar herrschte unter ihnen keinerlei Feindseligkeit, aber es gab auch kein besonderes Zusammengehörigkeitsgefühl.

Dieser Mangel an gemeinschaftlichem Leben beunruhigte mich, weil die Kinder so unter den gleichen Problemen litten wie in den Vororten der großen Städte: zu viel Zeit allein, zu viele Videos und zu wenig Rückhalt, um mit den Kränkungen und Rückschlägen in der Schule fertig zu werden. Offenbar mangelte es an familiärer Zuwendung und gemeinschaftlichen Aktivitäten, um den üblichen Problemen der Heranwachsenden die richtige Aufmerksamkeit zu schenken.

Vor mir verengte sich der Weg, und ich ging zwischen zwei großen Felsen hindurch, neben denen das Gelände steil abfiel. Dann hörte ich das Plätschern von Phillips' Spring. Diese Quelle verdankt ihren Namen einigen Trappern, die hier im siebzehnten Jahrhundert ihr Lager aufgeschlagen hatten. Das Wasser rinnt über mehrere Felsplatten in einen ruhigen, künstlich angelegten Teich. Ich ging zum Wasser und bückte mich, um etwas davon mit der Hand zu schöpfen. Dabei schob ich einen Stock aus dem Weg. Der Stock bewegte sich weiter, glitt über die Steine und verschwand in einem Loch.

»Ein Wassermokassin!« sagte ich laut, machte einen Schritt rückwärts und starrte auf das Loch, in dem die Giftschlange verschwunden war. Mit dem Leben draußen in der Wildnis waren noch immer Gefahren verbunden – wenn sie sich auch vielleicht nicht mehr mit jenen vergleichen ließen, denen der alte Trapper Phillips sich damals gegenübergesehen haben mußte, als einem auf Schritt und Tritt ein großes Pumaweibchen begegnen konnte, das seine Jungen bewachte, oder, noch schlimmer, eine Horde Wildschweine mit zehn Zentimeter langen Hauern, die einem die Beine aufschlitzten, wenn man sich nicht schnell genug auf einen Baum flüchtete. Hatte man einen besonders schlechten Tag erwischt, geriet man möglicherweise gar an einen wütenden Cherokee oder Seminolen, der es leid war, schon wieder neue Siedler in seinen bevorzugten Jagdgründen vorzufinden … und der der Überzeugung war, das beste Mittel gegen den Ansturm der Bleichgesichter sei es, jedem Fremden, der ihm über den Weg lief, das Herz herauszuschneiden. Nein, die Menschen dieser früheren Generationen – amerikanische Ureinwohner und Europäer gleichermaßen – sahen sich weit mehr unmittelbaren Gefahren gegenüber, die Zähigkeit und Mut herausforderten.

Unsere Generation hat offensichtlich mit anderen Problemen zu kämpfen, Problemen, die mehr mit unserer Lebenseinstellung zu tun haben und dem ständigen Kampf zwischen Optimismus und Verzweiflung. Überall erheben sich pessimistische Stimmen, die verkünden, es gäbe klare Beweise dafür, daß der moderne westliche Lebensstil nicht aufrechterhalten werden kann, daß das Klima sich immer mehr erwärmt, daß die Waffenarsenale der Terroristen wachsen, die Wälder sterben und daß uns unsere Technologie außer Kontrolle geraten ist und eine virtuelle Welt hervorbringt, die unsere Kinder irritiert – und die uns immer mehr von unserer wahren Bestimmung ablenkt und in einen ziellosen Surrealismus verstrickt.

Dieser Sichtweise treten natürlich die Optimisten entgegen und weisen darauf hin, daß die Weltgeschichte immer schon reich an Untergangspropheten gewesen sei, daß alle unsere Probleme sich mit Hilfe derselben Technologie in den Griff bekommen ließen, die diese Gefahren hervorgebracht habe, und daß die menschliche Zivilisation gerade erst beginne, ihr wahres Potential zu entdecken.

Ich ließ den Blick über das Tal schweifen. Ich wußte, daß die Prophezeiungen von Celestine irgendwo zwischen diesen beiden Polen angesiedelt waren. Der Glaube an nachhaltiges Wachstum und eine humane Technik war ein fester Bestandteil dieser Vision, doch die Voraussetzung für diesen technologischen Fortschritt waren eine intuitive Einbeziehung des Heiligen in unseren Alltag und eine spirituelle Vision für die Zukunft unserer Welt.

Eines jedoch stand außer Zweifel: Wenn jene, die an die Macht der Vision glaubten, eine Veränderung bewirken wollten, dann mußten sie jetzt aktiv werden, wo das Geheimnis eines neuen Jahrtausends unmittelbar vor uns lag. Diese Aussicht erfüllte mich noch immer mit Ehrfurcht. Wie konnte es sein, daß uns das Glück zuteil wurde, den Beginn eines neuen Jahrtausends miterleben zu dürfen? Warum wir? Warum unsere Generation? Ich hatte das Gefühl, daß uns tiefgreifende neue Erkenntnisse erwarteten.

Ich schaute mich um, halb in der Erwartung, Natalie hier irgendwo bei der Quelle zu entdecken. Ich war sicher, daß dies der Ort war, den ich in meinem inneren Bild gesehen hatte. Sie hatte sich hier an der Quelle aufgehalten, und ich hatte sie durch eine Art geistiges Fenster gesehen. Das alles erschien mir sehr verwirrend.

Da ich sie nicht fand, ging ich weiter zu ihrem Haus. Ich klopfte an die Tür des dunkelbraunen Holzhauses, doch niemand öffnete. Ich blickte hinüber zu dem Steinweg, der zu Bills riesigem Gemüsegarten und dann zu einer kleinen Wiese über dem Haus führte. Etwas zog meine Aufmerksamkeit auf sich. War das Licht dort plötzlich anders?

Ich blickte zum Himmel auf und versuchte herauszufinden, was ich da wahrgenommen hatte. Irgendwie hatte sich das Licht über der kleinen Wiese verändert, als sei die Sonne hinter den Wolken verschwunden gewesen und nun plötzlich hervorgekommen, so daß ein Sonnenstrahl genau auf diese Stelle fiel. Doch der Himmel war völlig wolkenlos. Ich ging den Weg hinauf und sah das Mädchen oben am Rand der Wiese sitzen. Sie war groß und dunkelhaarig und trug ein blaues Fußballtrikot. Als ich mich ihr näherte, fuhr sie überrascht herum.

»Ich wollte dich nicht erschrecken«, sagte ich.

Einen Moment wich sie mit der typischen Schüchternheit eines jungen Mädchens meinem Blick aus. Ich ging in die Hocke, um mit ihr auf Augenhöhe zu kommen.

Als ich mich ihr vorstellte, schaute sie mich wieder an, und ihre Augen wirkten plötzlich viel älter.

»Wir leben hier nicht nach den Erkenntnissen von Celestine«, sagte sie.

»Bitte?« sagte ich überrascht.

»Die Erkenntnisse. Wir setzen sie in unserem Leben nicht um.«

»Was meinst du damit?«

Sie schaute mich geradezu streng an. »Ich meine, wir haben noch nicht genug über sie herausgefunden. Es gibt noch eine Menge zu lernen.«

»Nun, das ist nicht so einfach ...«

Ich verstummte. Ich fand es unglaublich, von einer Vierzehnjährigen mit derartigen Fragen konfrontiert zu werden. Was für eine seltsame Fügung, sie jene Gedanken aussprechen zu hören, die mich gerade beschäftigten. Natalie lächelte, kein großes Lächeln, nur zart in den Mundwinkeln angedeutet, aber es machte sie sympathisch. Ich entspannte mich und setzte mich ins Gras.

»Ich glaube, daß die Erkenntnisse real sind«, sagte ich. »Aber es ist nicht leicht, nach ihnen zu leben. Das braucht Zeit.«

Sie ließ nicht locker. »Es gibt aber Menschen, die schon jetzt voll und ganz danach leben.«

Ich schaute sie einen Moment an. »Und wo?«

»In Zentralasien, in den Kunlun-Bergen. Ich habe es auf einer Karte gesehen.« Sie klang aufgeregt. »Du mußt dorthin reisen. Es ist wichtig. Es verändert sich etwas. Du mußt jetzt gleich dorthin reisen und es dir anschauen.«

Als sie das sagte, wirkte ihr Gesicht erwachsen und strahlte die Autorität einer Vierzigjährigen aus. Ich kniff die Augen zusammen, konnte nicht glauben, was ich sah.

»Du mußt dorthin reisen«, wiederholte sie.

»Natalie«, sagte ich. »Ich verstehe nicht ganz, was du meinst. Was für ein Ort ist das?«

Sie blickte weg.

»Du sagst, du hast ihn auf einer Karte gesehen. Kannst du ihn mir zeigen?«

Sie beachtete meine Frage nicht und wirkte abgelenkt.

»Wie ... wie spät ist es?« sagte sie langsam, stockend.

»Viertel nach zwei.«

»Dann muß ich gehen.«

»Warte, Natalie, dieser Ort, von dem du mir erzählt hast, ich ...«

»Ich muß zum Fußballspiel«, sagte sie. »Meine Mannschaft wartet. Ich will nicht zu spät kommen.« Sie stand auf und ging rasch davon.

Ich eilte hinter ihr her. »Dieser Ort in Zentralasien, erinnerst du dich nicht, wo genau das ist?«

Als sie sich zu mir umdrehte, war da nur noch der Gesichtsausdruck eines vierzehnjährigen Mädchens, das im Moment nichts als Fußball im Kopf hatte.

Völlig verwirrt kehrte ich nach Hause zurück. Was hatte das alles zu bedeuten? Ich setzte mich an den Schreibtisch, war aber unfähig, mich zu konzentrieren. Später unternahm ich einen langen Spaziergang und schwamm im Fluß. Danach beschloß ich, am nächsten Morgen Bill anzurufen und diesem Rätsel auf den Grund zu gehen. Ich legte mich früh ins Bett.

Nachts gegen drei wurde ich durch irgend etwas aufgeweckt. Im Zimmer war es fast völlig dunkel. Lediglich zwischen den Fensterläden drang etwas Licht herein. Ich lauschte angestrengt, hörte aber nur die üblichen Nachtgeräusche: den Gesang der Grillen, das gelegentliche Geschrei der Ochsenfrösche unten am Fluß und, weit entfernt, das tiefe Bellen eines Hundes.

Meine Augenlider wurden schwer, und ich überlegte, ob ich aufstehen und die Haustüren abschließen sollte, was ich nur sehr selten tue. Aber ich schob diesen Gedanken beiseite und wollte zufrieden wieder in den Schlaf sinken. Doch bei meinem letzten Blick durch das Zimmer bemerkte ich, daß sich am Fenster etwas verändert hatte. Draußen war mehr Licht als zuvor.

Ich setzte mich auf und sah genauer hin. Es kam eindeutig mehr Licht ins Zimmer. Ich streifte meine Hose über, ging zum Fenster und öffnete die Läden. Draußen schien alles normal zu sein. Woher war dieses Licht gekommen?

Plötzlich hörte ich hinter mir ein leises Knarren. Jemand war im Haus.

»Wer ist da?« fragte ich, ohne nachzudenken.

Keine Antwort.

Ich ging aus dem Schlafzimmer hinaus in die Diele und dachte daran, mein Schlangengewehr aus dem Bad zu holen. Aber dann fiel mir ein, daß der Schlüssel zum Gewehrschrank in meiner Nachttischschublade lag. Statt dessen schlich ich vorsichtig in Richtung Wohnzimmer.

Ohne Vorwarnung berührte eine Hand meine Schulter.

»Schsch. Ich bin es. Wil.«

Ich erkannte seine Stimme und sah schemenhaft sein Gesicht. Er war es tatsächlich. Am Morgen hatte ich intensiv an ihn gedacht, und nun kam es mir beinahe so vor, als hätten meine Gedanken ihn herbeigerufen. Als ich das Licht einschalten wollte, hielt er mich zurück, ging dann zum Fenster im Wohnzimmer. Es fiel mir auf, daß sich seit unserer letzten Begegnung etwas an ihm verändert hatte. Irgendwie wirkten seine Bewegungen weniger fließend, und sein Gesicht sah völlig normal aus. Dieses innere Leuchten, das ich bei früheren Begegnungen an ihm bemerkt hatte, schien verschwunden.

»Wonach suchst du?« fragte ich. »Was ist los? Du hast mich fast zu Tode erschreckt. Immer tauchst du so plötzlich und unerwartet auf!«

Er kam wieder zu mir. »Ich mußte dich sehen. Alles hat sich verändert. Ich bin wieder da, wo ich angefangen habe.«

»Was meinst du damit?«

Er lächelte mich an. »Ich nehme an, daß die Dinge sich weiterhin in der richtigen Weise entwickeln, aber momentan kann ich mich nicht mehr wie früher in den anderen Dimensionen bewegen. Ich bin jetzt fest hier an diese Welt gebunden.« Offenbar meinte er damit, daß er sich nicht mehr dematerialisieren und an anderer Stelle wieder auftauchen konnte. Er wandte sich einen Moment ab. »Es scheint, daß das, was wir gemeinsam über die Zehnte Erkenntnis herausgefunden haben, nur ein Vorgeschmack war, ein Blick in die Zukunft wie bei einer Nahtoderfahrung. Aber nun ist es wieder vorbei. Was immer wir jetzt zu tun haben, wir müssen es hier auf der Erde tun.«

»Ich könnte so etwas ohnehin nicht noch einmal tun«, sagte ich.

Wil schaute mir in die Augen. »Weißt du, wir haben eine Menge Informationen über die menschliche Evolution erhalten, darüber, wie wir Achtsamkeit üben und uns von unserer Intuition und den schicksalhaften Fügungen leiten lassen können. Wir haben – jeder einzelne von uns – den Auftrag erhalten, einer neuen Vision zu folgen. Doch es gelingt uns immer noch nicht, diese Vision zu verwirklichen. Offenbar ist unser Wissen nicht vollständig.«

Er schwieg einen Augenblick, dann sagte er: »Ich weiß noch nicht genau, warum, aber wir müssen nach Asien reisen … irgendwo in die Nähe von Tibet. Dort geschieht etwas. Etwas, das wir uns anschauen sollten.«

Ich war verblüfft. Natalie hatte genau das gleiche gesagt!

Wil ging wieder ans Fenster und spähte hinaus.

»Warum siehst du ständig aus dem Fenster?« fragte ich. »Und wieso bist du heimlich in mein Haus geschlichen? Wieso hast du nicht einfach angeklopft? Was ist denn eigentlich los?«

»Vielleicht irre ich mich ja, und es besteht kein Grund zur Besorgnis«, entgegnete er. »Aber ich hatte das Gefühl, daß mir jemand folgt.«

Wieder kam er vom Fenster zu mir herüber. »Ich kann dir jetzt nicht alles erklären. Ich weiß selbst nicht genau, was vorgeht. Aber es gibt in Asien einen Ort, den wir finden müssen. Kannst du es einrichten, mich am Sechzehnten dieses Monats im Hotel Himalaya in Kathmandu zu treffen?«

»Moment mal! Wil, ich habe hier eine Menge Arbeit. Ich muß …«

Auf Wils Gesicht erschien dieser Ausdruck, den ich noch bei keinem anderen Menschen gesehen habe – eine unvergleichliche Mischung aus purer Abenteuerlust und wilder Entschlossenheit. »Kein Problem«, sagte er. »Wenn du am Sechzehnten nicht da bist, dann bist du eben nicht da. Aber wenn du kommst, solltest du unbedingt Augen und Ohren weit aufsperren, damit dir nichts entgeht. Es wird sich etwas Bedeutungsvolles ereignen.«

Daß er mir die freie Wahl ließ, meinte er völlig ernst, doch zugleich lächelte er breit.

Wenig amüsiert wich ich seinem Blick aus. Ich wollte mich keineswegs auf ein solches Abenteuer einlassen.

Am nächsten Morgen entschied ich, lediglich Charlene zu erzählen, wohin ich fliegen würde. Charlene war damals diejenige gewesen, die mich dazu gebracht hatte, nach Peru zu fliegen und nach dem Manuskript von Celestine zu suchen. Das einzige Problem war, daß sie sich gerade auf einer Auslandsreise befand, so daß ich sie nicht persönlich erreichen konnte. Mir blieb nur, ihr ein E-mail zu schicken.

Ich setzte mich an den Computer und schickte die Nachricht ab, wobei ich mir, wie meistens, Gedanken über die Sicherheit des Internets machte. Hacker sind in der Lage, selbst in die am besten gesicherten Computer von Firmen und Behören einzudringen. Mußte es da nicht ein leichtes sein, E-mails aufzufangen ... besonders wenn man bedachte, daß das Internet ursprünglich vom amerikanischen Geheimdienst eingerichtet worden war, um besseren Kontakt zu Informanten an den großen Universitäten halten zu können? Wurde das ganze Internet überwacht? Ich schob diese Befürchtung als unsinnig beiseite. Meine Nachricht war eine unter Millionen. Wer sollte sich dafür interessieren?

Per Computer buchte ich auch gleich meine Reise nach Nepal. Um am Sechzehnten in Kathmandu einzutreffen, mußte ich bereits zwei Tage später fliegen. Das ließ mir kaum noch Zeit, die nötigen Vorbereitungen zu treffen.

Ich schüttelte den Kopf. Einerseits faszinierte mich der Gedanke, nach Tibet zu reisen, weil ich wußte, daß es eines der schönsten und geheimnisvollsten Länder der Erde war. Andererseits war die Herrschaft der chinesischen Regierung dort derart repressiv, daß der Aufenthalt sehr gefährlich werden konnte. Ich nahm mir daher vor, mich auf keinerlei unüberschaubare Risiken einzulassen. Nie wieder würde ich mich unüberlegt in ein Abenteuer stürzen, bei dem ich nicht mehr Herr der Situation war.

Wil hatte mein Haus so schnell wieder verlassen, wie er gekommen war, ohne mir mehr zu erzählen. Daher gingen mir eine Menge Fragen im Kopf herum. Was wußte er über diesen Ort in der Nähe von Tibet? Und warum hatte ein vierzehnjähriges Mädchen mir gesagt, daß ich dorthin reisen sollte? Wil hatte sich extrem vorsichtig verhalten. Wieso? Ich würde mich keinen Meter aus Kathmandu hinauswagen, ehe ich nicht genauere Informationen hatte.

Als der Reisetag kam, blieb ich während des langen Fluges über Frankfurt und Neu-Delhi nach Kathmandu so achtsam wie möglich, doch es ereignete sich nichts Außergewöhnliches. Im Himalaya-Hotel checkte ich unter meinem eigenen Namen ein, brachte mein Gepäck aufs Zimmer, schaute mich anschließend um und landete schließlich an der Bar in der Hotelhalle. Dort saß ich in der Erwartung, daß jeden Moment Wil hereinspazieren würde, doch nichts dergleichen geschah. Nach einer halben Stunde kam mir der Gedanke, zum Hotel-Pool zu gehen.

Der Pool befand sich zwischen den L-förmigen Flügeln des Hotelgebäudes. Es war etwas kühl, aber die Sonne schien hell, und ich wußte, daß die frische Luft mir helfen würde, mich an die Höhe zu gewöhnen. In der Nähe des Pools saßen mehr Leute, als ich vermutet hatte, aber nur wenige unterhielten sich. Als ich mich an einen freien Tisch setzte, fiel mir auf, daß die Leute, die in meiner Nähe saßen – hauptsächlich Asiaten, nur einige wenige Europäer –, entweder sehr gestreßt oder sehr heimwehkrank wirkten. Sie blickten finster, orderten in schroffem Ton Drinks und Zeitungen und vermieden jeden Blickkontakt.

Allmählich sank auch meine Stimmung. Hier sitze ich nun, dachte ich, in irgendeinem Hotel in einem fremden Teil der Welt, und weit und breit kein freundliches Gesicht. Ich atmete tief durch und erinnerte mich an Wils Ermahnung, achtsam zu bleiben. Er hatte damit wohl gemeint, daß ich offen für die subtilen Winke und Wendungen der Synchronizität bleiben sollte, jene geheimnisvollen Fügungen, die in Sekundenschnelle auftauchen und unserem Leben eine völlig neue Richtung geben können.

Um zum Kern wahrer Spiritualität vorzudringen, mußten wir uns, wie ich wußte, auf dieses mysteriöse Fließen der Ereignisse konzentrieren. Es stellte den unmittelbaren Beweis dafür dar, daß hinter den wechselnden Szenerien des menschlichen Dramas etwas Tiefergehendes am Werk war. Das Problem war jedoch stets die immer nur vorübergehende Natur dieser Art der Wahrnehmung gewesen; für eine Weile befinden wir uns in diesem besonders offenen Zustand, doch dann fallen wir wieder in unser altes Bewußtsein zurück.

Plötzlich fiel mein Blick auf einen großen dunkelhaarigen Mann, der aus der Hoteltür trat und genau auf mich zuging. Er trug eine braune Freizeithose und einen eleganten weißen Pullover. Unter seinen Arm hatte er eine gefaltete Zeitung geklemmt. Er setzte sich an einen Tisch gleich rechts neben mir. Während er seine Zeitung aufschlug, blickte er sich um und nickte mir mit einem strahlenden Lächeln zu. Dann rief er einen Kellner und bestellte ein Glas Wasser. Er hatte asiatische Gesichtszüge, sprach aber fließend Englisch, ohne erkennbaren Akzent.

Als das Wasser serviert wurde, unterschrieb er die Rechnung und begann zu lesen. Es ging eine auf Anhieb anziehende Wirkung von diesem Mann aus, ohne daß ich sagen konnte, woran das lag. Er strahlte offenbar einfach eine angenehme Energie aus. Immer wieder hielt er bei seiner Lektüre inne und schaute lächelnd umher. Einmal stellte er dabei Blickkontakt zu einem der mürrisch aussehenden Herren am Tisch vor mir her.

Ich erwartete schon, der mißmutige Mann würde rasch wegschauen, doch statt dessen erwiderte er das Lächeln des dunkelhaarigen Mannes, und sie wechselten ein paar Worte, die nepalesisch klangen. Einmal fingen sie sogar laut an zu lachen. Ihre Heiterkeit schien auf einige andere Umsitzende überzuspringen. Jemand machte eine Bemerkung, und die ganze Runde lachte plötzlich vergnügt.

Ich beobachtete interessiert, was geschah. Es hat sich etwas verändert, dachte ich. Die Stimmung der Leute hat sich gebessert.

»Mein Gott«, stammelte der dunkelhaarige Mann und blickte in meine Richtung. »Haben Sie das schon gelesen?«

Ich drehte mich um. Alle anderen Leute hatten sich wieder ihren Zeitungen zugewendet, und er zeigte auf die von ihm aufgeschlagene Seite. Dann rückte er mit seinem Stuhl ein Stück näher zu mir.

»Es ist eine weitere Gebetsstudie veröffentlicht worden«, sagte er. »Die Ergebnisse sind faszinierend.«

»Was hat man herausgefunden?« fragte ich.

»Es wurde untersucht, welche Wirkungen Gebete auf Kranke haben, und man hat festgestellt, daß Patienten, für die regelmäßig gebetet wurde, seltener unter Komplikationen zu leiden hatten und rascher wieder gesund wurden, selbst dann, wenn sie von den Gebeten gar nichts wußten. Das ist ein unwiderlegbarer Beweis dafür, daß die Kraft des Gebets wirklich existiert. Aber man hat noch mehr herausgefunden. Am wirksamsten sind Gebete, wenn sie nicht als Bitte, sondern als Affirmation, als Bejahung, formuliert werden.«

»Was bedeutet das genau?« fragte ich.

Er schaute mich aus kristallblauen Augen an. »In der Studie wurde die Wirksamkeit von zwei unterschiedlichen Formen des Gebets untersucht. Bei der ersten Form wurde Gott, oder die göttliche Kraft, darum gebeten, einzugreifen und einer erkrankten Person zu helfen. Bei dem zweiten Gebet wurde einfach bejaht, mit tiefem Glauben, daß Gott jener Person helfen wird. Erkennen Sie den Unterschied?«

»Ich bin nicht sicher.«

»Wenn man in einem Gebet Gott bittet, einzugreifen, geht man davon aus, daß Gott nur hilft, wenn er sich entscheidet, unserer Bitte zu entsprechen. Unsere einzige Rolle besteht dann darin, Bittsteller zu sein. Bei der anderen Form des Gebetes geht man davon aus, daß Gott stets bereit und willens ist, uns zu helfen. Er hat aber die Gesetze des menschlichen Daseins so festgelegt, daß die Verwirklichung unseres Wunsches zum Teil davon abhängt, wie fest wir an seine Erfüllung glauben. Unser Gebet muß dann eine Affirmation sein, die diesen Glauben zum Ausdruck bringt. Bei der Studie erwies sich dies als die effektivste Art des Betens.«

Ich nickte. Allmählich fing ich an zu begreifen.

Der Mann schaute einen Moment weg, als müsse er nachdenken, dann fuhr er fort: »Alle großen Gebete in der Bibel sind keine Bitten, sondern Affirmationen. Denken Sie an das Vaterunser: ›Dein Wille geschehe, wie im Himmel so auf Erden. Unser tägliches Brot gib uns heute, und vergib uns unsere Schuld …‹ Da heißt es nicht: Könnten wir bitte etwas zu essen bekommen, und auch nicht: Wir bitten dich um Vergebung. Es wird lediglich bejaht, daß diese Dinge jederzeit geschehen können, wenn wir selbst sie durch unseren Glauben möglich machen.«

Wieder verstummte er, als erwarte er eine Frage. Und er lächelte immer noch.

Ich mußte lachen. Seine gute Laune war wirklich ansteckend.

»Manche Wissenschaftler vertreten die Theorie«, fuhr er fort, »daß diese Forschungsergebnisse auf etwas hinweisen, das für alle Menschen von tiefgreifender Bedeutung ist. Wenn die Wirksamkeit von Gebeten von unseren Erwartungen, unserem Glauben abhängt, dann strahlt jeder von uns ständig seine Gebetsenergie in die Welt aus, ob wir uns dessen bewußt sind oder nicht. Verstehen Sie, was das bedeutet?«

Er sprach weiter, ohne meine Antwort abzuwarten. »Wenn das Gebet eine Affirmation ist, die auf unseren Erwartungen, unserem Glauben basiert, dann besitzen alle unsere Erwartungen die gleiche Wirkung wie ein Gebet. Wir beten tatsächlich die ganze Zeit und beeinflussen damit unsere eigene Zukunft und die Zukunft anderer Menschen, aber wir sind uns dessen lediglich nicht voll bewußt.«

Er schaute mich an, als hätte er das Ei des Kolumbus gefunden.

»Stellen Sie sich vor!« rief er. »Die Wissenschaft bestätigt heute die esoterischsten, mystischsten Elemente jeder Religion. Die Mystiker haben immer schon gesagt, daß wir einen geistigen und spirituellen Einfluß auf das haben, was uns im Leben widerfährt. Denken Sie daran, daß es in der Bibel heißt, unser Glaube könne Berge versetzen. Was ist, wenn diese Fähigkeit das Geheimnis wahren Erfolgs ist und wenn sie es uns ermöglicht, wahrhaft in Gemeinschaft mit allen anderen zu leben?« In seinen Augen funkelte es, als wüßte er mehr, als er mir erzählte. »Wir alle müssen herausfinden, wie wirkliches Beten funktioniert. Es ist höchste Zeit dafür.«

Ich erwiderte sein Lächeln. Was er sagte, faszinierte mich, und immer noch verblüffte mich, wie sehr die Stimmung der Leute hier am Pool sich gewandelt hatte. Dann schaute ich instinktiv nach links, wie wir es tun, wenn wir das Gefühl haben, das uns jemand beobachtet. Ich sah, wie einer der Kellner mich von der Hoteltür aus anstarrte. Als sich unsere Blicke trafen, schaute er rasch weg und ging in Richtung des Aufzugs davon.

»Entschuldigung, Sir«, sagte eine Stimme hinter mir.

Ich drehte mich um und sah einen weiteren Kellner.

»Darf ich Ihnen etwas zu trinken bringen?« fragte er.

»Nein … danke«, entgegnete ich. »Später vielleicht.«

Ich schaute in Richtung des Aufzugs. Der andere Kellner war verschwunden. Als ich mich wieder zum Nebentisch umdrehte, sah ich, daß auch mein dunkelhaariger Gesprächspartner plötzlich gegangen war.

Ich stand auf und fragte den Mann am Tisch vor mir, ob er gesehen habe, wohin der dunkelhaarige Herr mit der Zeitung gegangen sei. Doch er schüttelte brüsk den Kopf und machte ein abweisendes Gesicht.

Den restlichen Nachmittag verbrachte ich in meinem Zimmer. Meine Erlebnisse am Pool erschienen mir ziemlich sonderbar. Wer war der Mann, der mit mir über das Beten gesprochen hatte? Besaßen diese Informationen für mich eine wichtige synchronistische Bedeutung? Und warum hatte dieser Hotelangestellte mich angestarrt? Und wo war Wil?

In der Abenddämmerung, nachdem ich längere Zeit geschlafen hatte, wagte ich mich wieder nach draußen und beschloß, zu einem Restaurant zu gehen, das einer der Hotelgäste erwähnt hatte. Es lag ein Stück die Straße hinunter.

»Das ist nicht weit. Und sehr sicher«, sagte der Portier, als ich ihn nach dem Weg fragte. »Kein Problem.«

Ich trat aus der Hotelhalle hinaus ins schwindende Licht und hielt dabei nach Wil Ausschau. Auf der Straße drängten sich die Menschen, so daß ich mir mühsam meinen Weg bahnen mußte. Als ich an dem Restaurant eintraf, wurde ich zu einem kleinen Ecktisch geführt. Er stand gleich neben einem schmiedeeisernen Zaun, der die Restaurantterrasse von der Straße trennte. Über eine Stunde saß ich dort, aß etwas Leichtes zu Abend und las eine englische Zeitung.

Dann begann ich mich plötzlich unbehaglich zu fühlen. Es schien mir, daß mich wieder jemand beobachtete. Doch ich sah niemanden. Die Gäste an den anderen Tischen interessierten sich offensichtlich nicht für mich. Ich stand auf und warf über den Zaun einen Blick hinaus auf die Straße. Auch dort fiel mir nichts Besonderes auf. Ich versuchte, das Gefühl abzuschütteln, zahlte und ging zum Hotel zurück.

Als ich fast den Eingang erreicht hatte, fiel mir ein Mann auf, der neben ein paar Sträuchern stand, vielleicht sechs Meter von mir entfernt. Unsere Blicke trafen sich, und er machte einen Schritt auf mich zu. Ich schaute weg und steuerte auf das Hotel zu, als mir plötzlich klarwurde, daß es sich um den Hotelangestellten handelte, der mich bereits am Pool angestarrt hatte, nur daß er jetzt Jeans und ein einfaches blaues Hemd trug. Er schien um die Dreißig zu sein, mit sehr ernsten Augen. Ich ging eilig an ihm vorbei.

»Entschuldigung, Sir«, rief er.

Ich blieb nicht stehen.

»Bitte«, sagte er. »Ich muß mit Ihnen sprechen.«

Ich ging noch ein Stück, bis ich mich in Sichtweite des Türstehers und des Personals in der Hotelhalle befand, dann fragte ich: »Um was geht es denn?«

Er kam näher und deutete eine Verbeugung an. »Ich glaube, Sie sind derjenige, den ich hier treffen soll. Kennen Sie Mr. Wilson James?«

»Wil? Ja. Wo ist er?«

»Er kann leider nicht kommen. Er bat mich, Sie statt seiner zu treffen.« Er streckte mir die Hand entgegen, und ich nahm sie zögernd und nannte ihm meinen Namen.

»Ich bin Yin Doloe«, sagte er.

»Sind Sie hier im Hotel angestellt?« fragte ich.

»Nein, bedaure. Ein Freund arbeitet hier. Ich habe mir seine Jacke ausgeliehen, damit ich mich drinnen umschauen konnte. Ich wollte sehen, ob Sie bereits eingetroffen sind.«

Ich musterte ihn aufmerksam. Instinktiv spürte ich, daß er die Wahrheit sagte. Aber warum diese Heimlichtuerei? Warum hatte er mich nicht einfach vorhin am Pool angesprochen und nach meinem Namen gefragt?

»Wodurch wurde Wil aufgehalten?« fragte ich.

»Das weiß ich nicht genau. Er bat mich, Sie zu treffen und nach Lhasa zu begleiten. Ich vermute, er plant, sich dort mit uns zu treffen.«

Das Ganze gefiel mir überhaupt nicht. »Ich weiß nicht, ob ich mit Ihnen nach Lhasa komme. Warum setzt sich Wil nicht persönlich mit mir in Verbindung?«

»Dafür gibt es ganz sicher einen wichtigen Grund«, erwiderte Yin und kam einen Schritt näher. »Wil liegt offenbar sehr viel daran, daß ich Sie zu ihm bringe. Er braucht Sie.« Er schaute mich geradezu flehend an. »Können wir morgen gemeinsam abreisen?«

»Also gut«, sagte ich. »Aber warum kommen Sie nicht mit ins Hotel? Dann können wir bei einer Tasse Kaffee alles in Ruhe besprechen.«

Er blickte umher, als fürchte er sich vor irgend etwas. »Bitte, ich werde Sie morgen früh um acht hier abholen. Wil hat bereits ein Flugticket und ein Visum für Sie besorgt.« Er lächelte mich an und huschte davon, ehe ich protestieren konnte.

Um 7.55 Uhr verließ ich lediglich mit einem leichten Rucksack das Hotel. Man hatte sich bereit erklärt, meine übrigen Sachen bis zu meiner Rückkehr in Verwahrung zu nehmen. Ich plante, spätestens in einer Woche zurück zu sein, vorausgesetzt, daß bei dem Treffen mit Yin alles glatt ging. Falls ich allerdings zu dem Schluß gelangte, daß an der Sache irgend etwas faul war, hatte ich mir fest vorgenommen, unverzüglich ins Hotel zurückzukehren.

Yin fuhr pünktlich in einem alten Toyota vor, und wir machten uns auf den Weg zum Flughafen. Auf der Fahrt dorthin war Yin sehr freundlich, aber er gab weiterhin vor, nichts über die Gründe von Wils Abwesenheit zu wissen. Fast hätte ich Yin von Natalies mysteriösen Andeutungen über diesen geheimnisvollen Ort in Tibet und von Wils unerwartetem nächtlichen Auftauchen in meinem Haus erzählt, nur um zu sehen, wie er darauf reagierte. Aber ich verkniff es mir und entschied, daß es am besten war, ihn einfach nur zu beobachten und zu sehen, wie er sich am Flughafen verhielt.

Dort am Schalter stellte sich heraus, daß in der Maschine nach Lhasa tatsächlich ein Platz auf meinen Namen reserviert war. Ich schaute mich um und versuchte, intuitiv Klarheit über die Situation zu gewinnen. Alles schien normal zu sein. Yin lächelte und war offensichtlich bester Laune, was auf die Frau hinter dem Schalter leider nicht zutraf. Sie sprach nur wenig Englisch und benahm sich schroff und unfreundlich. Als sie nach meinem Paß fragte, wurde ich zunehmend ärgerlicher und antwortete im gleichen schroffen Ton. Sie hielt inne und starrte mich wütend an, so daß ich schon glaubte, sie würde sich weigern, uns die Tickets auszuhändigen.

Daraufhin sprach Yin ruhig und freundlich auf nepalesisch mit ihr. Sie entspannte sich sichtlich und lachte sogar über eine seiner Bemerkungen, würdigte mich aber keines Blickes mehr. Nach ein paar Minuten hatten wir unsere Tickets und Bordkarten und saßen in der kleinen Lounge neben unserem Gate. Die Luft war schwer vom Zigarettenrauch.

»Du hast viel Wut in dir«, sagte Yin plötzlich. »Und du gebrauchst deine Energie nicht sehr gut.«

Ich war verblüfft. »Wovon redest du?«

Er schaute mich freundlich an. »Du hast nichts unternommen, um die Stimmung der Frau am Ticketschalter zu heben.«

Sofort wußte ich, worauf er hinauswollte. In Peru hatte die Achte Erkenntnis von Celestine eine Methode beschrieben, andere Menschen zu inspirieren, indem man sich in einer bestimmten Weise auf ihr Gesicht konzentrierte.

»Du weißt von den Erkenntnissen?« fragte ich.

Yin nickte. »Ja«, sagte er. »Aber es gibt noch mehr, das wir lernen müssen.«

»Immer daran zu denken, anderen Energie zu senden, ist gar nicht so einfach«, sagte ich entschuldigend.

In sehr überlegtem, nachdrücklichem Ton entgegnete Yin: »Aber du mußt dir darüber im klaren sein, daß du sie sowieso schon mit deiner Energie beeinflußt hast, wenn nicht bewußt, dann unbewußt. Es kommt darauf an, wie du dein ... Feld der ... der ...« – Yin suchte nach dem passenden englischen Wort – »... dein Feld der *Intention*, dein Gebetsfeld – wie du dieses Feld ausrichtest.«

Ich musterte ihn erstaunt. Yin sprach offenbar in ähnlicher Weise über das Gebet wie der dunkelhaarige Mann am Hotel-Pool.

»Was genau meinst du damit?« fragte ich.

»Du hast doch sicher auch schon erlebt, daß eine Gruppe von Leuten zusammen ist, und die Energie ist ziemlich schlecht, die Stimmung mies. Dann betritt plötzlich jemand den Raum, und die Energie aller anderen steigt, nur weil dieser Mensch hereingekommen ist. Das positive Energiefeld dieser Person strahlt auf alle anderen aus.«

»Ja«, sagte ich, »ich verstehe, was du meinst.«

Er schaute mich durchdringend an. »Wenn du Shambhala finden willst, mußt du lernen, bewußt solche positive Energie auf andere Menschen auszustrahlen.«

»Shambhala? Was meinst du denn damit?«

Yins Gesicht wurde blaß. Er wirkte plötzlich verlegen und schüttelte den Kopf, als hätte er sich verplappert und mir mehr erzählt, als er eigentlich sollte.

»Ach, nichts weiter«, sagte er leise. »Dazu äußere ich mich besser nicht. Wil muß es dir erklären.« Unser Flug wurde aufgerufen. Wir reihten uns in die Schlange ein. Yin war ein Stück von mir abgerückt und zeigte sein Ticket vor.

Ich grübelte über das Wort Shambhala nach. Schließlich fiel mir ein, daß es sich dabei um jenes mythische Reich aus der tibetischen buddhistischen Überlieferung handelte. Die Geschichten über Shangri-La basierten auf dem Shambhala-Mythos.

Ich schaute Yin an. »Shambhala ist doch nur eine Legende ... nicht wahr?«

Ohne zu antworten ging Yin rasch vor mir ins Flugzeug.

Auf dem Flug nach Lhasa saßen Yin und ich mehrere Sitzreihen entfernt und konnten uns nicht unterhalten, was mir Zeit zum Nachdenken gab. Ich wußte lediglich, daß Shambhala für die tibetischen Buddhisten von großer Bedeutung war. In deren alten Schriften wurde es als eine heilige Stadt aus Gold und Diamanten beschrieben, voller Adepten und Lamas – verborgen irgendwo in den riesigen unwirtlichen Regionen des nördlichen Tibet oder China. In neuerer Zeit sprachen die Buddhisten von Shambhala allerdings nur noch in symbolischer Hinsicht, so als handele es sich dabei lediglich um einen spirituellen Geisteszustand, nicht um einen real existierenden Ort.

Ich zog einen Reiseprospekt über Tibet aus der Tasche in der Rückenlehne vor mir, in der Hoffnung, darin ein paar Informationen über die Geographie des Landes zu finden. Tibet liegt zwischen China im Norden und Indien und Nepal im Süden. Es ist im wesentlichen ein Hochplateau, von dem nur wenige Gebiete tiefer als zweitausend Meter liegen. An seiner südlichen Grenzen erhebt sich der Himalaya mit dem Mount Everest, und an der Nordgrenze, bereits auf chinesischem Territorium, liegen die mächtigen Kunlun-Berge. Dazwischen befinden sich tiefe Schluchten, wilde Flüsse und hunderte Quadratkilometer felsiger Tundra. Der Karte nach zu urteilen, schien das östliche Tibet am fruchtbarsten und bevölkerungsreichsten zu sein, während der Norden und Westen karg und gebirgig aussahen, mit nur wenigen, durchweg unbefestigten Straßen.

Offenbar gab es nur zwei mögliche Reiserouten in den Westen Tibets – die nördliche, hauptsächlich von Lastwagen befahrene Straße, und die südliche Straße, die am Himalaya entlangführt und von den Pilgern der gesamten Region benutzt wird, um zu den heiligen Orten am Everest, dem Manasarovar-See und dem Kailash zu gelangen, und von dort weiter in die geheimnisvollen Kunlun-Berge.

Ich blickte von der Lektüre auf. Während wir in elftausend Metern Höhe dahinflogen, schien es mir plötzlich, daß die Energie und Temperatur draußen sich spürbar veränderten. Unter mir erhoben sich die eisigen Gipfel des Himalaya in den klaren blauen Himmel. Wir flogen fast genau über den Mount Everest hinweg und drangen in den Luftraum Tibets vor – das Land des ewigen Schnees, das Dach der Welt. Es war ein Volk der Suchenden, der spirituellen Reisenden. Als ich auf seine grünen Täler und felsigen Hochebenen hinabblickte, konnte ich nicht anders, als tiefe Ehrfurcht angesichts des Geheimnisses dieses Landes zu empfinden. Zu bedauerlich, daß es gegenwärtig unter brutaler Verwaltung der totalitären chinesischen Regierung stand. Was, fragte ich mich, soll ich hier?

Ich drehte mich zu Yin um, der vier Reihen hinter mir saß. Es beunruhigte mich, daß er so geheimnisvoll tat. Wieder nahm ich mir vor, besonders vorsichtig zu sein. Ohne genauere Erklärungen würde ich mich auf keinen Fall aus Lhasa herauswagen.

Als wir auf dem Flughafen eintrafen, wollte Yin keine meiner Fragen bezüglich Shambhala beantworten und wiederholte nur immer wieder, daß Wil bald zu uns stoßen und mir dann alle weiteren Informationen geben würde. Wir stiegen in ein Taxi, das uns, wie Yin sagte, in ein kleines Hotel nahe dem Stadtzentrum bringen sollte, wo wir dann endlich Will treffen würden.

Während der Fahrt bemerkte ich, wie Yin mich anstarrte.

»Was ist?« fragte ich.

»Ich wollte nur sehen, wie du die Höhe verträgst«, sagte Yin. »Lhasa liegt fast dreitausendsiebenhundert Meter hoch. Du solltest dich eine Weile körperlich schonen.«

Ich nickte und wußte seine Anteilnahme zu schätzen, aber in der Vergangenheit hatte ich mich stets problemlos an große Höhen gewöhnt. Ich wollte das gerade zu Yin sagen, als mein Blick auf ein riesiges, festungsartiges Gebäude in der Ferne fiel.

»Das ist der Potala-Palast«, sagte Yin. »Dort war der Winterwohnsitz des Dalai Lama, bevor er ins Exil gehen mußte. Nun ist der Palast ein Symbol für den Kampf des tibetischen Volkes gegen die chinesischen Besatzer.«

Er wandte sich ab und schwieg, bis das Taxi anhielt, nicht unmittelbar vor dem Hotel, sondern dreißig Meter vom Eingang entfernt.

»Wil müßte bereits hier sein«, sagte Yin und öffnete die Tür. »Warte im Taxi. Ich gehe ins Hotel und schaue nach.«

Doch statt auszusteigen, starrte er vom Auto aus zum Eingang des Hotels hinüber. Auf der Straße waren viele tibetische Fußgänger unterwegs und ein paar Touristen, aber alles wirkte normal. Dann entdeckte ich einen kleinen Chinesen, der an der Ecke des Gebäudes stand. Er hielt eine Zeitung in den Händen, aber seine Augen suchten wachsam die Umgebung ab.

Yin schaute zur anderen Straßenseite hinüber. Ich folgte seinem Blick und sah eine alte braune Limousine, in der mehrere Männer in Anzügen saßen.

Yin sagte rasch etwas zu dem Taxifahrer, der uns im Rückspiegel nervös anschaute und langsam zur nächsten Kreuzung weiterfuhr. Yin duckte sich, weil er offenbar von den Männern in der Limousine nicht gesehen werden wollte.

»Was hat das zu bedeuten?« fragte ich.

Yin ignorierte meine Frage und sagte dem Fahrer, er solle nach links abbiegen und dann weiter ins Stadtzentrum hineinfahren.

Ich packte ihn am Arm. »Yin, sag mir endlich, was hier los ist! Was waren das für Männer?«

»Ich weiß es nicht«, sagte er. »Doch Wil ist unter diesen Umständen bestimmt nicht in das Hotel gegangen. Es gibt noch einen anderen Platz, wo wir ihn vielleicht treffen können. Schau, ob uns jemand folgt.«

Ich schaute aus dem Rückfenster, während Yin dem Taxifahrer neue Instruktionen gab. Mehrere Wagen folgten uns, bogen aber alle in unterschiedliche Richtungen ab. Von der braunen Limousine war nichts zu sehen.

»Und, siehst du jemanden?« fragte Yin und blickte nun ebenfalls nach hinten.

»Ich glaube nicht«, erwiderte ich.

Als ich Yin erneut fragen wollte, was eigentlich los war, bemerkte ich plötzlich, daß seine Hände zitterten. Sein Gesicht war blaß und verschwitzt. Mir wurde klar, daß er sich offenbar sehr fürchtete. Nun bekam ich es ebenfalls mit der Angst zu tun.

Ehe ich etwas sagen konnte, wies Yin den Taxifahrer an, anzuhalten, schob mich mit meinem Rucksack nach draußen und führte mich in eine Nebenstraße und dann in eine schmale Gasse. Nachdem wir etwa dreißig Meter gegangen waren, lehnten wir uns gegen eine Hauswand und warteten ein paar Minuten, die Augen starr auf den Eingang der Gasse gerichtet. Wir sprachen beide kein Wort.

Als es den Anschein hatte, daß uns niemand folgte, ging Yin weiter. Vor einem Haus ein Stück die Gasse hinunter blieb er stehen und klopfte an die Tür. Niemand antwortete, aber ich hörte, wie drinnen der Schlüssel im Schloß herumgedreht wurde.

»Warte hier«, sagte Yin und öffnete die Tür. »Ich bin gleich wieder da.«

Er ging leise in das Haus und schloß die Tür hinter sich. Als ich hörte, wie sie von innen abgeschlossen wurde, stieg Panik in mir hoch. Was nun? dachte ich. Yin hatte Angst. Würde er mich einfach hier draußen im Stich lassen? Ich blickte durch die Gasse zurück zu der überfüllten Straße. Es war genau das eingetreten, wovor ich mich am meisten fürchtete. Offenbar war jemand hinter Yin her, und möglicherweise auch hinter Wil. Ich hatte keine Ahnung, in was ich da wohlmöglich hineingezogen wurde.

Vielleicht war es sogar das beste, wenn Yin verschwand, überlegte ich. Dann konnte ich in die Straße zurückrennen und mich im Schutz des allgemeinen Gedränges zum Flughafen schleichen. Was blieb mir dann anderes übrig, als nach Hause zu fliegen? Ich wäre von der Verantwortung befreit gewesen, nach Wil suchen zu müssen oder mich in anderer Weise weiter in dieses mißglückte Abenteuer zu verstricken.

Plötzlich öffnete sich die Tür, und Yin glitt heraus. Hinter ihm wurde sie eilig wieder abgeschlossen.

»Wil hat uns eine Nachricht hinterlassen«, sagte Yin. »Komm.«

Wir ging ein Stück weiter und duckten uns zwischen zwei große Mülltonnen. Yin öffnete ein Kuvert und zog einen kurzen Brief heraus. Während er las, wurde sein Gesicht noch blasser als zuvor. Er hielt mir den Brief hin.

»Was schreibt er?« fragte ich und riß ihn ihm aus der Hand. Ich erkannte Wils Schrift und las:

*Yin, ich bin überzeugt, daß man uns in Shambhala Zutritt gewähren wird. Aber ich muß mich schon auf den Weg machen. Es ist von größter Wichtigkeit, daß Du unseren amerikanischen Freund so weit bringst wie möglich. Du weißt, daß die Dakini Dich führen werden.*

*Wil*

»Was will er damit sagen, daß ›man uns in Shambhala Zutritt gewähren wird‹? Das ist doch nicht wörtlich gemeint, oder? Er glaubt doch nicht etwa, daß Shambhala wirklich existiert?«

Yin starrte auf den Boden. »Natürlich glaubt Wil, daß es diesen Ort wirklich gibt«, flüsterte er.

»Und du?« fragte ich.

Er wich meinem Blick aus und wirkte, als laste das Gewicht der ganzen Welt auf seinen Schultern.

»Ja … ja …«, sagte er, »doch die meisten Menschen können sich das natürlich nicht vorstellen, geschweige denn jemals dorthin gelangen. Du und ich können es ganz sicher nicht …« Er verstummte.

»Yin«, sagte ich. »Du mußt mir endlich erzählen, was hier eigentlich geschieht! Was hat Wil vor? Und wer sind diese Männer, die wir vor dem Hotel gesehen haben?«

Yin starrte mich einen Moment an, dann sagte er: »Ich glaube, sie gehören zur chinesischen Geheimpolizei.«

»Was?«

»Ich weiß nicht, was sie hier machen. Offenbar sind sie alarmiert wegen des neu erwachten Interesses an Shambhala. Viele der Lamas hier sehen, daß an diesem heiligen Ort eine Veränderung vor sich geht. Es hat darüber viele Diskussionen gegeben.«

»Und was verändert sich? Erzähl es mir!«

Yin holte tief Luft. »Ich hätte es vorgezogen, wenn Wil es dir erklärt … aber jetzt muß ich es wohl selbst versuchen. Du mußt verstehen, was Shambhala ist. Die Leute dort sind reale menschliche Wesen, die an diesem heiligen Ort geboren werden. Aber sie befinden sich auf einer höheren Entwicklungsstufe. Sie helfen mit, das Energieniveau der ganzen Welt anzuheben und eine positive Zukunftsvision aufrechtzuerhalten.«

Sofort mußte ich an die Zehnte Erkenntnis von Celestine denken. »Dann sind sie so eine Art spirituelle Führer?«

»Nicht so, wie du denkst«, entgegnete Yin. »Sie sind nicht wie verstorbene Verwandte oder andere Seelen im Jenseits, die uns aus dieser anderen Dimension helfen. Sie sind Menschen, die hier auf der Erde leben. Die Leute in Shambhala leben in einer außergewöhnlichen, hoch entwickelten Gesellschaft. Sie sind ein Vorbild für jenen Entwicklungsstand, den die übrige Welt eines Tages erreichen wird.«

»Und wo befindet sich dieser Ort?«

»Das weiß ich nicht.«

»Kennst du denn jemanden, der dort gewesen ist?«

»Nein. Als Junge lernte ich bei einem großen Lama, der mir eines Tages sagte, daß er nun nach Shambhala gehen würde, und nach einer mehrtägigen Feier machte er sich auf den Weg.«

»Und ist er dort angekommen?«

»Das weiß niemand. Er verschwand und wurde in ganz Tibet nie wieder gesehen.«

»Dann weiß niemand wirklich, ob Shambhala exisitiert oder nicht.«

Yin schwieg einen Moment, dann sagte er: »Wir haben die Legenden ...«

»Wer ist ›wir‹?«

Er starrte mich an. Ich merkte, daß es offenbar Dinge gab, über die er mir nichts erzählen durfte. »Das kann ich dir nicht sagen. Nur der Anführer unserer Traditionslinie, Lama Rigden, kann entscheiden, mit dir darüber zu sprechen.«

»Was sind das für Legenden?«

»Ich kann dir nur so viel sagen: Die Legenden wurden von jenen überliefert, die in der Vergangenheit versucht haben, nach Shambhala zu gelangen. Sie sind Jahrhunderte alt.«

Yin verstummte, als wir von der Straße her ein Geräusch hörten. Wir hielten Ausschau, sahen aber niemanden.

»Warte hier«, sagte Yin.

Wieder klopfte er an die Tür und verschwand nach drinnen. Ebenso schnell tauchte er wieder auf und ging zu einem alten, verrosteten Jeep mit einem zerschlissenen Verdeck. Er öffnete die Tür und winkte. »Komm«, sagte er, »wir müssen uns beeilen.«

# 2 *Der Ruf von Shambhala*

Während Yin uns aus Lhasa herausfuhr, schwieg ich, betrachtete die Berge und fragte mich, was es wohl mit Wils Nachricht auf sich hatte. Warum hatte er beschlossen, allein zu fahren? Und wer waren die Dakini? Ich wollte Yin gerade danach fragen, als ein chinesischer Militärlastwagen vor uns über die Kreuzung fuhr.

Der Anblick ließ mich zusammenzucken. Mein Körper reagierte nervös. Worauf hatte ich mich hier eingelassen? Wir hatten Geheimpolizisten vor dem Hotel gesehen, wo wir uns mit Wil treffen wollten. Möglicherweise suchten sie nach uns.

»Hör mal, Yin«, sagte ich. »Ich will zurück zum Flughafen. Mir ist diese Sache ein bißchen zu gefährlich.«

Yin warf mir einen alarmierten Blick zu. »Was ist mit Wil?« fragte er. »Du hast seinen Brief gelesen. Er braucht dich.«

»Na ja, er ist an solche Schwierigkeiten gewöhnt. Ich weiß nicht, ob es ihm recht ist, wenn ich mich derartig in Gefahr begebe.«

Yin nickte. »Du bist in der Tat bereits in Gefahr. Wir müssen so schnell wie möglich heraus aus Lhasa.«

»Und wohin fährst du?« fragte ich.

»Zu Lama Rigdens Kloster in der Nähe von Shigatse. Es ist ziemlich weit. Wir werden erst spät am Abend dort eintreffen.«

»Gibt es da ein Telefon?« fragte ich.

»Ich glaube schon«, sagte Yin. »Falls es funktioniert.«

Ich nickte, und Yin konzentrierte sich wieder auf die Straße.

Ich hatte nichts dagegen, möglichst weit von dieser Stadt und den Geheimpolizisten wegzukommen. Und von dem Kloster aus würde ich mich dann darum kümmern, so schnell wie möglich zurück nach Hause zu fliegen.

Stundenlang polterte der Jeep über die schlecht asphaltierte Straße, überholte Lastwagen und andere alte Autos. Häßliche Industrieansiedlungen wechselten sich mit herrlichen Landschaftspanoramen ab. Nach Einbruch der Dunkelheit hielt Yin im Hof eines kleinen Hauses. Ein großer, struppiger Hund war neben einer Werkstatt angekettet und kläffte uns wütend an.

»Ist das Lama Rigdens Haus?« fragte ich.

»Nein, natürlich nicht«, sagte Yin. »Aber ich kenne die Leute hier. Wir können Proviant und Benzin bei ihnen bekommen, die wir später brauchen werden. Ich bin gleich zurück.«

Ich sah zu, wie Yin die breiten Stufen hochstieg und an die Tür klopfte. Eine ältere tibetische Frau kam heraus und umarmte ihn sofort herzlich. Yin zeigte lächelnd in meine Richtung und sagte etwas, das ich nicht verstehen konnte. Dann winkte er mir zu, und ich stieg aus dem Jeep und folgte ihnen ins Haus.

Als ich kaum drinnen war, hörten wir leises Bremsenquietschen. Yin rannte ans Fenster und schob den Vorhang zur Seite. Ich stand dicht hinter ihm. In der Dunkelheit sah ich einen schwarzen Wagen ohne Nummernschild, der vielleicht dreißig Meter weit weg auf der anderen Straßenseite stand.

»Wer ist das?« fragte ich.

»Keine Ahnung«, sagte Yin. »Geh nach draußen und hol unser Gepäck. Schnell.«

Ich schaute ihn fragend an.

»Keine Angst«, sagte er. »Hol es, aber beeil dich.«

Rasch ging ich hinüber zum Jeep und bemühte mich, nicht hinüber zu dem schwarzen Wagen zu schauen. Ich schnappte mir unsere beiden Rucksäcke und ging schnell wieder ins Haus zurück. Yin stand immer noch am Fenster.

»Oh, nein!« sagte er plötzlich. »Sie kommen.«

Grelles Scheinwerferlicht drang ins Zimmer, als der Wagen auf das Haus zuraste. Yin nahm mir seinen Rucksack ab und schob mich durch die Hintertür hinaus in die Dunkelheit.

»Hier entlang!« rief er, und wir rannten hinauf zwischen eine Gruppe Felsen. Ich blickte zu dem Haus zurück und beobachtete entsetzt, wie Polizisten in Zivil aus dem Wagen sprangen und es umzingelten. Ein zweiter Wagen tauchte auf. Die Männer, die heraussprangen, liefen rechts von uns den Berghang hinauf. Wenn wir weiter in diese Richtung liefen, würden sie uns in ein paar Minuten den Weg abschneiden.

»Yin, warte mal«, zischte ich. »So laufen wir ihnen genau in die Arme.«

»Los, nach links«, sagte er. »Wir weichen ihnen aus.«

Ich sah, wie die anderen Geheimpolizisten in diese Richtung liefen. Wenn wir taten, was Yin vorschlug, mußten sie uns zwangsläufig entdecken.

Ich schaute zum steilsten Teil des Berghanges hinauf. Etwas dort erregte meine Aufmerksamkeit: Ein kleines Stück des Pfades sah deutlich heller aus als die Umgebung.

»Nein, wir steigen hier hinauf«, sagte ich instinktiv und lief weiter. Yin zögerte einen Moment, dann folgte er mir. Wir kletterten zwischen den Felsen hinauf, während die Polizisten von der rechten Seite her näher kamen.

Plötzlich tauchte ein Polizist über uns auf dem Bergkamm auf, und wir duckten uns zwischen zwei große Felsbrocken. Das Gebiet um uns schien mir immer noch spürbar heller, als würde es in einem besonderen Licht leuchten. Der Mann war keine zehn Meter mehr entfernt und konnte uns jeden Augenblick entdecken. Dann, als er den Rand der sonderbar leuchtenden Zone erreichte, blieb er abrupt stehen, ging ein Stück weiter und blieb erneut stehen, als hätte plötzlich etwas anderes seine Aufmerksamkeit auf sich gezogen. Er drehte sich um und rannte den Abhang hinunter.

Nach einer Weile fragte ich Yin flüsternd, ob er glaube, daß der Geheimpolizist uns gesehen hätte.

»Nein«, entgegnete Yin. »Vermutlich nicht. Komm, weiter!«

Wir kletterten weitere zehn Minuten bergauf und schauten dann zu dem Haus hinunter. Weitere Autos stoppten dort, unter ihnen ein Polizeiwagen mit blinkendem roten Licht.

Yin machte ein ängstliches Gesicht, und seine Hände zitterten wieder.

»Was werden sie mit deiner Freundin machen?« fragte ich.

Yin schaute mich mit Tränen und Wut in den Augen an, dann führte er mich ohne ein Wort weiter in die Berge.

Wir gingen mehrere Stunden, unser Weg nur erhellt von der Sichel des Mondes, die immer wieder hinter Wolken verschwand. Ich wollte Yin bitten, mir von den Legenden zu erzählen, die er erwähnt hatte, aber er blieb zornig und schweigsam. Auf einer Bergkuppe hielt er an und sagte, wir müßten uns jetzt ausruhen. Als ich mich auf einen Stein setzte, ging er ein paar Schritte in die Dunkelheit und kehrte mir den Rücken zu.

»Warum warst du vorhin so sicher, daß wir geradeaus den Hang hinaufklettern sollten?« fragte er, ohne sich umzudrehen.

Ich holte tief Luft. »Ich habe etwas gesehen«, stammelte ich. »Diese Stelle des Pfades sah irgendwie heller aus. Es schien die richtige Richtung zu sein.«

Jetzt kam er zu mir und setzte sich vor mir auf den Boden. »Hast du so etwas zuvor schon gesehen?«

Ich versuchte, meine Angst abzuschütteln. Mein Herz klopfte, und ich konnte kaum sprechen. »Ja«, sagte ich. »Das ist mir in letzter Zeit öfter passiert.«

Er schwieg.

»Yin, weißt du, was es damit auf sich hat?«

»Den Legenden zufolge bedeutet es, daß uns geholfen wurde.«

»Geholfen? Von wem denn?«

Wieder schwieg er und blickte weg.

»Yin, sag mir, was du darüber weißt.«

Er antwortete immer noch nicht.

»Sind es die Dakini, die Wil in seinem Brief erwähnt hat?«

Immer noch keine Reaktion.

Ich spürte, wie mich die Wut packte. »Yin! Sag mir endlich, was du weißt!«

Er stand rasch auf und starrte mich zornig an. »Es ist uns verboten, über bestimmte Dinge zu sprechen! Verstehst du das denn nicht? Man kann mit jahrelanger Stummheit oder Blindheit bestraft werden, schon allein, wenn man nur die Namen dieser Wesen leichtfertig ausspricht! Sie sind die Wächter von Shambhala.«

Er lief ein Stück von mir weg, breitete seine Jacke auf einem flachen Stein aus und legte sich hin.

Ich fühlte mich ebenfalls erschöpft, unfähig, einen klaren Gedanken zu fassen.

»Wir müssen schlafen«, sagte Yin. »Bitte. Morgen wirst du mehr erfahren.«

Ich starrte noch einen Moment zu ihm hinüber, dann streckte ich mich auf dem Felsen, wo ich gesessen hatte, aus und fiel in einem tiefen Schlaf.

Sonnenlicht, das in der Ferne zwischen zwei Schneegipfeln aufblitzte, weckte mich. Ich schaute mich um und bemerkte, daß Yin nicht mehr da war. Ich sprang auf und suchte die Umgebung ab. Alle Knochen taten mir weh, und von Yin fand ich keine Spur.

Verdammt, dachte ich. Ich hatte keine Ahnung, wohin er verschwunden war. Eine tödliche Angst ergriff mich. Ich wartete eine halbe Stunde, ließ den Blick über braune, steinige Bergrücken und kleine, grasbewachsene Taleinschnitte schweifen. Immer noch kehrte er nicht zurück. Dann stand ich wieder auf und entdeckte eine Schotterstraße, die, vielleicht hundert Meter entfernt, am Fuß eines Berghangs entlangführte. Ich nahm meinen Rucksack, kletterte den steinigen Hang hinunter und wandte mich dann auf der

Straße Richtung Norden. So weit ich mich erinnern konnte, lag dort irgendwo Lhasa.

Ich hatte noch keinen ganzen Kilometer zurückgelegt, als ich bemerkte, daß nicht mehr als hundert Schritte hinter mir vier oder fünf Leute in die gleiche Richtung gingen. Ich sprang von der Straße herunter und verbarg mich zwischen den Felsen, so daß ich die Straße gefahrlos beobachten konnte. Als die Leute näher kamen, sah ich, daß es sich um eine Familie handelte, bestehend aus einem alten Mann, einem jüngeren Mann, einer Frau und zwei größeren Kindern. Sie schleppten große Säcke, und der jüngere Mann zog einen mit ihrer persönlichen Habe beladenen Karren hinter sich her. Sie sahen wie Flüchtlinge aus.

Ich überlegte, zu ihnen zu gehen und sie nach dem Weg zu fragen, entschied mich dann aber dagegen. Ich hatte Angst, daß sie mich den Chinesen melden würden. Also ließ ich sie vorbeigehen und wartete noch zwanzig Minuten, ehe ich vorsichtig in die gleiche Richtung wie sie ging. Nach ungefähr zwei Meilen wand sich die Straße zwischen kleinen, felsigen Hügeln und Plateaus hindurch, bis in der Ferne auf einem der Hügel ein Kloster in Sicht kam. Ich verließ die Straße und kletterte zwischen den Felsen hindurch, bis ich mich noch ungefähr zweihundert Meter unterhalb des Klosters befand. Es war aus sandfarbenen Ziegelsteinen gebaut, mit einem braun bemalten Flachdach, und bestand aus einem Hauptgebäude und zwei Seitenflügeln.

Nirgendwo rührte sich etwas, und ich dachte schon, das Gebäude stünde leer. Doch dann öffnete sich die Vordertür, und ich sah einen Mönch in einem leuchtendroten Gewand herauskommen, der in einem Garten neben einem einsamen Baum rechts vom Kloster zu arbeiten begann.

Er sah ziemlich harmlos aus, aber ich entschied, kein Risiko einzugehen. Ich ging zu der Schotterstraße zurück, überquerte sie und machte auf der anderen Seite einen großen Bogen um das Kloster, ehe ich mich wieder auf die Straße zurückwagte, zügig auf ihr weiterging und nur einmal kurz stehenblieb, um meinen Parka auszuziehen. Die Sonne schien jetzt kräftig, und es war überraschend warm. Nach ungefähr einer Meile, als die Straße gerade ein Stück anstieg, hörte ich etwas. Ich rannte seitlich zwischen die Felsen und lauschte. Zuerst glaubte ich, es sei ein Vogel, doch dann erkannte ich, daß es menschliche Stimmen waren, weit entfernt. Wer unterhielt sich dort?

Vorsichtig kletterte ich zwischen den Felsen nach oben, bis ich einen Blick in das kleine Tal vor mir werfen konnte. Mir blieb das Herz stehen. Genau unter mir befand sich eine Straßenkreuzung, an der drei Militärjeeps parkten. Etwa ein Dutzend Soldaten standen dort herum, rauchend und redend. Ich zog mich zurück, lief geduckt zurück in die Richtung, aus der ich gekommen war, bis ich zwei große Felsen entdeckte, zwischen denen ich mich verstecken konnte.

Von dort hörte ich von jenseits der Straßensperre ein weiteres Geräusch. Zuerst war es nur ein tiefes Brummen, dann bemerkte ich zusätzlich ein wirbelndes Geknatter. Es war ein Hubschrauber.

In Panik rannte ich, so schnell ich konnte, zwischen den Felsen hindurch, weg von der Straße. Ich sprang über einen kleinen Bach, rutschte dabei aus und landete bis zu den Knien im Wasser. Ich kletterte ans Ufer, rannte weiter, doch dann stolperte ich und fiel einen Abhang hinunter, zerriß mir dabei die Hose und holte mir eine Schramme am Bein. Ich rappelte mich wieder hoch, lief weiter und sah mich verzweifelt nach einem besseren Versteck um.

Als ich den Hubschrauber immer näher kommen hörte, duckte ich mich hinter einen großen Stein und schaute mich um. Plötzlich packte mich jemand und zog mich in einen Spalt zwischen den Felsen. Es war Yin. Wir preßten uns regungslos auf den Boden, als der große Hubschrauber genau über uns hinwegflog.

»Es ist ein Z-9«, sagte Yin. Panik spiegelte sich in seinem Gesicht, aber man merkte, daß er außerdem wütend war.

»Warum bist du nicht an unserem Lagerplatz geblieben?« fragte er, schrie beinahe.

»Du bist doch als erster weg!« erwiderte ich.

»Ich war schon nach einer knappen Stunde wieder zurück. Du hättest auf mich warten sollen.«

Angst und Wut ließen mich die Beherrschung verlieren. »Warten?« schrie ich. »Warum hast du mir nicht gesagt, daß du weggehst?«

Ich hätte weitergeschimpft, aber dann hörte ich, daß der Hubschrauber wieder näher kam.

»Was machen wir jetzt?« fragte ich Yin. »Hier können wir nicht bleiben.«

»Zurück ins Kloster!« sagte er. »Da bin ich vorhin gewesen.«

Ich nickte, richtete mich auf und schaute mich nach dem Hubschrauber um. Glücklicherweise flog er in nördlicher Richtung davon. Dann bemerkte ich den Mönch, den ich zuvor am Kloster beobachtet hatte. Er ging uns zwischen den Felsen entgegen.

Als er uns erreicht hatte, sagte er auf tibetisch etwas zu Yin, das ich nicht verstand, und schaute mich an.

»Kommen Sie bitte mit«, sagte er auf englisch, nahm mich am Arm und zog mich in Richtung des Klosters.

Als wir dort eintrafen, betraten wir durch einen Seiteneingang den Klosterhof. Dabei mußten wir an vielen Tibetern vorbei, die dort mit Taschen und anderem persönlichen Besitz standen. Manche von ihnen waren sehr arm. Dann gelangten wir zum Hauptgebäude des Klosters. Der Mönch öffnete die großen Holztüren und führte uns durch eine Eingangshalle, wo weitere Tibeter warteten. Unter ihnen befand sich auch die Familie, die ich auf der Straße gesehen hatte. Sie schauten mich freundlich an.

Yin sah, wie ich mich nach ihnen umdrehte, und wollte wissen, woher ich sie kenne. Ich erzählte ihm, daß ich sie auf der Straße beobachtet hatte.

»Sie waren dort, um dich hierher zu führen«, sagte Yin. »Aber du warst zu ängstlich, um dieser Synchronizität zu vertrauen.«

Er warf mir einen strengen Blick zu und folgte dem Mönch in ein kleines Studierzimmer mit Bücherregalen, Schreibtischen und mehreren Gebetsmühlen. Wir setzten uns an einen mit Schnitzereien verzierten Holztisch, wo der Mönch und Yin sich längere Zeit auf tibetisch unterhielten.

»Zeigen Sie mir Ihr Bein«, fragte mich ein anderer Mönch auf Englisch, der hinter uns das Zimmer betreten hatte. Er trug einen kleinen, mit weißen Bandagen und mehreren Fläschchen gefüllten Korb. Yins Gesicht hellte sich auf.

»Ihr kennt euch?« fragte ich.

Der Mönch streckte mir mit einer leichten Verbeugung die Hand entgegen. »Ich bin Jampa.«

Yin beugte sich zu mir herüber. »Jampa ist seit über zehn Jahren bei Lama Rigden.«

»Wer ist Lama Rigden?«

Jampa und Yin schauten sich an, als seien sie unsicher, wieviel sie mir erzählen durften. Schließlich sagte Yin: »Ich habe bereits die Legenden erwähnt. Lama Rigden weiß mehr über die Legenden als jeder andere Mensch. Er ist einer der größten Experten zum Thema Shambhala.«

»Erzählen Sie mir genau, was passiert ist«, sagte Jampa, während er die Schramme an meinem Bein mit Salbe einrieb.

Ich schaute Yin an, der mir aufmunternd zunickte.

»Ich muß dem Lama genau schildern, was mit Ihnen geschehen ist«, sagte Jampa erläuternd.

Ich berichtete alles, was seit unserer Ankunft in Lhasa vorgefallen war. Als er mein Bein fertig verarztet hatte, schaute Jampa mich an. »Und was ist geschehen, bevor Sie nach Tibet kamen?«

Also erzählte ich ihm auch von der Tochter meines Nachbarn und von Wil.

Er und Yin schauten sich an.

»Und woran haben Sie gedacht?« fragte Jampa.

»Ich habe daran gedacht, daß mir diese Sache hier viel zu gefährlich ist«, sagte ich. »Ich möchte zurück zum Flughafen.«

»Nein, das meine ich nicht«, entgegnete Jampa rasch. »Heute morgen, als Sie entdeckten, daß Yin nicht mehr da war – was haben Sie da gedacht? Wie war Ihr Bewußtseinszustand?«

»Ich hatte Angst. Ich wußte ganz einfach, daß die Chinesen jeden Moment auftauchen würden. Ich suchte nach einer Möglichkeit, so schnell wie möglich nach Lhasa zurückzukehren.«

Jampa schaute Yin an und runzelte die Stirn. »Er weiß nichts über die Gebetsfelder.«

Yin schüttelte den Kopf.

»Wir haben darüber gesprochen«, sagte ich. »Aber ich bin nicht sicher, was für eine Rolle das spielt. Was wissen Sie über diese Hubschrauber? Suchen sie nach uns?«

Jampa lächelte nur und sagte, ich solle mir keine Sorgen machen. Hier sei ich in Sicherheit. Mehrere andere Mönche kamen herein und brachten Suppe, Brot und Tee. Während wir aßen, schienen sich meine Gedanken zu klären, und ich fing an, die Situation zu analysieren. Ich wollte endlich genau wissen, was das alles zu bedeuten hatte. Und zwar sofort.

Ich blickte Jampa entschlossen an, und er erwiderte meinen Blick mit tiefer Warmherzigkeit.

»Ich weiß, Sie haben viele Fragen«, sagte er. »So weit ich dazu befugt bin, will ich Sie gerne informieren. Wir sind hier in Tibet eine besondere Traditionslinie. Eher untypisch. Seit vielen Jahrhunderten glauben wir, daß Shambhala ein real existierender Ort ist. Auch bewahren wir das Wissen um die Legenden, deren mündlich überlieferte Weisheit so alt ist wie das Kalachakra. Diese Weisheit hat die Integration aller religiösen Wahrheiten zum Ziel.

Viele unserer Lamas stehen durch ihre Träume mit Shambhala in Kontakt. Vor ein paar Monaten tauchte in Lama Ridgens Träumen von Shambhala plötzlich Ihr Freund Wil auf. Bald darauf wurde Wil hierher zu diesem Kloster geführt. Lama Ridgen erklärte sich bereit, mit ihm zu sprechen, und fand heraus, daß Wil den gleichen Traum geträumt hatte.«

»Was hat Wil ihm erzählt?« fragte ich. »Und wohin ist er gegangen?«

Jampa schüttelte den Kopf. »Ich fürchte, Sie müssen abwarten, ob Lama Rigden bereit ist, darüber mit Ihnen zu sprechen.«

Ich schaute Yin an, und er versuchte zu lächeln.

»Was ist mit den Chinesen?« fragte ich Jampa. »Was haben sie mit alledem zu tun?«

Jampa zuckte die Achseln. »Das wissen wir nicht. Vielleicht wollen sie herausfinden, was dieses Interesse an Shambhala zu bedeuten hat.«

Ich nickte.

»Da ist noch etwas«, sagte Jampa. »Offenbar erscheint in all diesen Träumen noch eine weitere Person. Ein Amerikaner.«

Jampa machte eine Pause und deutete eine Verbeugung an. »Ihr Freund Wil war sich nicht sicher, aber er glaubt, daß Sie diese Person sind.«

Nachdem ich gebadet und mich in dem Zimmer, das Jampa mir zur Verfügung stellte, umgezogen hatte, ging ich nach draußen in den hinteren Klosterhof. Mehrere Mönche arbeiteten dort in einem Gemüsegarten, als stellten die Chinesen keinerlei Gefahr dar. Ich blickte zu den Bergen hinüber und suchte den Himmel ab. Keine Hubschrauber weit und breit.

»Wir können uns dort oben auf die Bank setzen«, sagte eine Stimme hinter mir. Ich drehte mich um und sah Yin, der hinter mir aus dem Klostergebäude kam.

Ich nickte, und wir stiegen zwischen mehreren mit Ziersträuchern und Gemüse bepflanzten Terrassen hinauf zu einer Sitzecke gegenüber einem kunstvoll gearbeiteten buddhistischen Schrein. Hinter uns beherrschte eine gewaltige Gebirgskette den Horizont, doch nach Süden konnten wir meilenweit über das Hochland schauen. Auf der Straße waren viele Menschen unterwegs, von denen einige Handkarren zogen.

»Wo ist der Lama?« fragte ich.

»Das weiß ich nicht«, entgegnete Yin. »Er hat noch nicht eingewilligt, dich zu empfangen.«

»Warum nicht?«

Yin schüttelte den Kopf. »Ich weiß nicht.«

»Glaubst du, er weiß, wo Wil ist?«

Wieder schüttelte Yin den Kopf.

»Glaubst du, die Chinesen suchen immer noch nach uns?«

Yin zuckte nur die Achseln und starrte in die Ferne.

»Tut mir leid, daß meine Energie so schlecht ist«, sagte er. »Laß dich davon bitte nicht beeinflussen. Es kommt nur daher, daß mich immer wieder mein Zorn überwältigt. Seit 1954 sind die Chinesen dabei, systematisch unsere Kultur zu zerstören. Schau dir die Leute an, die dort auf der Straße unterwegs sind. Viele von ihnen sind Bauern, die durch chinesische Wirtschaftsprojekte von ihrem Land vertrieben wurden. Andere sind Nomaden, die Hunger leiden, weil sie gezwungen werden, ihre traditionelle Lebensweise aufzugeben.« Er ballte die Fäuste. »Die chinesischen Behörden tun das gleiche, was Stalin in der Mandschurei gemacht hat. Sie siedeln Tausende von Fremden hierher um, Chinesen, um das kulturelle Gleichgewicht in Tibet zu zerstören und ihr gesellschaftliches System durchzusetzen. Und in den Schulen darf nur noch Chinesisch unterrichtet werden.«

»Warum kommen so viele Leute hierher zum Kloster?« fragte ich.

»Lama Rigden und die Mönche bemühen sich, den Armen zu helfen, die von der kulturellen Umwälzung besonders hart betroffen sind. Deshalb lassen ihn die Chinesen in Ruhe. Er hilft, die Probleme zu lösen, ohne die Bevölkerung gegen die Besatzer aufzuwiegeln.«

Yin sagte, daß er deswegen einen leichten Groll gegen den Lama empfinde, begann aber sofort sich deswegen zu entschuldigen. »Nein«, sagte er. »Ich will damit nicht andeuten, daß der Lama zu sehr mit ihnen kooperiert. Es ist nur so, daß das, was die Chinesen tun, so verabscheuungswürdig ist!« Wieder ballte er die Fäuste und hämmerte damit gegen seine Knie. »Anfangs haben viele Leute geglaubt, die chinesische Regierung würde die tibetische Kultur respektieren, so daß wir innerhalb des chinesischen Staatsverbandes weiterexistieren könnten, ohne alles zu verlieren. Aber die Regierung hat sich zum Ziel gesetzt, uns zu vernichten. Das ist heute offensichtlich, und wir müssen endlich anfangen, ihnen das so schwer wie möglich machen.«

»Du meinst, einen bewaffneten Kampf gegen sie anfangen?« fragte ich. »Yin, dir müßte doch klar sein, daß ihr den niemals gewinnen könnt.«

»Ich weiß, ich weiß«, sagte er. »Es macht mich nur so wütend, wenn ich daran denke, was sie uns antun. Eines Tages werden die Krieger von Shambhala in die Schlacht reiten und diese Ungeheuer besiegen.«

»Bitte?«

»So lautet eine Prophezeiung meines Volkes.« Er schüttelte den Kopf. »Ich weiß, ich muß unbedingt an meinem Zorn arbeiten. Er läßt immer wieder mein Gebetsfeld zusammenbrechen.«

Abrupt stand er auf und fügte hinzu: »Ich werde Jampa fragen, ob er inzwischen mit dem Lama gesprochen hat. Bitte entschuldige mich.« Er machte eine leichte Verbeugung und ging.

Eine Weile lang ließ ich den Blick über die tibetische Landschaft schweifen und versuchte, das volle Ausmaß des Schadens zu erfassen, den die chinesische Besetzung hier anrichtete. Einmal glaubte ich, in der Ferne wieder einen Hubschrauber zu hören, doch das Geräusch war zu weit weg, um es mit Sicherheit sagen zu können. Ich wußte, daß Yins Zorn gerechtfertigt war, und ich dachte ein paar Minuten über die politische Situation in Tibet nach. Dann kam es mir wieder in den Sinn, nach einem Telefon zu fragen, und ich überlegte, wie schwierig es wohl sein würde, von hier aus ein Auslandsgespräch zu führen.

Ich wollte schon aufstehen und wieder ins Haus gehen, als mir klar wurde, wie erschöpft ich war. Also atmete ich einige Male tief durch und versuchte, mich auf die Schönheit ringsum zu konzentrieren. Die schneegekrönten Berge und das Grün und Braun der Landschaft waren eindrucksvoll und schön, und der Himmel leuchtete in einem sehr intensiven Blau, mit lediglich einigen wenigen Wolken über dem westlichen Horizont.

Plötzlich bemerkte ich, daß die beiden Mönche, die weiter unten auf den Beeten arbeiteten, innehielten und in meine Richtung schauten. Ich drehte mich rasch um, um festzustellen, ob hinter mir irgend etwas Ungewöhnliches zu sehen war, was aber nicht der Fall zu sein schien. Ich lächelte ihnen freundlich zu.

Nach ein paar Minuten kam einer von ihnen die Steintreppe hinauf, mit einem Arbeitskorb voller Gartenwerkzeuge. Er nickte mir höflich zu und machte sich daran, vielleicht sechs Meter neben mir in einem Blumenbeet Unkraut zu jäten. Kurze Zeit später gesellte sich ein anderer Mönch zu ihm und half ihm bei der Arbeit. Zwischendurch schauten sie immer wieder neugierig zu mir herüber, mit ehrerbietigem Kopfnicken.

Ich atmete wieder tief durch und richtete den Blick in die Ferne. Ich dachte über das nach, was Yin über sein Gebetsfeld gesagt hatte. Er machte sich Sorgen, daß sein Zorn auf die Chinesen seine Energie schwächte. Was meinte er damit?

Plötzlich nahm ich die wärmenden Sonnenstrahlen bewußter wahr und spürte eine innere Ruhe, wie ich sie seit meinem Eintreffen in Tibet noch nicht erlebt hatte. Mit geschlossenen Augen nahm ich einen weiteren tiefen Atemzug und registrierte noch etwas anderes: einen ungewöhnlich süßen Duft wie von einem Blumenstrauß. Zuerst dachte ich, die Mönche hätten einige Blumen aus dem Beet gepflückt und zu mir gebracht.

Ich öffnete die Augen, doch da waren keine Blumen in meiner Nähe. Ich dachte, der Wind hätte vielleicht den Duft von dem Beet zu mir getragen, doch die Luft war völlig still.

Dann bemerkte ich, daß die Mönche ihre Werkzeuge fallen gelassen hatten und mich mit offenen Mündern anstarrten, als hätten sie soeben etwas sehr Sonderbares gesehen. Wieder drehte ich mich um, doch hinter mir war nichts Ungewöhnliches zu bemerken. Als sie sahen, daß sie mich gestört hatten, nahmen sie hastig ihre Werkzeuge und Körbe und rannten beinahe die Stufen zum Kloster hinunter. Ich schaute ihnen einen Moment nach. Ihre roten Gewänder wallten beim Gehen hin und her, und sie drehten sich immer wieder um, wohl um festzustellen, ob ich sie beobachtete.

Als ich ins Kloster zurückkehrte, merkte ich sofort, daß dort große Aufregung herrschte. Die Mönche eilten umher und tuschelten erregt miteinander.

Ich ging auf mein Zimmer und überlegte erneut, ob ich von hier aus wohl telefonieren konnte. Meine Stimmung hatte sich gebessert, aber ich machte mir erneut Gedanken um meine Sicherheit. Ich wurde immer tiefer in die Ereignisse hineingezogen, statt eine Möglichkeit zu finden, das Land möglichst schnell zu verlassen. Was würden die Chinesen mit mir anstellen, wenn sie mich erwischten? Kannten sie meinen Namen? Vielleicht war es schon zu spät, um außer Landes zu fliegen.

Ich wollte gerade aufstehen und mich auf die Suche nach Jampa machen, als er unverhofft in mein Zimmer stürzte.

»Der Lama ist bereit, mit Ihnen zu sprechen«, sagte er. »Das ist eine große Ehre. Keine Sorge, er spricht fließend Englisch.«

Ich nickte und fühlte mich ein bißchen nervös.

Jampa stand in der Tür und schaute mich erwartungsvoll an.

»Ich soll Sie zu ihm bringen – jetzt gleich.«

Ich stand auf und folgte Jampa, der mich durch einen sehr großen Raum mit hoher Decke in einen kleineren Raum auf der anderen Seite des Gebäudes führte. Fünf oder sechs Mönche mit Gebetsmühlen und weißen Schals verfolgten gespannt, wie wir nach vorne gingen und uns hinsetzten. Yin winkte mir aus der anderen Ecke des Raumes zu.

»Das ist das Begrüßungszimmer«, sagte Jampa.

Die Einrichtung des Zimmers bestand vollständig aus blau bemaltem Holz, und es war mit handgefertigten Wandmalereien und Mandalas geschmückt. Wir mußten ein paar Minuten warten, dann kam der Lama herein. Er war größer als die meisten anderen Mönche, trug aber das gleiche rote Gewand wie sie. Nachdem er alle Anwesenden aufmerksam angeschaut hatte, rief er Jampa zu sich. Sie legten ihre Stirnen aneinander, und er flüsterte Jampa etwas ins Ohr.

Jampa drehte sich sofort um und bedeutete allen anderen Mönchen, daß sie mit ihm hinausgehen sollten. Yin verließ ebenfalls den Raum, nickte mir vorher aber aufmunternd zu. Einige der Mönche reichten mir ihre Schals und nickten aufgeregt.

Als der Raum leer war, winkte mich der Lama heran und ließ mich in einem kleinen schwarzen Stuhl zu seiner Rechten Platz nehmen. Ich machte eine kleine Verbeugung, ehe ich mich hinsetzte.

»Danke, daß Sie mich empfangen«, sagte ich.

Er nickte und lächelte. Dann betrachtete er mich lange schweigend.

»Darf ich Sie nach meinem Freund Wilson James fragen?« sagte ich schließlich. »Wissen Sie, wo er sich aufhält?«

»Was wissen Sie von Shambhala?« fragte der Lama zurück.

»Ich habe es immer für einen imaginären Ort gehalten, der nur in der Phantasie existiert. Shangri-La, wissen Sie?«

Er hob den Kopf und entgegnete nüchtern: »Dieser Ort ist real und wird von wirklichen Menschen bewohnt.«

»Warum ist er dann niemals gefunden worden? Und warum verwenden so viele prominente Buddhisten Shambhala lediglich als Metapher für eine bestimmte Geisteshaltung?«

»Weil Shambhala tatsächlich für eine bestimmte Lebenseinstellung und Geisteshaltung steht. Man kann durchaus in solcher Weise davon sprechen. Aber es ist auch ein wirklicher Ort, wo wirkliche Menschen in einer besonders hochentwickelten Form der Gemeinschaft zusammenleben.«

»Sind Sie denn schon dort gewesen?«

»Nein, nein. Ich bin noch nicht gerufen worden.«

»Wie können Sie sich dann so sicher sein?«

»Weil ich bereits viele Male von Shambhala geträumt habe, wie auch viele andere Adepten. Wir vergleichen unsere Träume miteinander, und sie ähneln sich so stark, daß es sich einfach um einen real existierenden Ort handeln muß. Und wir bewahren das heilige Wissen, die Legenden, in denen erklärt wird, in welcher Beziehung wir zu dieser heiligen Gemeinschaft stehen.«

»Was ist das für eine Beziehung?«

»Es ist unsere Aufgabe, das Wissen zu bewahren, während wir darauf warten, daß Shambhala aus der Verborgenheit hervortritt und für alle Völker der Welt sichtbar wird.«

»Wie Yin mir sagte, glauben manche Leute, die Krieger von Shambhala würden eines Tages auf der Bildfläche erscheinen und die Chinesen besiegen.«

»Yins Zorn ist sehr gefährlich für ihn.«

»Dann hat er also unrecht?«

»Er betrachtet die Dinge aus der menschlichen Perspektive, die sehr auf Krieg und physische Gewalt fixiert ist. Wie die Prophezeiung über das Erscheinen von Shambhala sich genau verwirklichen wird, weiß bislang niemand. Zuerst müssen wir lernen, Shambhala zu verstehen. Aber wir wissen, daß es sich auf jeden Fall um eine andere Art von Kampf handeln wird.«

Seine letzte Äußerung schien mir rätselhaft, aber sein Benehmen drückte so viel Mitgefühl aus, daß ich mehr Ehrfurcht als Verwirrung empfand.

»Wir glauben«, fuhr Lama Rigden fort, »daß die Zeit, wenn Shambhala für die Augen der Welt sichtbar werden wird, nicht mehr fern ist.«

»Lama, woher haben Sie dieses Wissen?«

»Wie ich schon sagte, es kommt aus unseren Träumen. Sie haben sicher bereits gehört, daß Ihr Freund Wil hier bei uns war. Das schien uns ein bedeutsames Zeichen zu sein, denn wir hatten vorher von ihm geträumt. Er hat den Duft gerochen und die Stimme gehört.«

Ich war verblüfft. »Was für einen Duft?«

Er lächelte. »Den Duft, den auch Sie heute gerochen haben.«

Jetzt ergab plötzlich alles einen Sinn – die Art, wie die Mönche reagiert hatten, und die Tatsache, daß der Lama plötzlich einverstanden gewesen war, mich unverzüglich zu empfangen.

»Auch Sie werden gerufen«, fügte er hinzu. »Daß einem Menschen der Duft geschickt wird, ist ein sehr seltenes Ereignis. Ich habe es vorher nur einmal erlebt, bei meinem einstigen Lehrer. Und dann wieder, als Ihr Freund Wil hier war. Nun ist es erneut geschehen, diesmal bei Ihnen. Vorher war ich mir nicht sicher, ob ich Sie empfangen sollte. Es ist sehr gefährlich, auf triviale Weise über diese Dinge zu sprechen. Haben Sie auch die Stimme gehört?«

»Nein«, sagte ich, »und ich kann mir nichts darunter vorstellen.«

»Auch sie ist ein Zeichen, das Sie nach Shambhala ruft. Lauschen Sie einfach auf einen ganz besonderen Klang. Wenn Sie ihn hören, werden Sie erkennen, was es ist.«

»Lama, ich bin nicht sicher, daß ich diese Reise fortsetzen möchte. Es scheint hier für mich sehr gefährlich zu sein. Offenbar wissen die Chinesen, wer ich bin. Ich möchte so schnell wie möglich in die Vereinigten Staaten zurückkehren. Können Sie mir nicht einfach sagen, wo ich Wil finden kann? Ist er irgendwo in der Nähe?«

Der Lama schüttelte den Kopf und wirkte plötzlich sehr traurig. »Nein, ich fürchte, er ist fest entschlossen, die Suche fortzusetzen.«

Ich schwieg, und eine lange Weile sah mich der Lama einfach nur an.

»Da ist noch etwas, daß Sie wissen sollten«, sagte er dann. »Aus den Träumen geht klar hervor, daß Wil nur überleben kann, wenn Sie ihm beistehen. Er wird nur mit Ihrer Hilfe Erfolg haben.«

Angst stieg in mir auf, und ich wich seinem Blick aus. Das war es nun wirklich nicht, was ich gerne hören wollte.

»In den Legenden heißt es«, fuhr der Lama fort, »daß in Shambhala jede Generation eine Bestimmung hat, die allgemein bekannt ist und über die offen gesprochen wird. Dies trifft auch für die menschlichen Kulturen außerhalb Shambhalas zu. Manchmal können wir große Kraft und Klarheit daraus schöpfen, daß wir den Mut und die Ziele jener Generation betrachten, die vor uns kam.«

Ich fragte mich, worauf er hinauswollte.

»Lebt Ihr Vater noch?«

Ich schüttelte den Kopf. »Er ist vor ein paar Jahren gestorben.«

»War er im Zweiten Weltkrieg Soldat?« fragte er.

»Ja«, antwortete ich, »das war er.«

»War er bei aktiven Kampfeinsätzen dabei?«

»Ja, fast während des ganzen Krieges.«

»Hat er Ihnen erzählt, bei welchem Einsatz er damals besonders große Angst hatte?«

Seine Frage rief Erinnerungen an lange Gespräche mit meinen Vater in meiner Jugend wach. Ich dachte einen Moment nach. »Vielleicht war das die Landung in der Normandie 1944.«

»Ah, ja«, sagte der Lama. »Ich habe Ihre amerikanischen Filme über diese Landung gesehen. Kennen Sie diese Filme auch?«

»Ja«, sagte ich. »Ich fand sie sehr bewegend.«

»Sie sind Zeugnis für die Angst und den Mut der Soldaten«, fuhr er fort.

»Ja.«

»Glauben Sie, daß Sie auch zu solchen Taten fähig wären?«

»Ich weiß es nicht. Ich verstehe nicht, wie sie damals dazu in der Lage waren.«

»Vielleicht war es für sie leichter, weil dieser Ruf an ihre ganze Generation ging. Auf einer Ebene haben sie es alle gespürt: Jene, die kämpften, jene, die die Waffen herstellten, und jene, die zu Hause die Nahrungsmittel erzeugten. Sie haben die Welt aus der größten Gefahr gerettet.«

Er schwieg, als erwartete er, daß ich eine Frage stellen würde, aber ich schaute ihn nur an.

»Die Herausforderung, der sich *Ihre* Generation gegenübersieht, ist von anderer Art«, sagte er. »Auch Sie müssen die Welt retten. Aber heute muß das auf andere Weise geschehen. Sie müssen sich bewußt werden, daß Sie über eine große Kraft verfügen, die kultiviert und erweitert werden kann, eine mentale Energie, die schon immer als eine Form des Betens bezeichnet wurde.«

»Das wurde mir schon gesagt. Aber ich glaube, ich weiß immer noch nicht, wie ich auf richtige Weise Gebrauch von ihr machen kann.«

Da lächelte er und stand auf. »Ja«, sagte er augenzwinkernd, »aber Sie werden es lernen. Ganz bestimmt.«

Ich legte mich in meinem Zimmer aufs Bett und dachte über all das nach, was der Lama zu mir gesagt hatte. Er hatte unser Gespräch abrupt beendet und schweigend abgewinkt, als ich ihm weitere Fragen stellen wollte. »Ruhen Sie sich jetzt aus«, hatte er gesagt und mehrere Mönche hereingerufen, indem er eine laute Glocke läutete. »Wir werden uns morgen wieder unterhalten.«

Später mußte ich Jampa und Yin in allen Einzelheiten berichten, wie mein Gespräch mit Lama Rigden verlaufen war. Leider hatte der Lama mich mit mehr Fragen als Antworten zurückgelassen. Ich wußte immer noch nicht, wohin Wil unterwegs war oder was der Ruf von Shambhala wirklich bedeutete. Das alles klang mir allzu sonderbar und gefährlich.

Yin und Jampa hatten sich kategorisch geweigert, mit mir über diese Dinge zu sprechen, und wir hatten den Rest des Abends damit verbracht, zu essen und hinaus auf die Berge zu schauen. Jetzt starrte ich hoch zur Zimmerdecke. Ich fand keinen Schlaf, und in meinem Kopf wirbelten die Gedanken.

Mehrmals ließ ich meine bisherigen Erlebnisse in Tibet vor meinem inneren Auge Revue passieren, bis ich schließlich in einen unruhigen Schlaf sank. Ich träumte, daß ich durch die überfüllten Straßen Lhasas rannte und bei einem der Klöster Schutz suchte. Doch die Mönche warfen nur einen kurzen Blick auf mich und schlugen mir sofort die Tür vor der Nase zu. Soldaten waren mir auf den Fersen. Ich rannte ohne Hoffnung durch dunkle Gassen, bis ich schließlich am Ende einer Straße zu meiner Rechten eine Art Leuchten sah. Die Umgebung schien dort irgendwie heller zu sein, wie ich das zuvor schon erlebt hatte. Als ich näher kam, verschwand das Licht allmählich, aber nun konnte ich deutlich ein Tor erkennen. Die Soldaten bogen hinter mir in die Straße ein, und ich sprang durch das Tor und fand mich in einer eisigen Schneelandschaft wieder …

Mit einem Ruck wachte ich auf. Wo war ich? Langsam erkannte ich das Zimmer wieder, stieg aus dem Bett und ging zum Fenster. Im Osten dämmerte schon der neue Tag. Ich wollte den Traum abschütteln und wieder ins Bett gehen, doch das erwies sich als zwecklos. Ich war hellwach.

Ich zog Hose und Jacke über, stieg die Treppe hinunter und setzte mich draußen im Hof bei den Gemüsegärten auf eine Bank. Als ich dem Sonnenaufgang zuschaute, hörte ich plötzlich hinter mir ein Geräusch. Jemand kam aus dem Kloster auf mich zu. Es war Lama Rigden.

Ich stand auf, und er verneigte sich tief.

»Sie sind früh auf den Beinen«, sagte er. »Ich hoffe, Sie haben gut geschlafen.«

»Ja«, sagte ich und sah zu, wie er eine Handvoll Getreide in den Brunnenteich streute, für die Fische. Das Wasser wirbelte, als sie das Futter fraßen.

»Was haben Sie geträumt?« fragte er, ohne mich anzusehen.

Ich erzählte ihm von der Verfolgungsjagd und daß ich rechts von mir eine Zone gesehen hatte, die sonderbar zu leuchten schien. Er schaute mich erstaunt an.

»Hatten Sie ein solches Erlebnis auch schon im Wachzustand?« wollte er wissen.

»Schon mehrfach auf dieser Reise«, sagte ich. »Lama, was geht hier vor sich?«

Er lächelte und setzte sich auf eine Bank mir gegenüber. »Sie erhalten Hilfe von den Dakini.«

»Wer sind die Dakini? Wil ließ eine Nachricht für Yin zurück, in der er sie ebenfalls erwähnte. Ich habe vorher noch nie von ihnen gehört.«

»Sie gehören der spirituellen Welt an. Im Westen nennt man sie Engel, aber sie sind weitaus geheimnisvoller, als die meisten Leute glauben. Ich fürchte, nur die Menschen in Shambhala wissen wirklich, was es mit ihnen auf sich hat. In den Legenden heißt es, daß die Dakini auf dem Licht von Shambhala reisen.«

Er hielt inne und schaute mich prüfend an. »Haben Sie schon entschieden, ob Sie dem Ruf folgen wollen?«

»Ich habe keine Ahnung, wie ich das bewerkstelligen soll.«

»Die Legenden werden Sie leiten. In ihnen heißt es, daß Shambhala ans Licht treten wird, weil immer mehr Menschen die Lebensweise jener in Shambhala verstehen und die Wahrheit der Gebetsenergie erkennen. Das Gebet ist keine Kraft, die nur wirksam ist, wenn wir uns hinsetzen und in einer bestimmten Situation zu beten beschließen. Natürlich wirkt das Gebet in solchen Augenblicken, aber es ist auch sonst unaufhörlich wirksam.«

»Sie meinen, jeder Mensch hat ein ständiges Gebetsfeld?«

»Alles, was wir erwarten, gut oder schlecht, bewußt oder unbewußt, helfen wir selbst mit ins Dasein zu bringen. Unser Gebet ist eine Energie, die von uns in alle Richtungen ausstrahlt. Bei den meisten Menschen, die auf gewöhnliche Weise denken, ist diese Kraft schwach und widersprüchlich. Doch bei anderen, die in ihrem Leben viel erreichen, die kreativ und erfolgreich sind, ist dieses Energiefeld stark, auch wenn ihnen das in der Regel nicht bewußt ist. Diese Menschen verfügen über ein starkes Feld, weil sie meist in einem Umfeld aufwuchsen, wo sie lernten, Erfolg zu erwarten und mehr oder weniger für selbstverständlich zu halten, da es diesbezüglich starke Vorbilder für sie gab, denen sie nacheifern konnten. Aber in den Legenden heißt es, daß bald alle Menschen von dieser Energie erfahren werden, und sie werden begreifen, daß sich unsere Fähigkeit, diese Energie zu nutzen, verbessern und erweitern läßt.

Ich erzähle Ihnen das alles, um Ihnen zu erklären, wie Sie dem Ruf von Shambhala folgen können. Um diesen heiligen Ort zu finden, müssen Sie systematisch Ihre Energie ausdehnen, bis Sie genügend kreative Kraft ausstrahlen, um dorthin gelangen zu können.

Wie genau das zu geschehen hat, wird in den Legenden beschrieben. Dazu sind drei wichtige Schritte erforderlich. Es gibt noch einen vierten Schritt, aber er ist nur den Menschen in Shambhala zur Gänze bekannt. Darum ist es so schwierig, Shambhala zu finden. Selbst wenn es jemandem gelungen ist, mit Hilfe der ersten drei Schritte seine Energie erfolgreich auszudehnen, braucht er dennoch zusätzliche Hilfe, um den Weg nach Shambhala zu finden. Die Dakini müssen ihm das Tor öffnen.«

»Sie haben gesagt, daß die Dakini spirituelle Wesen sind. Meinen Sie damit, daß es Seelen aus dem Jenseits sind, die uns als Führer dienen?«

»Nein, die Dakini sind etwas anderes. Sie helfen den Menschen zu erwachen und beschützen sie. Sie selbst sind nicht-menschlich und waren auch zu keinem früheren Zeitpunkt Menschen.«

»Und sie sind also das, was wir Engel nennen?«

Der Lama lächelte. »Sie sind, was sie sind. Sie sind ein Teil der Wirklichkeit. Jede Religion gibt ihnen andere Namen, so wie die einzelnen Religionen auch Gott unterschiedlich beschreiben und verschiedene Gebote für das Verhalten der Menschen aufstellen. Aber in allen Religionen wird Gott, die Energie der Liebe, immer auf die gleiche Weise erfahren. Jede Religion besitzt ihre eigene Geschichte und ihre eigene Art, diese Dinge zu beschreiben, aber es gibt nur eine einzige göttliche Quelle. So ist es auch mit den Engeln.«

»Dann sind Sie demnach kein strikter Buddhist?«

»Unsere Traditionslinie und die Überlieferungen, die wir bewahren, wurzeln im Buddhismus, aber wir treten für eine Synthese aller Religionen ein. Wir glauben, daß jede von ihnen wichtige Wahrheiten enthält, die zusammengeführt werden sollten. Dies ist möglich unter voller Anerkennung der eigenen Tradition und ohne daß man diese deswegen aufgeben müßte. Im Kern könnte ich mich durchaus auch als Christ oder beispielsweise als Juden oder Moslem bezeichnen. Wir glauben, daß die Menschen von Shambhala ebenfalls für eine Integration aller religiösen Wahrheiten arbeiten. Sie tun das im selben Geist wie der Dalai Lama, der die Kalachakra-

Initiationen allen aufrichtig interessierten Menschen zugänglich macht.«

Mir begann ein wenig der Kopf zu schwirren.

»Versuchen Sie gar nicht erst, das alles jetzt schon zu begreifen«, sagte der Lama. »Werden Sie sich einfach bewußt, daß die Integration aller religiösen Wahrheiten wichtig für die Entwicklung der Gebetsenergie ist. Nur so kann sie stark genug werden, um jenen Gefahren zu begegnen, die durch das angstvolle Denken der Menschen heraufbeschworen werden. Und vergessen Sie nie, daß es die Dakini wirklich gibt.«

»Was veranlaßt sie, uns zu helfen?« fragte ich.

Der Lama atmete tief ein und dachte dabei offensichtlich intensiv nach. Mit dieser Frage hatte ich anscheinend einen für ihn frustrierenden Punkt berührt.

»Mein ganzes Leben bemühe ich mich, eine Antwort auf diese Frage zu finden«, sagte er schließlich. »Aber ich muß gestehen, daß ich es nicht weiß. Ich nehme an, daß dies das große Geheimnis von Shambhala ist. Wir werden es erst verstehen, wenn wir Shambhala verstehen.«

»Aber Sie glauben«, warf ich ein, »daß die Dakini mir helfen?«

»Ja«, sagte er mit Nachdruck. »Ihnen und Ihrem Freund Wil.«

»Was ist mit Yin? Welche Rolle spielt er in dieser Sache?«

»Yin begegnete hier im Kloster Wil. Yin hat ebenfalls von Ihnen geträumt. Aber in einem anderen Zusammenhang als ich und die anderen Lamas. Yin ist in England erzogen worden und mit der westlichen Lebensweise sehr vertraut. Er ist Ihr Führer, auch wenn ihm diese Rolle sehr widerstrebt, wie Sie sicher bemerkt haben. Er tut es nur, weil es nicht seine Art ist, Leute im Stich zu lassen. Er wird Sie so weit führen, wie er selbst vorzudringen vermag.«

Er schaute mich erwartungsvoll an.

»Und was ist mit der chinesischen Regierung?« fragte ich. »Warum interessieren die Chinesen sich so sehr für das, was hier geschieht?«

Der Lama senkte den Blick. »Das weiß ich nicht. Sie spüren offenbar, daß Dinge im Gange sind, die etwas mit Shambhala zu tun haben. Sie haben immer versucht, die tibetische Spiritualität zu unterdrücken. Und nun haben sie unsere Sekte entdeckt. Daher müssen Sie sehr vorsichtig sein. Die Chinesen haben große Angst vor uns.«

Nach einem kurzen Schweigen fragte er: »Haben Sie sich entschieden?«

»Sie meinen, ob ich die Suche fortsetze?«

Er lächelte mitfühlend. »Ja.«

»Ich weiß nicht, ob ich mutig genug bin, mein Leben aufs Spiel zu setzen.« Nachdenklich fügte ich hinzu: »Sie haben von der besonderen Herausforderung für meine Generation gesprochen. Ich verstehe noch nicht, was Sie damit meinen.«

»Der Zweite Weltkrieg, dann später der kalte Krieg«, sagte der Lama, »waren die Herausforderungen, denen die vorherige Generation sich stellen mußte. Der enorme technische Fortschritt ermöglichte neue, verheerende Waffensysteme, und die Kräfte des Totalitarismus versuchten, die demokratischen Länder gewaltsam zu unterjochen. Diese Bedrohung konnte nur beseitigt werden, weil einfache Bürger für die Verteidigung der Freiheit kämpften und ihr Leben gaben. Dies erst ermöglichte den weltweiten Erfolg der Demokratie.

Aber Ihre Aufgabe unterscheidet sich von der Ihrer Eltern. Die Herausforderung für Ihre Generation ist ganz anderer Natur. Während man damals eine ganz bestimmte Tyrannei mit Waffengewalt bekämpfen mußten, geht es für Ihre Generation heute darum, gegen die Konzepte des Krieges und des Freund-Feind-Denkens insgesamt zu kämpfen. Doch dazu ist genausoviel Heldenmut angesagt. Verstehen Sie? Ihre Eltern sahen sich einer schier übermenschlichen Herausforderung gegenüber, und doch hielten sie stand. Und auch Sie müssen standhalten. Die Kräfte des Totalitarismus sind immer noch da; sie treten nur nicht mehr in Form von Nationen in Erscheinung, die nach der Vorherrschaft streben. Heute sind diese Kräfte international und arbeiten viel subtiler. Sie nutzen unsere Abhängigkeit von Technologie und Krediten und unser

Streben nach Bequemlichkeit aus. Aus Furcht bemühen sie sich, den technischen Fortschritt zu monopolisieren, damit ihre wirtschaftliche Macht gesichert ist und sie die weitere Entwicklung der Welt unter ihrer Kontrolle haben.

Ihnen mit Waffengewalt beizukommen ist nicht möglich. Die Demokratie muß heute geschützt werden, indem wir den nächsten Schritt in der Entwicklung unserer Freiheit tun. Wir müssen die Kraft unserer Visionen und Erwartungen nutzen, die wie ein ständiges Gebet von uns ausstrahlen. Diese Kraft ist machtvoller als alles andere. Wir müssen lernen, bewußt und gezielt von ihr Gebrauch zu machen, ehe es dafür zu spät ist. Es gibt Anzeichen, daß in Shambhala eine Veränderung stattfindet. Es beginnt, sich zu öffnen und zu verwandeln.«

Der Lama schaute mich mit stahlharter Entschlossenheit an.

»Sie müssen dem Ruf aus Shambhala folgen«, fuhr er fort. »Es ist der einzige Weg, wie Sie den Taten Ihrer Väter Respekt erweisen können.«

Diese Bemerkung machte mir angst.

»Was soll ich als erstes tun?« fragte ich.

»Zunächst müssen Sie Ihr Energiefeld erweitern«, antwortete der Lama. »Wegen Ihrer Angst und Wut wird das nicht leicht für Sie werden. Aber wenn Sie beharrlich bleiben, wird der Eingang sich für Sie öffnen.«

»Der Eingang?«

»Ja, in unseren Legenden heißt es, daß es mehrere Eingänge nach Shambhala gibt: einen in Indien, im östlichen Teil des Himalaya, einen im Nordwesten, an der chinesischen Grenze, und einen weit im Norden in Rußland. Die Zeichen werden Sie zu dem für Sie richtigen Eingang führen. Wenn Sie nicht mehr weiter wissen, halten Sie einfach nach den Dakini Ausschau.«

Yin kam mit unserem Gepäck aus dem Kloster.

»Also gut«, sagte ich und spürte, wie meine Angst wuchs. »Ich werde es versuchen.« Ich konnte nicht glauben, daß ich das tatsächlich gesagt hatte.

»Keine Sorge«, sagte Lama Ridgen. »Yin wird Ihnen helfen. Vergessen Sie nicht, daß Sie nur in der Lage sein werden, Shambhala zu finden, wenn Sie zuvor das von Ihnen ausstrahlende Energiefeld ausreichend gestärkt und erweitert haben. Nur dann werden Sie erfolgreich sein. Sie müssen die Energie Ihrer Erwartungen meistern.«

Ich schaute Yin an, der etwas verkrampft lächelte.

»Es ist Zeit«, sagte er.

# 3 *Die Energie kultivieren*

Draußen vor dem Kloster stand ein brauner Jeep mit festem Dach, vielleicht zehn Jahre alt. Als wir darauf zu gingen, sah ich, daß er mit Kühltaschen, Kartons mit haltbaren Lebensmitteln, Schlafsäcken und dicken Parkas vollgepackt war. Am Heck waren große Reservekanister festgezurrt.

»Wo kommen all diese Sachen her?« fragte ich.

Yin antwortete: »Wir haben uns schon lange auf diese Reise vorbereitet.«

Von Lama Rigdens Kloster aus fuhr Yin zunächst ein paar Meilen nach Norden, dann bog er von der breiten Schotterstraße auf einen schmalen Weg ab, der kaum breiter als ein Wanderpfad war. Weitere schweigsam zurückgelegte Meilen folgten.

Ich wußte einfach nicht, was ich hätte sagen sollen. Meine Einwilligung zu dieser Fahrt beruhte allein auf Lama Rigdens Worten und dem Umstand, daß Wil in der Vergangenheit viel für mich getan hatte, so daß ich mich in seiner Schuld fühlte. Nun plagte mich die Angst vor dem, was uns möglicherweise erwartete. Ich versuchte, dieses Gefühl abzuschütteln und noch einmal alles zu durchdenken, was der Lama mir gesagt hatte. Was meinte er damit, daß »ich die Energie meiner Erwartungen meistern« müsse?

Ich schaute zu Yin herüber. Er starrte konzentriert auf die Straße.

»Wohin fahren wir?« fragte ich.

Ohne mich anzuschauern, sagte er: »Das ist eine Abkürzung zum Friendship Highway. Wir müssen nach Tingri, in die Nähe des

Mount Everest. Die Fahrt wird fast den ganzen Tag dauern und führt höher hinauf in die Berge.«

»Ist das Gebiet sicher?«

Yin warf mir einen Blick zu. »Wir werden sehr vorsichtig sein. Wir fahren zu Mr. Hanh.«

»Wer ist das?«

»Er weiß am meisten über die erste Erweiterung der Gebets-Energie, die du kennenlernen mußt. Er stammt aus Thailand, und er ist sehr gebildet.«

Ich schüttelte den Kopf. »Ich verstehe nicht recht, was es mit diesen Erweiterungen auf sich hat. Was genau ist damit gemeint?«

»Daß du über ein Energiefeld verfügst, weißt du ja bereits, nicht wahr? Ein Gebetsfeld, das ständig von dir ausstrahlt.«

»Ja.«

»Und du weißt, daß dieses Feld deine Umwelt beeinflußt, die äußeren Ereignisse. Das Feld kann klein und schwach sein oder stark und ausgedehnt. Es gibt genau beschriebene Wege, wie du dein Feld erweitern kannst, so daß du kreativer und erfolgreicher wirst. In den Legenden heißt es, daß eines Tages alle Menschen über dieses Wissen verfügen werden. Doch du mußt es dir schon jetzt aneignen, wenn du nach Shambhala gelangen und Wil finden willst.«

»Beherrschst du denn diese Erweiterungsmethoden für dein Energiefeld?«

Yin runzelte die Stirn. »Das habe ich nicht gesagt.«

Ich glaubte, meinen Ohren nicht zu trauen. Das war ja großartig! Wie sollte ich es dann jemals lernen?

Es folgte stundenlanges Schweigen. Wir hielten nur einmal an einer Tankstelle und aßen während der Fahrt Nüsse und Gemüse. Als wir nach Tingri kamen, war es bereits Abend.

»Wir müssen hier sehr vorsichtig sein«, sagte Yin. »In der Nähe liegen das Rongphu-Kloster und das Everest-Basislager. Hier gibt es chinesische Soldaten, die die Touristen und Bergsteiger im Auge behalten. Aber dafür werden wir den wunderbaren Blick auf die Nordseite des Everest genießen können.«

Yin bog einige Male von der Hauptstraße ab. Wir fuhren an alten Holzhäusern vorbei und hielten vor einem einfachen Haus aus Lehmziegeln.

Hanhs Haus war von einem makellos gepflegten Garten mit sorgfältig angelegten Beeten umgeben. Ein großer, stattlicher Mann in einem farbenfrohen, mit Stickereien verzierten Gewand trat auf die Veranda. Er schien deutlich über Sechzig zu sein, doch seine Bewegungen wirkten weitaus jugendlicher. Sein Kopf war vollkommen kahl rasiert.

Yin winkte. Als der Mann ihn erkannte, lächelte er und ging uns entgegen. Wir stiegen aus dem Jeep.

Die beiden Männer wechselten ein paar Worte auf tibetisch, dann zeigte Yin auf mich und sagte: »Das ist mein amerikanischer Freund.«

Ich stellte mich Hanh mit Namen vor. Er verbeugte sich und drückte mir die Hand.

»Willkommen«, sagte er. »Folgen Sie mir bitte ins Haus.«

Yin nahm sein Gepäck aus dem Jeep. »Nimm deinen Rucksack mit«, sagte er zu mir.

Das Haus war schlicht eingerichtet, aber doch ansprechend mit farbenfrohen tibetischen Malereien und Teppichen dekoriert. Auf der linken Seite befanden sich eine kleine Küche und ein Schlafzimmer. Rechts gab es ein weiteres Zimmer, das wie eine Art Behandlungsraum aussah. In der Mitte stand ein Massage- oder Untersuchungstisch, und an der Wand befanden sich Schränke und ein kleines Waschbecken.

Yin sagte erneut etwas auf tibetisch zu Hanh, wobei er meinen Namen erwähnte. Hanh beugte sich mit plötzlich erwachtem Interesse vor. Er schaute mich an und holte tief Luft.

»Sie sind sehr ängstlich«, sagte Hanh, während er mich forschend betrachtete.

»Ach, wirklich?« entgegnete ich.

Hanh kicherte über meinen Sarkasmus. »Wir müssen etwas dagegen unternehmen, wenn Sie jemals das Ziel Ihrer Reise erreichen wollen.«

Er ging um mich herum und musterte meinen Körper von oben bis unten. »Die Leute in Shambhala«, sagte er, »leben anders als die meisten Menschen. Das war immer schon so. Seit Jahrtausenden bestand stets eine große Kluft zwischen dem Energieniveau der übrigen Menschen und dem der Bewohner Shambhalas. In jüngster Zeit hat sich diese Kluft zwar verringert, weil alle Menschen sich weiterentwickelt und größere Bewußtheit erlangt haben, doch die Unterschiede sind noch immer groß.«

Ich schaute Yin an, der ebenso nervös wirkte wie ich.

Hanh war das offensichtlich nicht entgangen. »Yin ist ebenso ängstlich wie Sie«, sagte er. »Aber er weiß, wie er mit der Angst umgehen muß. Ich glaube nicht, daß Sie das auch bereits wissen. Sie müssen anfangen, so zu handeln und zu denken wie die Bewohner Shambhalas. Zuallererst müssen Sie Ihre Energie kultivieren und dann stabilisieren.«

Hanh konzentrierte sich wieder auf die Betrachtung meines Körpers, dann lächelte er. »Sie hatten schon viele Erlebnisse, durch die Ihr Energiefeld eigentlich stärker geworden sein müßte.«

»Vielleicht verstehe ich zu wenig von den Energiefeldern«, erwiderte ich.

»O nein, Sie verstehen diese Dinge sehr gut.« Hanh lächelte breit. »Sie wollen nur Ihre Lebensweise nicht verändern. Sie finden es spannend und aufregend, sich intellektuell mit diesen Ideen zu beschäftigen, aber dann wollen Sie mehr oder weniger unbewußt so weiterleben wie zuvor.«

Das Gespräch schlug eine Richtung ein, die mir nicht behagte. Meine Furcht wich einer leichten Verärgerung.

Hanh ging noch einige Male um mich herum, weiterhin meinen Körper musternd.

»Wonach suchen Sie eigentlich?« fragte ich.

»Wenn ich den Energielevel eines Menschen prüfe, schaue ich mir zunächst seine Körperhaltung an«, sagte Hanh nüchtern. »Ihre ist gar nicht so übel, aber Sie haben ziemlich daran arbeiten müssen, richtig?«

Das war eine sehr treffende Beobachtung. Als Junge war ich in einem Jahr extrem schnell gewachsen und hatte als Folge davon eine sehr schlechte Haltung entwickelt. Mein Rücken war gekrümmt und tat ständig weh. Das besserte sich erst, als ich anfing, jeden Morgen Yoga zu üben.

»Die Energie fließt in Ihrem Körper immer noch nicht gut nach oben«, sagte Hanh.

»Das können Sie feststellen, indem Sie mich einfach nur ansehen?« entgegnete ich.

»Und indem ich Sie spüre. Die Stärke Ihrer Energie entspricht Ihrer Präsenz hier in diesem Raum. Sie haben sicher schon erlebt, wie es ist, wenn ein Mensch mit großer Präsenz, starkem Charisma ein Zimmer betritt.«

»Natürlich.« Dabei mußte ich wieder an den Mann denken, der sich am Pool des Hotels in Kathmandu mit mir unterhalten hatte.

»Je mehr Energie jemand hat, desto stärker spüren andere Menschen seine Präsenz. Oft wird diese Energie über das Ego ausgedrückt. Dann hinterläßt sie anfangs einen sehr starken Eindruck, zerstreut sich jedoch rasch. Bei manchen Menschen ist die Energie aber authentisch, konstant und verläßlich.«

Ich nickte.

»Daß Sie offen sind, spricht sehr für Sie«, fuhr Hanh fort. »Sie haben irgendwann in der Vergangenheit eine mystische Öffnung erlebt, ein plötzliches Einströmen göttlicher Energie, nicht wahr?«

»Ja«, sagte ich und dachte an mein Erlebnis auf dem Berggipfel in Peru, das mir in sehr lebendiger Erinnerung geblieben war. Ich hatte geglaubt, am Ende zu sein und bald von peruanischen Soldaten getötet zu werden, als ich plötzlich von einer außergewöhnlichen Ruhe, Euphorie und Leichtigkeit erfaßt worden war. Zum ersten Mal hatte ich etwas erlebt, was die Mystiker verschiedener Religionen als transformativen Bewußtseinszustand bezeichneten.

»Wie haben Sie diesen Energiezustrom damals empfunden?« fragte Hanh.

»Tiefer Frieden überkam mich, und meine Angst verschwand.«

»Wie hat sich die Energie in Ihrem Körper bewegt?«

Über diese Frage hatte ich noch nie nachgedacht, aber sofort begann ich mich zu erinnern. »Sie schien in meiner Wirbelsäule aufzusteigen und dann an meinem Scheitel auszutreten. Mein Körper wurde angehoben, und ich hatte das Gefühl zu schweben.«

Hanh nickte anerkennend. »Und wie lange hat es gedauert?«

»Nicht lange«, antwortete ich. »Aber ich habe gelernt, daß ich dieses Gefühl wieder hervorrufen kann, indem ich mich auf die Schönheit in meiner Umgebung konzentriere und sie sozusagen einatme.«

»Was bei dieser Übungspraxis fehlt«, sagte Hanh, »ist, daß Sie die eingeatmete Energie anschließend bewußt auf einem hohen Niveau halten. Das ist die erste Erweiterung Ihres Feldes, die Sie praktizieren müssen. Sie müssen lernen, mehr Energie aufzunehmen. Dabei müssen Sie bestimmte Regeln beachten, damit Sie nicht durch andere, unpassende Handlungen das aufgebaute Energiefeld schwächen.«

Er schwieg einen Moment, dann sagte er: »Verstehen Sie? Ihr übriger Lebenswandel muß der Aufrechterhaltung eines hohen Energieniveaus förderlich sein. Da darf es keine Widersprüche geben.« Er warf mir einen schelmischen Blick zu. »Sie müssen weise leben. Doch jetzt sollten wir etwas essen.«

Er verschwand in der Küche und kehrte mit einem großen Teller Gemüse zurück. Er führte Yin und mich zu einem Tisch und füllte das Gemüse zusammen mit einer Sauce in drei kleine Schüsseln. Bald zeigte es sich, daß auch das Essen Teil der Informationen war, die Hanh an mich weitergab.

Während wir aßen, fuhr er fort: »Es ist unmöglich, ein hohes Energieniveau zu erhalten, wenn wir uns von totem Material ernähren.«

Ich blickte weg, fest entschlossen, nicht weiter hinzuhören. Auf einen Vortrag über gesunde Ernährung konnte ich verzichten.

Meine Haltung schien Hanh zu verärgern.

»Was denken Sie sich?« schrie er mich beinahe an. »Ihr Überleben kann von diesen Informationen abhängen, und Sie glauben, Sie haben es nicht nötig zuzuhören? Meinen Sie etwa, Sie könnten einfach so leben, wie Sie wollen, und trotzdem besondere Taten vollbringen?«

Er beruhigte sich wieder und blickte mich von der Seite an. Mir wurde klar, daß sein Ärger nicht gespielt war, aber doch zugleich zu der Lektion dazugehörte, die Hanh mir erteilte. Ich hatte den Eindruck, daß er auf mehr als einer Ebene Informationen an mich weitergab. Ich mußte unwillkürlich lächeln. Hanh war außerordentlich sympathisch.

Er klopfte mir auf die Schulter und erwiderte mein Lächeln.

»Die meisten Leute«, fuhr er fort, »sind in ihrer Jugend voller Energie und Enthusiasmus, doch wenn sie etwas älter werden, geht es mit ihrer körperlichen Verfassung langsam, aber sicher bergab, und sie tun so, als merkten sie es nicht. Schließlich werden auch ihre Freunde langsamer und träger. Sie sitzen immer mehr herum und essen immer mehr von den Sachen, die ihnen so gut schmecken.

Über kurz oder lang stellen sich kleinere lästige Beschwerden ein und chronische Probleme wie etwa Verdauungsstörungen oder Hautveränderungen, die sie einfach dem natürlichen Alterungsprozeß zuschreiben. Eines Tages bekommen sie dann irgendeine ernste Erkrankung, die nicht wieder verschwindet. Meist gehen sie zu einem Arzt, der keine große Betonung auf Gesundheitsvorsorge legt, und fangen an, Medikamente zu schlucken. Manchmal verschwindet das Problem dadurch, aber in vielen Fällen hält es sich hartnäckig. Die Jahre fliegen vorbei, und schließlich bekommen sie eine Krankheit, die immer weiter fortschreitet, und es wird ihnen bewußt, daß sie sterben müssen. Ihr einziger Trost besteht darin, daß sie glauben, ein solches Schicksal sei unvermeidlich und es ergehe allen anderen genauso.

Besonders schrecklich dabei ist, daß dieser Zusammenbruch der Energie selbst Leuten widerfährt, die sich ansonsten um ein spirituelles Leben bemühen.« Er beugte sich vor und schaute sich um, als wollte er mir ein Geheimnis anvertrauen, das niemand mithören sollte. »Das trifft sogar auf einige unserer angesehensten Lamas zu.«

Ich wollte lachen, wagte es aber nicht.

»Wenn wir nach höherer Energie streben und gleichzeitig Nahrungsmittel zu uns nehmen, die uns dieser Energie berauben«, sagte Hanh, »führt das nirgendwohin. Wir müssen alle Energien, die wir tagtäglich in unser Energiefeld hereinlassen, einer kritischen Prüfung unterziehen, besonders unsere Nahrung, und von allem nur das Beste auswählen. Sonst kann unser Feld nicht stark bleiben.«

Er beugte sich wieder näher zu mir heran. »Das fällt den meisten Leuten sehr schwer, weil wir alle süchtig nach den Nahrungsmitteln sind, die wir regelmäßig essen. Doch leider sind die meisten davon furchtbar giftig.«

Ich wich seinem Blick aus.

»Ich weiß, was die richtige Ernährung betrifft, sind viele widersprüchliche Informationen im Umlauf«, fuhr er fort. »Aber die Wahrheit läßt sich durchaus herausfinden. Jeder von uns kann sie für sich entdecken, indem er die Dinge aus einer größeren Perspektive betrachtet. Wir sind spirituelle Wesen und kommen in diese Welt, um unsere Energie anzuheben. Doch vieles von dem, was wir hier vorfinden, dient einzig der sinnlichen Befriedigung und der Zerstreuung. Es beraubt uns unserer Energie und zieht uns hinab in den physischen Zerfall. Wenn wir wirklich glauben, daß wir Energiewesen sind, müssen wir einem schmalen Pfad durch diese Versuchungen hindurch folgen.

Blickt man in der Evolution zurück, sieht man, daß wir von Anfang an mit der Nahrung experimentieren mußten. Nur so konnten wir herausfinden, welche Nahrungsmittel gut für uns waren und welche tödlich. Iß diese Pflanze und überlebe; iß jene dort drüben und stirb. Wir haben also in der Vergangenheit herausgefunden, welche Speisen giftig sind, aber erst heute erkennen wir, welche zu unserer Langlebigkeit beitragen und unser Energieniveau anheben und welche uns auf Dauer schwächen.«

Er schwieg für einen Moment, als wollte er sich vergewissern, daß ich alles genau verstand.

»In Shambhala sehen sie das größere Bild«, fuhr er fort. »Sie wissen um die wahre Natur des Menschen. Wir sehen aus, als bestünden wir aus fester Materie, aus Fleisch und Blut, aber wir sind nichts als Atome! Reine Energie! Die westliche Wissenschaft hat das einwandfrei bewiesen. Wenn wir die Atome nämlich genauer betrachten, sehen wir, daß sie in Subatome zufallen, die dann bei noch genauerem Hinsehen reine Energie darstellen, die auf einer bestimmten Frequenz schwingt. Betrachten wir das, was wir essen, einmal unter diesem Aspekt, wird uns klar, daß unsere Nahrung unseren Schwingungszustand beeinflußt. Bestimmte Nahrungsmittel steigern unsere Energie und unsere Schwingungen, während andere sie reduzieren. So einfach ist das.

Alle Krankheiten resultieren aus einem Abfallen der Schwingungsenergie, und wenn unsere Energie über ein bestimmtes Maß hinaus absinkt, verlieren die Körperzellen sofort ihre Eigenschwingung und geraten in einen chemisch sauren Zustand. Dieser übersäuerte Zustand ist ein Signal an die Mikroorganismen dieser Welt, die Viren, Bakterien und Pilze, daß es Zeit ist, das abgestorbene Gewebe zu kompostieren. Das ist ihre Aufgabe im physischen Universum. Sie sorgen dafür, daß der Körper der Erde zurückgegeben wird.

Wie ich schon sagte«, fuhr er fort, »erhöht ein durch ungesunde Ernährung verursachter Energieabfall im Körper unser Risiko, krank zu werden. Das funktioniert folgendermaßen: Die Nahrung, die wir zu uns nehmen, wird von unserem Stoffwechsel verarbeitet und hinterläßt im Körper Rückstände, eine Art Asche. Diese Asche ist entweder sauer oder basisch, je nachdem, was wir essen. Ist sie basisch, kann sie vom Körper mit wenig Energieaufwand ausgeschieden werden. Sind diese Abfallprodukte jedoch sauer, lassen sie sich von der Lymphe und dem Blutkreislauf nur sehr schwer beseitigen, so daß sie sich in unseren Organen und Geweben in fester Form ablagern – als kristalline Strukturen von geringer Schwingungsfrequenz, die Blockaden oder Unterbrechungen im Energiefluß unserer Zellen verursachen. Je mehr dieser sauren Abfallstoffe sich ablagern, desto saurer wird das betroffene Gewebe insgesamt. Und wissen Sie, was dann passiert?«

Er warf mir einen dramatischen Blick zu. »Irgendwelche Mikroorganismen wie Bakterien erscheinen auf der Bildfläche und registrieren all diese Säure und sagen sich: ›Oh, dieser Körper ist reif für die Verwesung.‹

Verstehen Sie? Wenn ein Organismus stirbt, geht der Körper rasch in einen sehr sauren Zustand über und wird von Mikroorganismen aufgefressen. Wenn wir in uns durch falsche Ernährung schon zu Lebzeiten diese Art von Säure erzeugen, werden wir anfällig für Angriffe durch Mikroorganismen. Alle menschlichen Krankheiten sind das Resultat eines solchen Angriffs.«

Was Hanh sagte, fand ich sehr einleuchtend. Vor langer Zeit war ich im Internet einmal auf Informationen über die pH-Werte im menschlichen Körper gestoßen. Auch intuitiv spürte ich ganz deutlich, daß Hanh recht hatte.

»Demnach entscheidet unsere Ernährung darüber, ob wir krank werden?« fragte ich.

»Ja. Falsche Ernährung senkt unser Schwingungsniveau so weit ab, daß die Kräfte der Natur anfangen, unseren Körper wieder der Erde zuzuführen.«

»Was ist mit Krankheiten, die nicht durch Mikroorganismen hervorgerufen werden?«

»Alle Krankheiten entstehen durch die Aktivität von Mikroorganismen. Die Forschungsergebnisse eurer westlichen Wissenschaftler belegen das eindeutig. Man hat festgestellt, daß Mikroorganismen bei den arteriellen Veränderungen, die zu Herzkrankheiten führen, eine Rolle spielen, und ebenso bei der Entstehung von Tumoren.

Bedenken Sie aber bitte, daß die Mikroorganismen lediglich ihre von der Natur vorgesehene Funktion erfüllen. Unsere Ernährung, die im Körper eine saure Umgebung erzeugt, ist die eigentliche Krankheitsursache.«

Er machte eine kurze Pause, dann sagte er: »Machen Sie sich unmißverständlich klar, daß wir Menschen uns entweder in einem basischen, hoch energetischen Zustand befinden oder in einem sauren Zustand, der den Mikroorganismen, die in uns leben oder von außen auf uns aufmerksam werden, signalisiert, daß wir reif dafür sind, aufgefressen und zersetzt zu werden. Krank sein heißt nichts anderes, als daß in einem Teil unseres Körpers buchstäblich ein Verrottungsprozeß stattfindet, weil die Mikroorganismen das Signal bekommen haben, daß wir bereits tot sind und sie über uns herfallen können.«

Wieder schaute er mich etwas schelmisch an. »Tut mir leid, daß ich mich so drastisch ausdrücke, aber wir haben nicht viel Zeit. Es liegt beinahe ausschließlich an unserer Ernährung, in welchem dieser beiden Zustände wir uns befinden. Saure Rückstände in unserem Körper entstehen hauptsächlich durch schwere, übermäßig gekochte und verarbeitete Speisen, die eher süß sind. Dazu zählen Fleisch, Mehl, Kuchen, Alkohol, Kaffee und süßere Obstsorten. Basische Nahrungsmittel sind grüner, frischer und lebendiger, also frisches Gemüse und daraus gepreßte Säfte, grüne Salate, Sprossen und Früchte wie Avocado, Tomaten, Grapefruits und Zitronen. Es ist wirklich so simpel. Wir sind spirituelle Wesen in einer energetischen, spirituellen Welt. Ihr im Westen seid mit der Vorstellung aufgewachsen, daß gebratenes oder gekochtes Fleisch und industriell verarbeitete Nahrungsmittel gut für uns seien. Aber wir wissen jetzt, daß sie im Körper ein Milieu des allmählichen Verfalls erzeugen, wofür wir früher oder später die Zeche zahlen müssen.

Alle organischen Krankheiten – Arteriosklerose, Schlaganfälle, Arthritis, Aids und besonders Krebs – existieren nur, weil wir unsere Körper mit Substanzen verunreinigen, die den Mikroorganismen signalisieren, daß wir reif dafür sind, zersetzt zu werden, zu sterben.

Wir haben uns immer gefragt, warum nicht alle Menschen, die mit bestimmten Mikroorganismen in Berührung kommen, erkranken. Die Erklärung ist das unterschiedliche Milieu im Körper. Erfreulicherweise können wir sogar dann, wenn wir zu viel Säure im Körper haben und der Zersetzungsprozeß bereits begonnen hat, unseren Zustand rückgängig machen, indem wir unsere Ernährung verbessern und in einen basischen, höheren Energiezustand überwechseln.«

Er wedelte erregt mit den Armen.

»Was das Wissen um das energetische Potential unseres Körpers angeht«, fuhr er fort, »leben wir wahrhaftig in einem finsteren Zeitalter. Der Mensch ist dafür geschaffen, mehr als 150 Jahre zu leben. Aber wir ernähren uns auf eine Weise, die dazu führt, daß wir viel zu früh altern und verfallen! Überall sehen wir Menschen, die vor unseren Augen regelrecht dahinfaulen. Aber das muß nicht so sein.« Er atmete tief durch. »In Shambhala ist es heute schon anders.«

Hanh fing an, im Zimmer umherzugehen, und musterte mich erneut von oben bis unten. »So ist der Stand der Dinge«, sagte er. »In den Legenden heißt es, daß die Menschen zunächst lernen werden, sich richtig zu ernähren. Erst dann können wir uns jener inneren Energiequelle völlig öffnen, die unsere Schwingungsfrequenz noch weiter anheben wird.«

Er schob seinen Stuhl vom Tisch weg und schaute mich an. »Sie kommen mit der Höhe hier in Tibet sehr gut zurecht, aber ich würde Ihnen doch empfehlen, jetzt ein wenig zu ruhen.«

»Das wäre schön«, sagte ich. »Ich bin wirklich todmüde.«

»Ja«, pflichtete mir Yin bei. »Wir haben einen langen Tag hinter uns.«

»Erwarten Sie einen Traum, wenn Sie sich schlafen legen«, sagte Hanh und führte mich in ein anderes Zimmer.

»Einen Traum erwarten?«

Hanh drehte sich um. »Ja, Sie sind viel mächtiger, als Sie glauben.«

Ich lachte.

Ich wachte plötzlich auf und schaute aus dem Fenster. Die Sonne stand bereits recht hoch am Himmel. Kein Traum. Ich zog mich an und ging nach nebenan.

Hanh und Yin saßen am Tisch.

»Wie haben Sie geschlafen?« fragte Hanh.

»Ganz gut«, sagte ich und sank auf einen der Stühle. »Aber ich kann mich nicht erinnern, etwas geträumt zu haben.«

»Das liegt daran, daß Sie nicht genug Energie haben«, sagte er, etwas geistesabwesend. Er starrte erneut auf meinen Körper. Mir wurde klar, daß er die Art begutachtete, wie ich auf dem Stuhl saß.

»Was gibt es da zu sehen?« fragte ich.

»Wachen Sie morgens immer so auf?« wollte Hanh wissen.

Ich stand wieder auf. »Was ist daran falsch?«

»Sie müssen morgens zunächst einmal Ihren Körper aufwecken und sich für die Energie öffnen, ehe Sie irgendwelche anderen Dinge in Angriff nehmen.« Er stellte sich breitbeinig hin, mit den Händen auf den Hüften. Dann glitten seine Füße zueinander, während er gleichzeitig die Arme hochnahm. In einer einzigen Bewegung hob er den Körper, bis er auf den Zehenspitzen stand und über dem Kopf die Handflächen gegeneinander preßte.

Ich schaute fasziniert zu. Die Art, wie sein Körper sich bewegte, war ungewöhnlich. Er schien eher aufwärts zu schweben, als seine Muskeln zu benutzen. Dann lächelte er breit, und ebenso schnell und mühelos löste sich sein Körper aus dieser Haltung, und er ging mit leichten, fließenden Bewegungen auf mich zu.

»Die meisten Menschen wachen morgens nur sehr langsam auf«, sahte Hanh. »Dann hängen sie schlaff herum und versuchen, sich mit einer Tasse Kaffee in Schwung zu bringen. Sie gehen zur Arbeit, wo sie dann auch wieder herumsitzen, so daß nur ganz bestimmte Muskelgruppen benutzt werden. Es entstehen eingefahrene Bewegungsmuster, durch die der Energiefluß im Körper blockiert wird.

Um die verfügbare Energie wirklich aufnehmen zu können, müssen Sie sicherstellen, daß alle Teile Ihres Körpers völlig offen sind.

Das erreichen Sie, indem Sie jeden Morgen alle Ihre Muskeln bewegen, und zwar von Ihrer Körpermitte aus.« Er zeigte auf eine Stelle direkt unter seinem Bauchnabel. »Wenn Sie sich darauf konzentrieren, alle Bewegungen von diesem Zentrum aus durchzuführen, erreichen Sie eine optimale Muskelkoordination. Das ist das zentrale Prinzip aller Kampfkünste und Tanz-Disziplinen. Von Ihrer Körpermitte aus können Sie sogar ganz eigene Bewegungsfolgen für sich erfinden.«

Nach dieser Bemerkung führte er uns eine komplizierte Reihe von Bewegungen vor, wie ich sie nie zuvor gesehen hatte. Sie ähnelten den Gewichtsverlagerungen und Drehungen, wie sie aus dem Tai Chi bekannt sind, doch es handelte sich eindeutig um eine Erweiterung des klassischen Tai Chi.

»Ihr Körper«, fügte er hinzu, »weiß selbst genau, wie er sich bewegen muß, um Ihre individuellen Blockaden aufzulösen.«

Er stand auf einem Bein, beugte sich zur Seite und schwang seinen Arm, als würde er einen Ball hochwerfen, nur daß seine Hand dabei fast den Boden berührte. Dann drehte er sich auf dem anderen Bein im Kreis, ohne daß man ihn dabei sein Gewicht verlagern sah. Wieder schien er zu schweben.

Ich schüttelte den Kopf und versuchte, mich auf seine Bewegungen zu konzentrieren, doch er hielt inne, als hätte ein Fotograf mitten in der Bewegung einen Schnappschuß von ihm gemacht. Dann kam er wieder fließend auf mich zu.

»Wie machen Sie das?« fragte ich.

Er antwortete: »Ich habe Schritt für Schritt trainiert und mich dabei immer wieder an das grundlegende Prinzip erinnert. Wenn Sie sich aus Ihrer Mitte heraus bewegen und dabei erwarten, daß die Energie in Sie einströmt, werden Ihre Bewegungen immer leichter und müheloser werden. Um das perfekt zu beherrschen, müssen Sie sich natürlich vollständig für die göttliche Energie öffnen.«

Er blieb stehen und schaute mich an. »Wie gut erinnern Sie sich an Ihr mystisches Erlebnis?«

Ich dachte erneut über Peru und mein Erlebnis auf dem Berggipfel nach. »Recht gut, würde ich sagen.«

»Ausgezeichnet«, sagte er. »Gehen wir nach draußen.«

Yin lächelte, und wir folgten Hanh hinaus in einen kleinen Garten und dann einige Stufen hinauf zu einem von spärlichem braunen Gras bewachsenen Gelände mit einigen großen, verwitterten Felsbrocken. Das Gestein wies eine ansprechende rote und braune Maserung auf. Hanh ließ mich auf dem Boden Platz nehmen und setzte sich rechts von mir hin. Yin setzte sich hinter uns. Die Schönheit der von der Morgensonne in ein warmes Licht getauchten Berge war atemberaubend.

»In den Legenden heißt es«, begann Hanh, »daß alle Menschen eines Tages lernen werden, sich für einen höheren Energiezustand zu öffnen. Zunächst wird man allgemein anerkennen, daß eine solche Bewußtheit möglich ist. Dann werden wir alle Faktoren verstehen, die zur Kultivierung und Aufrechterhaltung eines solchen höheren Energiezustandes notwendig sind.« Er schaute mich an. »Die grundsätzliche Vorgehensweise kennen Sie bereits, aber Ihre Sinne müssen noch erweitert werden. Den Legenden zufolge muß man zunächst innerlich still werden und sich auf seine Umgebung konzentrieren. Die meisten von uns werfen nur selten einen genaueren Blick auf ihre unmittelbare Umgebung. Statt dessen sind sie viel zu sehr mit den Problemen beschäftigt, die sie gerade in ihrem Kopf herumwälzen. Doch wir müssen uns bewußt daran erinnern, daß alles im Universum lebendig ist, von spiritueller Energie erfüllt. Alles ist ein Teil Gottes. Wir müssen gezielt um eine Verbindung zum Göttlichen in uns bitten.

Wie Sie wissen, können wir an unserer Fähigkeit, Schönheit wahrzunehmen, ablesen, wie gut wir bereits mit dem Göttlichen verbunden sind. Stellen Sie sich immer wieder folgende Frage: Wie schön sehen alle Dinge aus? Ganz gleich, wie unser erster Eindruck ist, stets können wir überall mehr Schönheit sehen, wenn wir es nur versuchen. Das Maß an Schönheit, das wir wahrnehmen, verrät uns, wieviel göttliche Energie wir bereits empfangen.«

Nun bat mich Hanh, mir alle Dinge in meiner Umgebung sehr genau anzuschauen.

»Wenn wir diese Verbindung herstellen«, sagte er, »und die Existenz der göttlichen Energie spüren, wird unsere Wahrnehmung viel deutlicher und klarer. Wir bemerken, wie einzigartig die Formen und Farben selbst ganz gewöhnlicher, alltäglicher Dinge sind. Wenn das geschieht, können wir noch mehr Energie einatmen.

Sehen Sie, in Wirklichkeit kommt die Energie nicht so sehr von den Dingen in unserer Umgebung – auch wenn wir von einigen Pflanzen oder heiligen Orten durchaus Energie absorbieren können. Die heilige Energie kommt vor allem aus unserer Verbindung zum Göttlichen. Alles, was uns umgibt, sei es natürlichen Ursprungs oder von Menschenhand erschaffen – Blumen, Felsen, Gras, Berge, Kunstwerke –, ist bereits majestätisch schön und besitzt eine Präsenz, die weit über alles hinausgeht, was die meisten Menschen wahrnehmen können. Sich für das Göttliche zu öffnen bedeutet nichts weiter, als daß wir unsere Energiefrequenz und damit unsere Wahrnehmungsfähigkeit steigern, so daß wir fähig werden, die Welt so zu sehen, wie sie wirklich ist. Verstehen Sie? Die Menschen leben bereits in einer Welt von wunderbarer Schönheit, einmaliger Farbenpracht und unglaublichem Formenreichtum. Tatsächlich befinden wir uns bereits jetzt im Himmel auf Erden. Wir haben uns nur noch nicht weit genug für unsere innere Energie geöffnet, um uns dessen bewußt werden zu können.«

Ich hörte ihm fasziniert zu. Noch nie hatte ich diese Dinge so klar erkannt.

»Konzentrieren Sie sich auf die Schönheit«, forderte mich Hanh auf, »und atmen Sie dann Ihre innere Energie ein.«

Ich nahm einen tiefen Atemzug.

»Achten Sie nun darauf, wie sich während des Atmens Ihre Wahrnehmung der Schönheit intensiviert.«

Erneut betrachtete ich die Felsen und Berge, und zu meiner Verblüffung bemerkte ich jetzt, daß der höchste Gipfel dort in der Ferne der Mount Everest war. Zuvor hatte ich seine Form überhaupt nicht bemerkt.

»Ja, ja, schauen Sie sich den Everest an«, sagte Hanh.

Während ich den Berg betrachtete, fiel mir auf, daß die schneebedeckten niedrigeren Bergspitzen an seiner Vorderseite stufenförmig zu dem eigentlichen, kronenartigen Gipfel hin anstiegen. Dieser Anblick schien meine Sehschärfe auf sonderbare Weise zu steigern, so daß mir der höchste Berg der Welt plötzlich viel näher erschien, als sei er irgendwie ein Teil von mir, als könnte ich ihn berühren, indem ich einfach die Hand ausstreckte.

»Atmen Sie weiter tief ein und aus«, sagte Hanh. »Dann werden Ihre Schwingungen und Ihre Wahrnehmungsfähigkeit sich noch mehr steigern. Alles wird heller und strahlender werden, als ob es von innen heraus leuchtet.«

Ich atmete wieder tief durch und fing an, mich leichter zu fühlen, und nun konnte ich meinen Rücken ohne große Anstrengung aufrichten. Es war unglaublich, aber ich begann mich genauso zu fühlen wie während meines Gipfelerlebnisses in Peru.

Hanh nickte. »Ihre Fähigkeit, Schönheit wahrzunehmen, ist der wichtigste Gradmesser dafür, wieviel göttliche Energie in Sie einströmt. Aber es gibt weitere Kriterien: Sie werden sich leichter fühlen. Die Energie wird in Ihnen aufsteigen und Sie anheben, als würde an einer Schnur gezogen, die oben an Ihrem Scheitel austritt. Und Sie werden größere Klarheit erlangen auf die Frage, wer Sie sind und was Sie tun. Sie werden intuitive Einsichten und Träume empfangen, die Ihnen zeigen, welchen Weg Sie im Leben einschlagen sollen.«

Er schwieg und betrachtete meinen Körper. Das aufrechte Sitzen gelang mir jetzt ganz mühelos. »Nun kommen wir zum wichtigsten Teil«, sagte er. »Sie müssen lernen, diesen gesteigerten Energiefluß ständig aufrechtzuerhalten. Dazu müssen Sie von der Kraft Ihrer Erwartungen Gebrauch machen, von Ihrer Gebetsenergie.«

Da war wieder dieses Wort: *Erwartung*. Nie zuvor hatte ich es in diesem Zusammenhang gehört.

»Wie macht man das?« fragte ich. Ich fühlte mich verwirrt, und sofort wurde die Energie in meinem Körper schwächer. Die Formen und Farben in meiner Umgebung verblaßten.

Hanh bekam große Augen und fing an zu lachen. Er versuchte immer wieder, es zu unterdrücken, doch schließlich wälzte er sich brüllend vor Lachen auf dem Boden. Immer wieder schaffte er es, seine Fassung zurückzugewinnen, doch sobald er mich anschaute, prustete er erneut los. Ich hörte sogar Yin im Hintergrund kichern.

Schließlich schaffte Hanh es, sich mit Hilfe einiger tiefer Atemzüge wieder zu beruhigen. »Tut mir sehr leid«, sagte er, »aber Ihr Anblick war einfach zu komisch. Sie glauben tatsächlich, Sie hätten überhaupt keine Macht, nicht wahr?«

»Das ist es nicht«, protestierte ich. »Ich wußte nur nicht, was Sie mit *Erwartung* meinen.«

Hanh lächelte immer noch. »Es ist Ihnen doch hoffentlich klar, daß Sie einige Erwartungen bezüglich des Lebens mit sich herumtragen, nicht wahr? Sie erwarten, daß morgens die Sonne aufgeht. Sie erwarten, daß das Blut in Ihren Adern zirkuliert.«

»Natürlich.«

»Nun, ich möchte lediglich, daß Sie sich dieser Erwartungen bewußt werden. Nur so können Sie das erhöhte Energieniveau, daß Sie soeben erlebt haben, ständig aufrechterhalten und weiter steigern. Sie müssen lernen, sehr entschlossen und bewußt die Erwartung zu hegen, daß Ihnen dieses Energieniveau in Ihrem Leben ständig zur Verfügung steht. Nur auf diese Weise können Sie die Erste Gebetserweiterung erfolgreich meistern. Möchten Sie es noch einmal versuchen?«

Ich erwiderte sein Lächeln, und wir verbrachten mehrere Minuten damit, tief durchzuatmen und Energie aufzubauen. Als ich erneut spürte, wie sich meine Schönheitswahrnehmung erhöhte, nickte ich ihm zu.

»Jetzt«, sagte er, »müssen Sie erwarten, daß diese Energie Sie von nun an ständig erfüllt und von Ihnen aus in alle Richtungen fließt. Visualisieren Sie, wie das geschieht.«

Während ich versuchte, das Energieniveau zu halten, fragte ich: »Woher weiß ich, ob tatsächlich Energie von mir in meine Umgebung fließt?«

»Sie werden es spüren. Visualisieren Sie es für den Anfang erst einmal.«

Ich atmete erneut tief durch und stellte mir bildlich vor, wie die Energie in mich einströmte und dann von mir in die ganze Welt floß.

»Ich weiß immer noch nicht, ob es wirklich geschieht«, sagte ich.

Hanh warf mir einen etwas ungeduldigen Blick zu. »Sie wissen, daß die Energie aus Ihnen herausströmt, weil das Energieniveau hoch ist und sie alle Formen und Farben sehr intensiv wahrnehmen. Sie spüren, wie die Energie sie erfüllt und dann hinaus in die Welt strömt.«

»Wie fühlt sich das an?« fragte ich.

Er schaute mich ungläubig an. »Darauf wissen Sie selbst die Antwort.«

Ich blickte wieder auf die Berge und visualisierte, daß die Energie von mir zu ihnen hinfloß. Sie sahen weiterhin wunderschön aus, doch jetzt fing ich an, sie außerdem enorm attraktiv zu finden. Dann stieg eine Woge tiefer Emotion in mir hoch, und ich erinnerte mich wieder an mein Erlebnis in Peru.

Hanh nickte.

»Natürlich!« sagte ich. »Daß die Energie aus einem herausfließt, erkennt man daran, daß man Liebe empfindet.«

Hanh lächelte breit. »Ja. Es ist eine Liebe, die als Hintergrundemotion ständig präsent ist, solange Ihre Gebetsenergie hinaus in die Welt fließt. Sie müssen sich ständig im Zustand der Liebe befinden.«

»Für gewöhnliche Sterbliche klingt das furchtbar idealistisch«, sagte ich.

Hanh kicherte. »Schließlich bringe ich Ihnen hier nicht bei, ein gewöhnlicher Sterblicher zu sein. Ich zeige Ihnen, wie Sie zur Speerspitze der Evolution gehören können. Ich zeige Ihnen, wie Sie ein Held werden können. Hegen Sie ständig die Erwartung, daß die göttliche Energie auf höherer Ebene zu Ihnen strömt, und fließen Sie dann einfach über wie eine volle Tasse. Wenn Sie den Kontakt vorübergehend verlieren, brauchen Sie sich lediglich an dieses Gefühl der Liebe zu erinnern. Versuchen Sie, diesen Zustand bewußt wieder zu entfachen.«

Er zwinkerte mir zu. »Ihre Erwartung ist der Schlüssel zum ständigen Verweilen in diesem Zustand. Sie müssen visualisieren, wie es geschieht, und fest daran glauben, daß Ihnen diese Energie in allen Situationen zur Verfügung steht. Diese ständige Erwartungshaltung muß kultiviert und jeden Tag bewußt affirmiert werden.«

Ich nickte.

»Verstehen Sie nun alle Techniken, die ich Ihnen erklärt habe?«

Ehe ich antworten konnte, sagte er: »Entscheidend ist, wie Sie morgens aufwachen. Dazu ist Disziplin nötig. Damit die Energie in Ihren Körper einströmen kann, müssen Sie ihn auf die Weise aufwecken, wie ich es Ihnen gezeigt habe. Wenn Sie die Bewegungen aus der Körpermitte heraus beginnen, spüren Sie die Energie sofort. Erwarten Sie, daß sie sofort da ist. Nehmen Sie nur Nahrung zu sich, die noch lebendig ist. Dann wird die göttliche Energie nach einer Weile viel ungehinderter in Sie einströmen. Nehmen Sie sich jeden Tag die Zeit, sich mit Energie aufzufüllen, und beginnen Sie den Tag mit den Bewegungsübungen. Denken Sie an die Kriterien für ein erhöhtes Energieniveau. Visualisieren Sie, wie die Energie Sie erfüllt, und spüren Sie dann, wie Sie von Ihnen hinaus in die Welt strömt. Wenn Ihnen das gelingt, haben Sie die Erste Gebetserweiterung gemeistert. Dann sind Sie in der Lage, nicht nur gelegentlich einen erhöhten Energielevel zu erleben, sondern diesen Level ständig aufrechtzuerhalten.«

Er verneigte sich tief und ging ohne ein weiteres Wort zum Haus zurück. Yin und ich folgten ihm. Dort packte Hanh Lebensmittel in einen großen Korb.

»Was ist mit dem Eingang?« fragte ich ihn.

»Es gibt viele Eingänge«, sagte Hanh.

»Ich meine, ob Sie mir sagen können, wo ich den Eingang nach Shambhala finde?«

Er schaute mich streng an. »Sie haben erst eine Erweiterung Ihrer Gebetsenergie kennengelernt. Sie müssen lernen, was Sie mit dieser Energie anfangen, die aus Ihnen herausfließt. Zudem sind Sie sehr eigensinnig und furchtsam und werden leicht wütend. Sie müssen zuerst diese Tendenzen überwinden, ehe Sie hoffen können, auch nur in die Nähe von Shambhala vorzudringen.«

Mit einem stummen Kopfnicken reichte er Yin den Korb und verließ das Zimmer.

# 4 *Aufmerksamkeit*

Als wir zum Jeep ging, fühlte ich mich unglaublich gut. Die Luft war angenehm frisch, und die Berge ringsum schienen immer noch von innen zu leuchten. Wir stiegen in den Wagen, und Yin fuhr los.

»Und, wo geht es jetzt hin?« fragte ich.

»Ich weiß, daß wir uns in den Nordwesten Tibets aufmachen müssen. Den Legenden zufolge ist dort der Eingang, der uns am nächsten liegt. Aber, wie Lama Rigden gesagt hat, sind wir darauf angewiesen, daß uns der Weg gezeigt wird.«

Yin warf mir einen Blick zu. »Ich sollte dir jetzt wohl von meinem Traum erzählen.«

»Der Traum, den Lama Rigden erwähnte? In dem du von mir geträumt hast?«

»Ja«, sagte Yin, »in diesem Traum reisten wir gemeinsam durch Tibet und suchten nach dem Eingang. Doch wir fanden ihn nicht. Es war eine weite Reise, bei der wir uns verirrten und im Kreis herumfuhren. Aber im Augenblick der größten Verzweiflung trafen wir jemanden, der den Weg kannte.«

»Was ist dann geschehen?«

»Ich bin aufgewacht.«

»Wer war dieser Jemand? War es Wil?«

»Nein, ich glaube nicht.«

»Was, denkst du, bedeutet der Traum?«

»Er bedeutet, daß wir sehr aufmerksam sein müssen.«

Einen Moment herrschte Schweigen, dann fragte ich: »Sind im Nordwesten Tibets viele Soldaten stationiert?«

»Normalerweise nicht«, antwortete Yin. »Nur entlang der Grenzen oder auf den Militärbasen. Das Problem sind die nächsten drei- oder vierhundert Meilen, wenn wir am Kailash und dem Manasarovar-See vorbeimüssen. Dort gibt es mehrere Militärposten.«

Vier Stunden fuhren wir ohne Zwischenfall, zunächst eine Weile auf einer planierten Schotterstraße, dann auf unbefestigten Wegen. Ohne Schwierigkeiten gelangten wir nach Saga. Von dort fuhren wir, wie Yin mir sagte, auf der südlichen Route ins westliche Tibet weiter. Wir überholten hauptsächlich schwere Lastwagen oder ortsansässige Tibeter in alten Autos oder mit Karren. An den Lkw-Rastplätzen sahen wir ein paar ausländische Anhalter.

Nach einer weiteren Stunde bog Yin von der Hauptstraße auf einen Weg ab, der kaum mehr als ein Reitpfad zu sein schien. Der Jeep polterte schwankend durch tiefe Fahrrinnen.

»An der Hauptstraße gibt es einen chinesischen Kontrollposten, den wir umgehen müssen«, sagte Yin.

Wir fuhren einen steilen Hang hoch. Als wir den Hügelkamm erreicht hatten, stellte Yin den Jeep ab und führte mich zu einem Felsvorsprung. Tief unter uns sahen wir zwei große Militärlastwagen mit chinesischen Markierungen. Etwa ein Dutzend Soldaten standen neben der Straße.

»Das ist nicht gut«, sagte Yin. »An diesen Kreuzungen sind normalerweise immer nur ein paar Soldaten postiert. Womöglich suchen sie immer noch nach uns.«

Ich versuchte, meine aufkeimende Angst zu unterdrücken und mein Energieniveau hoch zu halten. Ich hatte plötzlich den Eindruck, daß mehrere Soldaten zu uns hochschauten, und duckte mich.

»Da tut sich etwas«, flüsterte Yin.

Als ich wieder zu der Straßenkreuzung hinunterschaute, durchsuchten die Soldaten einen Transporter, den sie angehalten hatten. Ein blonder Mann stand daneben und wurde verhört. Ganz schwach drangen Worte in einer europäischen Sprache zu uns herauf, die sehr nach Holländisch klang.

»Warum wird er verhört?« fragte ich Yin.

»Ich weiß es nicht«, sagte er. »Vielleicht haben sie nicht die richtigen Passierscheine, oder sie haben die falschen Fragen gestellt.«

Ich zögerte, hätte gerne geholfen.

»Komm bitte«, sagte Yin. »Wir müssen weiter.«

Wir stiegen in den Jeep, und Yin fuhr langsam den Abhang auf der Rückseite des Hügels hinunter. An seinem Fuß trafen wir auf eine andere schmale Fahrspur, die nach rechts führte, weg von der Kreuzung, aber immer noch in nordwestliche Richtung. Ungefähr fünf Meilen blieben wir auf diesem Weg, dann erreichten wir wieder die Hauptstraße und gelangten auf ihr nach Zhongba, einer kleinen Stadt mit mehreren Hotels und Läden. Wir sahen Bauern, die Yaks und anderes Vieh führten, und mehrere Landcruiser fuhren vorbei.

»Hier sind wir nur zwei unter vielen Pilgern, die zum Kailash unterwegs sind«, sagte Yin. »Dadurch fallen wir weniger auf.«

Davon war ich nicht überzeugt. Tatsächlich bog gleich hinter uns ein chinesischer Militärlastwagen in die Straße ein, so daß mich erneut Furcht überkam. Yin fuhr in eine Seitenstraße, und der Lastwagen folgte uns nicht.

»Du mußt stark bleiben«, sagte Yin. »Es wird jetzt Zeit, daß du die Zweite Gebetserweiterung kennenlernst.«

Er übte noch einmal die Erste Erweiterung mit mir, bis ich meine Energie visualisieren konnte und spürte, wie sie von mir nach vorn in die Ferne strömte.

»Jetzt, wo deine Energie hinausfließt, mußt du mit diesem Energiefeld eine Absicht verbinden.«

Das klang faszinierend. »Eine Absicht?«

»Ja. Wir können unser Gebetsfeld draußen in der Welt für uns arbeiten lassen. Dazu mußt du deine Erwartungen gezielt einsetzen. Das hast du schon einmal getan, erinnerst du dich? Hanh hat dir beigebracht zu erwarten, daß die Energie dich erfüllt. Jetzt mußt du dein Feld auf andere Erwartungen ausrichten und dabei sehr diszipliniert vorgehen. Sonst können Furcht und Wut die ganze Energie sehr schnell zusammenbrechen lassen.«

Er machte plötzlich ein sehr trauriges Gesicht, wie ich es bei ihm noch nie gesehen hatte.

»Was ist?« fragte ich.

»Als Kind mußte ich mitansehen, wie ein chinesischer Soldat meinen Vater tötete. Seitdem hasse und fürchte ich die Chinesen sehr. Und ich muß dir noch etwas gestehen: Ich bin selbst zur Hälfte Chinese. Das ist das schlimmste. Diese Erinnerungen und die Schuldgefühle schwächen meine Energie, so daß ich dazu neige, stets das Schlimmste zu erwarten. Du wirst noch lernen, daß, wenn wir uns auf einem erhöhten Energieniveau befinden, unser Gebetsfeld sehr schnell das in unser Leben zieht, was wir erwarten. Wenn wir uns fürchten, wird es uns das bringen, wovor wir uns fürchten. Wenn wir hassen, bekommen wir mehr von dem, was wir hassen.

Zum Glück bricht unser Gebetsfeld sehr schnell zusammen, wenn wir uns solchen negativen Erwartungen hingeben, weil wir dann nicht länger mit dem Göttlichen in Verbindung stehen und keine Liebe mehr verströmen. Dennoch kann eine angstvolle Erwartung sehr mächtig sein. Daher solltest du deine Erwartungen stets genau beobachten und dein Feld immer wieder bewußt ausrichten.«

Mit einem Lächeln fügte er hinzu: »Daß du das chinesische Militär nicht so haßt wie ich, hat einen gewissen Vorteil. Aber du bist trotzdem noch sehr furchtsam, und du kannst sehr wütend werden … genau wie ich. Vielleicht sind wir deshalb zusammen.«

Ich richtete den Blick auf die Straße und dachte über Yins Worte nach. Es schien mir kaum vorstellbar, daß unsere Gedanken eine solche Macht haben sollten. Yin nahm den Fuß vom Gas und parkte den Jeep vor ein paar Holzhäusern.

»Warum hältst du an?« fragte ich. »Erregen wir so nicht unnötige Aufmerksamkeit?«

»Ja«, sagte er. »Das müssen wir riskieren. Die Soldaten haben überall ihre Spione, aber uns bleibt keine Wahl. Wir können nicht mit nur einem Wagen in den Westen Tibets aufbrechen. Das wäre zu gefährlich. Es gibt dort nirgendwo Werkstätten. Wir müssen jemanden finden, der uns begleitet.«

»Was ist, wenn man uns verrät?«

Yin sah mich erschrocken an. »Das wird nicht geschehen, wenn wir uns an die richtigen Leute wenden. Achte auf deine Gedanken! Ich habe dir doch gesagt, daß wir unser Gebetsfeld richtig ausrichten müssen. Das ist wichtig.«

Er schickte sich an, aus dem Wagen zu steigen, zögerte aber noch. »Du mußt, was die Kontrolle deiner Gedanken angeht, deine Sache besser machen als ich, sonst haben wir keine Chance. Konzentriere dich darauf, dein Gebetsfeld auf *rten brel* auszurichten.«

»*Rten brel?* Was ist denn das?«

»Das tibetische Wort für Synchronizität. Du mußt dein Feld so ausrichten, daß du ständig auf den synchronistischen Prozeß eingestimmt bist, damit deine Intuition gut funktioniert und günstige Fügungen eintreten, die uns weiterhelfen.«

Yin schaute zu einem der Holzhäuser hinüber und stieg aus. Mit einem Handzeichen bedeutete er mir, im Jeep sitzen zu bleiben.

Ich wartete über eine Stunde und beobachtete die tibetischen Passanten. Gelegentlich sah ich jemanden, der indisch oder europäisch aussah. Einmal glaubte ich sogar, den blonden Holländer zu erkennen, den wir an dem Kontrollpunkt beobachtet hatten. Ich schaute genauer hin, war mir aber nicht sicher.

Wo ist Yin? fragte ich mich. Daß wir wieder voneinander getrennt wurden, war wirklich das letzte, was ich jetzt gebrauchen konnte. Ich stellte mir vor, wie es sein würde, allein durch diese Stadt zu fahren, ohne zu wissen, wohin ich mich wenden sollte. Was würde ich dann tun?

Endlich sah ich Yin aus dem Haus kommen. Einen Moment zögerte er und schaute sich wachsam um, ehe er zum Jeep ging.

»Ich habe zwei Leute gefunden, die ich kenne«, sagte er, als er sich hinters Steuer setzte. »Ich glaube, sie kommen mit uns.«

Die Zuversicht, die er zur Schau stellte, wirkte nicht sehr überzeugend.

Er startete den Motor, und wir fuhren weiter. Fünf Minuten später kamen wir an einem Restaurant vorbei, dessen Dach und Wände aus rostigem Wellblech bestanden. Yin parkte den Jeep rund sechzig Meter entfernt an einer Stelle, wo er hinter ein paar alten Tanks verborgen war. Wir befanden uns jetzt draußen am Stadtrand, und auf der Straße war kaum jemand zu sehen. In dem Restaurant standen vielleicht sechs wackelige Tische. Eine schmale, weiß getünchte Theke trennte den Gastraum von der Küche, wo mehrere ältere Frauen bei der Arbeit waren. Eine der Frauen sah, wie wir uns an einen Tisch setzten, und kam zu uns.

Yin sprach kurz auf tibetisch mit ihr, und ich erkannte das Wort für Suppe. Die Frau nickte und schaute mich an.

»Für mich das gleiche«, sagte ich zu Yin, zog meinen Parka aus und hängte ihn über die Stuhllehne. »Und Wasser.« Yin übersetzte, und die Frau lächelte und ging in die Küche zurück.

Yin machte ein ernstes Gesicht. »Hast du begriffen, was ich dir vorhin gesagt habe? Du mußt jetzt ein Feld erzeugen, in dem sich mehr Synchronizitäten ereignen können.«

Ich nickte. »Und wie mache ich das?«

»Zunächst mußt du die Erste Erweiterung praktizieren. Vergewissere dich, daß die Energie dich erfüllt und von dir hinaus in die Welt fließt. Prüfe, ob die Kriterien erfüllt sind. Richte deine Erwartung darauf, daß diese Energie konstant verfügbar ist. Nun mußt du erwarten, daß dein Gebetsfeld aktiv wird, indem es genau jene Gedanken und Ereignisse hervorbringt, die für die bestmöglichen Ergebnisse sorgen. Ein solches Feld um dich herum aufzubauen erfordert ständige Aufmerksamkeit.«

»Worauf soll ich meine Aufmerksamkeit denn richten?«

»Auf Synchronizitäten. Du mußt ständig nach neuen, auf geheimnisvolle Weise eintreffenden Informationen Ausschau halten, die dir helfen, deiner höchsten Bestimmung zu folgen. Manche Synchronizitäten werden dich sowieso erreichen, egal, wie dein Bewußtseinszustand ist, aber du kannst die Zahl dieser Fügungen erhöhen, indem du ein konstantes Erwartungsfeld aufbaust.«

Bisher hatte ich darauf verzichtet, doch jetzt spürte ich auf einmal intuitiv, daß es eine gute Idee wäre, mir ein paar Notizen zu Yins Ratschlägen zu machen. Als ich in die Gesäßtasche meiner Hose griff, merkte ich, daß mein Notizbuch verschwunden war. Mir fiel ein, daß ich es im Jeep zurückgelassen hatte.

»Er ist abgeschlossen«, sagte Yin und gab mir die Schlüssel. »Laß dich nicht lange auf der Straße sehen, und komm gleich wieder hierher zurück.«

Ich ging geradewegs zum Jeep und holte das Notizbuch. Als ich zum Restaurant zurückkehren wollte, hörte ich plötzlich, wie dort mehrere Fahrzeuge stoppten. Ich duckte mich hinter die Tanks und sah zwei graue Lastwagen vor dem Restaurant stehen. Fünf oder sechs Männer in Zivil gingen rasch zur Tür. Von meiner Position aus konnte ich durch die Fenster des Restaurants ins Innere schauen und beobachtete, wie die Männer den Gästen befahlen, sich nebeneinander an die Wand zu stellen, und sie durchsuchten. Ich hielt nach Yin Ausschau, konnte ihn aber nirgendwo entdecken. Hatte er entkommen können?

Ein Geländewagen hielt vor dem Restaurant, und ein großer, schlanker Chinese in Militäruniform stieg aus und ging langsam auf die Tür zu. Er war ganz offensichtlich der Offizier, der die Aktion leitete. Nachdem er einen kurzen Blick in das Restaurant geworfen hatte, drehte er sich plötzlich um und ließ den Blick über die Straße schweifen, als hätte er dort irgend etwas wahrgenommen. Er blickte in meine Richtung, und ich duckte mich hinter die Tanks. Mein Herz schlug mir bis zum Hals.

Nach einem Moment riskierte ich einen Blick hinüber. Die Chinesen führten die Leute nach draußen und befahlen ihnen, auf die Lastwagen zu steigen. Yin war nicht unter ihnen. Einer der Lastwagen fuhr los. Der Offizier sprach mit seinen Leuten und gab ihnen offenbar Anweisung, die Straße abzusuchen. Ich kroch auf den Jeep zu. Ich wußte, wenn ich hier blieb, war es nur eine Frage der Zeit, bis sie mich fanden. Ich bemerkte eine schmale Gasse, die von den Tanks hinüber zur nächsten Straße führte. Ich sprang in den Jeep, legte den Leerlauf ein und nutzte das leichte Gefälle, um ohne Motor durch die Gasse zu rollen, bis ich dann an der Ecke nach rechts abbog. Ich startete den Motor, hatte aber keine Vorstellung, wohin ich fahren sollte. Alles, was ich wollte, war, möglichst weit von diesen Soldaten wegzukommen.

Einige Häuserblocks weiter bog ich in eine schmale Seitenstraße ein, die in ein nur dünn bebautes Gebiet führte. Hundert Meter weiter gelangte ich an die Stadtgrenze. Nach etwa einer Meile verließ ich die Straße und parkte hinter einigen kleinen, steinigen Hügeln.

Was nun? Ich hatte nicht die leiseste Ahnung, wie es weitergehen sollte. Für einen Moment packte mich heftige Wut. Yin hätte mich auf eine solche Möglichkeit vorbereiten sollen, dachte ich. Vielleicht kannte er in der Stadt Leute, die mir weiterhelfen konnten, aber nun hatte ich keine Chance, sie zu finden.

Krähen landeten auf dem Hügel rechts von mir, flogen dann plötzlich auf und begannen, laut krächzend über dem Jeep zu kreisen. Ich spähte aus dem Fenster, weil ich vermutete, daß die Krähen aufgestört worden waren, weil sich irgendein Fahrzeug näherte, doch das war nicht der Fall. Nach ein paar Minuten flogen die meisten Krähen, immer noch laut krächzend, Richtung Westen davon. Doch eine blieb oben auf dem Hügel sitzen und blickte stumm in meine Richtung. Schön, dachte ich, sie ist ein guter Wachposten.

Ich brauchte etwas Zeit zum Nachdenken. Hinten im Jeep fand ich ein paar Nüsse, Trockenfrüchte und Kekse, die ich rasch und achtlos hinunterschlang. Zwischendurch trank ich in nervösen, eiligen Schlucken aus der Wasserflasche. Ich erwog, auf dieser Straße weiter Richtung Westen zu fahren, entschied mich aber dagegen. Ich war inzwischen so verängstigt, daß ich nur noch an das denken konnte, was ich eigentlich schon lange vorgehabt hatte: dieses ganze Abenteuer vergessen, nach Lhasa zurückfahren und mich ins nächste Flugzeug nach Hause setzen. Teile der Fahrtroute waren mir im Gedächtnis geblieben, aber was den übrigen Weg anging, war ich auf Vermutungen angewiesen. Jetzt fand ich es unglaublich, daß ich nicht versucht hatte, von Lama Rigdens Kloster aus zu telefonieren, oder später bei Hanh, und daß ich mir keinerlei Fluchtplan zurechtgelegt hatte.

Während ich über diese Dinge nachdachte, blieb mir plötzlich vor Schreck fast das Herz stehen. Ich hörte, wie sich auf der Straße rumpelnd ein Wagen näherte. Ich wollte den Jeep starten und davonfahren, dann wurde mir klar, daß es dafür zu spät war. Der andere Wagen näherte sich zu rasch. Statt dessen schnappte ich mir die Wasserflasche und einen Beutel mit Lebensmitteln und rannte zum am weitesten von der Straße entfernten Hügel, um mich dort zu verstecken und zu beobachten, was weiter geschah.

Der Wagen bremste ab. Als er sich auf meiner Höhe befand, sah ich, daß es sich um den Transporter handelte, der an dem Kontrollposten durchsucht worden war. Am Steuer saß der blonde Mann, den die chinesischen Soldaten verhört hatten. Auf dem Beifahrersitz saß eine Frau.

Nun hielt der Transporter ganz an, und ich sah, wie sie aufeinander einredeten. Einen Moment lang spürte ich den Drang, zu ihnen zu gehen und mit ihnen zu sprechen, doch sofort befiel mich Furcht. Was, wenn die Soldaten sie vor uns gewarnt und gefordert hatten, daß sie uns sofort melden sollten? Würden sie mich verraten?

Die Frau öffnete die Tür, als wolle sie aussteigen, wobei sie immer noch mit dem Mann redete. Hatten sie den Jeep bereits entdeckt? Meine Gedanken überschlugen sich. Ich beschloß, einfach wegzurennen, falls sie aussteigen und in meine Richtung gehen sollten. Dann würden sie nur den Jeep vorfinden, und mir blieb ein gutes Stück Vorsprung, ehe die Chinesen auf der Bildfläche erschienen.

Mit diesem Gedanken sah ich wieder zu dem Transporter hinüber. Der Mann und die Frau starrten, sichtlich besorgt, auf die Hügel. Sie wechselten einen Blick, dann schlug die Frau die Tür zu, uns sie brausten in Richtung Westen davon. Ich schaute ihnen nach, bis sie hinter einem weiter entfernten Hügel verschwunden waren.

Irgendwo tief drinnen fühlte ich mich enttäuscht. Vielleicht hätten sie mir helfen können, dachte ich. Ich überlegte, zum Jeep zu rennen und ihnen nachzufahren, hielt es dann aber doch für besser, das Schicksal nicht herauszufordern. Es war klüger, bei meinem ursprünglichen Plan zu bleiben, mich nach Lhasa durchzuschlagen und wieder nach Hause zu fliegen.

Nach vielleicht einer halben Stunde ging ich zum Jeep zurück und ließ den Motor an. Die Krähe krächzte und flog in die Richtung, in die der holländische Transporter verschwunden war. Ich schlug den entgegengesetzten Weg ein und fuhr zurück nach Zhongba, wobei ich verschiedene Nebenstraßen benutzte, um einen möglichst großen Bogen um die Hauptstraße und das Restaurant zu machen. Ein paar Kilometer hinter Zhongba führte die Straße auf einen Hügel hinauf. Auf der Kuppe bremste ich ab, um erst einmal einen Blick in die nachfolgende Senke zu werfen.

Was ich dort sah, war ein Schock für mich. Einen knappen Kilometer vor mir war eine Straßensperre errichtet worden, und zudem fuhren vier große Militärlastwagen und zwei Jeeps voller Soldaten genau in meine Richtung.

Rasch wendete ich und raste wieder dorthin, woher ich gekommen war. Ich hoffte, daß sie mich nicht bemerkt hatten. Vermutlich war es das vernünftigste, erst ein großes Stück nach Westen zu fahren, ehe ich nach Süden und dann nach Osten abbog. So rechnete ich mir eine Chance aus, über diverse Nebenstraßen doch noch sicher nach Lhasa zurück zu gelangen.

Rasch fuhr ich über die Hauptstraße Zhongbas, um dann mehreren Seitenstraßen zu folgen, die ungefähr in südliche Richtung zu führen schienen. Als ich erneut abbog, merkte ich, daß ich mich im Weg geirrt hatte. Ich befand mich wieder auf der Hauptstraße, und keine fünfzig Meter voraus sah ich eine weitere chinesische Straßensperre mit vielen Soldaten. Ich hielt am Straßenrand und duckte mich hinter dem Lenkrad.

Was jetzt? dachte ich. Kam ich ins Gefängnis? Was würden sie mit mir anstellen? Würden sie mich für einen Spion halten?

Nach einer Weile wurde mir klar, daß die Chinesen von meiner Anwesenheit überhaupt keine Notiz nahmen, obwohl der Jeep gut sichtbar auf der Straße parkte. Alte Autos, Karren und Fahrräder rollten vorbei. Die Soldaten hielten jeden an, ließen sich die Papiere zeigen, und einige der Fahrzeuge wurden durchsucht. Doch mir schenkten sie keinerlei Aufmerksamkeit.

Dann bemerkte ich, daß rechts von mir ein kleiner Zufahrtsweg zu einem vielleicht hundert Meter entfernten Steinhaus hinaufführte. Links von dem Haus lag eine Wiese, und dahinter sah ich eine andere Straße.

In diesem Moment hielt ein großer Lastwagen genau vor mir und nahm mir die Sicht auf die Straßensperre. Gleich danach näherte sich ein blauer Toyota Landcruiser mit einem blonden Mann am Steuer und fuhr seitlich an dem Lastwagen vorbei. Nun hörte ich wütende Rufe auf chinesisch. Der Toyotafahrer wollte offenbar zurücksetzen und wenden, schien aber von den Soldaten festgehalten zu werden. Zwar konnte ich nicht sehen, was sich vor dem Lastwagen abspielte, hörte aber wütendes Chinesisch, und eine andere Stimme flehte auf Englisch mit holländischem Akzent: »Nein, bitte! Es tut mir leid. Ich bin Tourist. Sehen Sie hier? Ich habe eine Durchfahrtgenehmigung!«

Ein weiterer Wagen hielt. Mein Herz fing an zu jagen. Es war derselbe chinesische Offizier, den ich zuvor vor dem Restaurant beobachtet hatte. Ich rutschte noch tiefer in den Sitz, versuchte, mich zu verbergen, als er dicht an meinem Jeep vorbeiging.

»Zeigen Sie mir Ihre Papiere!« forderte er den Holländer in einwandfreiem Englisch auf.

Plötzlich bemerkte ich rechts von mir eine Bewegung und spähte aus dem Seitenfenster. Die Auffahrt zu dem Steinhaus schien in ein warmes Leuchten getaucht zu sein, genau jenes Leuchten, das ich wahrgenommen hatte, als Yin und ich in der Nähe von Lhasa den Chinesen entkommen waren. Die Dakini!

Der Motor des Jeeps tuckerte im Leerlauf, so daß ich nur langsam nach rechts abbiegen und die Auffahrt hochfahren mußte. Ich konnte vor Angst kaum atmen, während ich über die Wiese fuhr und dann nach links auf die Straße dahinter einbog. Ein paar Augenblicke später fuhr ich auf der Nebenstraße, die ich zuvor bereits benutzt hatte, aus der Stadt heraus. Nach zehn Minuten stand ich wieder hinter den Hügeln, wo ich den holländischen Transporter gesehen hatte, und überlegte, was ich tun sollte. Ein Stück die Straße nach Westen hinunter hörte ich erneut eine Krähe krächzen. Spontan entschloß ich mich, diesmal diesen Weg zu nehmen, was ich schon viel früher hätte tun können.

Die Straße führte zunächst steil ansteigend über einen Hügelkamm hinweg und durchquerte dann eine felsige Ebene. Ich sah keine Autos oder Fußgänger und fast keine Häuser. Als es dunkel wurde, begann ich mich nach einer geeigneten Stelle umzusehen, wo ich den Jeep zum Schlafen abstellen konnte. Plötzlich entdeckte ich einen schmalen Schotterweg, der von der Hauptstraße abzweigte. Ich bremste ab und schaute ihn mir genauer an. Da war etwas, gleich neben der Fahrbahn. Es sah aus wie ein Kleidungsstück.

Ich hielt an und leuchtete vorsichtig mit einer Taschenlampe aus dem Seitenfenster. Es war ein Parka. Mein Parka, den ich in dem Restaurant über den Stuhl gehängt hatte, ehe die Chinesen gekommen waren.

Es gab nur eine Erklärung: Yin mußte ihn dorthin gelegt haben. Ich stieg aus dem Jeep, hob den Parka auf und fuhr mit ausgeschalteten Scheinwerfern den Schotterweg entlang. So gelangte ich nach ungefähr einem knappen Kilometer zu einem kleinen Haus und einer Scheune. Vorsichtig fuhr ich näher heran. Hinter einem Zaun starrten mich Ziegen an. Dann bemerkte ich einen Mann, der vor der Haustür auf einem Schemel saß. Ich hielt an, und er stand auf. Es war Yin.

Ich sprang aus dem Jeep und rannte zu ihm. Er umarmte mich etwas steif, aber lächelnd.

»Ich freue mich, dich zu sehen«, sagte er. »Siehst du, ich habe doch gesagt, daß dir geholfen werden würde.«

»Ich wäre beinahe erwischt worden«, entgegnete ich. »Wie bist du entkommen?«

Jetzt kehrte die Nervosität in sein Gesicht zurück. »Die Frauen in dem Restaurant sind schlau. Als sie die chinesischen Beamten kommen sahen, haben sie mich schnell im Ofen versteckt. Dort hat niemand nachgesehen.«

»Was werden sie mit den Frauen anstellen?« fragte ich.

»Das weiß ich nicht. Viele Leute müssen teuer dafür bezahlen, daß sie uns helfen.«

Er senkte den Blick, dann zeigte er auf den Jeep. »Laß uns ein paar Lebensmittel hereinschaffen. Ich koche uns etwas zu essen.«

Während Yin ein Feuer machte, erzählte er, daß er nach dem Abrücken der Polizei zum Haus seiner Freunde gegangen sei. Sie hätten ihm geraten, sich hier in diesem alten Haus zu verstecken, während sie einen zusätzlichen Wagen beschafften.

»Ich wußte, daß dich wahrscheinlich die Angst überwältigen würde, so daß du versuchen würdest, nach Lhasa zurückzufahren«, fügte Yin zu. »Aber mir war auch klar, daß du dich, falls du dich doch entscheiden solltest, die Reise fortzusetzen, nach Nordwesten aufmachen würdest. Das hier ist die einzige Straße dorthin, also legte ich deinen Parka an die Abzweigung, in der Hoffnung, daß du ihn entdecken würdest, und nicht die Soldaten.«

»Das war ziemlich riskant«, sagte ich.

Er nickte und hängte Gemüse in einem großen, mit Wasser gefüllten Topf übers Feuer, dessen Flammen von Yak-Dung genährt wurden.

Das Wiedersehen mit Yin linderte meine Angst. Als wir uns auf alten, staubigen Stühlen ans Feuer setzten, sagte ich: »Ich muß zugeben, daß ich zurück nach Lhasa wollte. Ich glaubte, das sei meine einzige Überlebenschance.«

Yin nickte, und ich erzählte ihm alles, was ich inzwischen erlebt hatte, bis auf das Erscheinen des sonderbaren Lichts, als ich vor dem Kontrollpunkt gestanden hatte. Als ich ihm von dem holländischen Transporter erzählte, setzte er sich plötzlich aufrecht im Stuhl auf.

»Du bist sicher, daß es derselbe Transporter war, den wir an der Straßensperre sahen?«

»Ja, ganz sicher.«

Er machte ein ärgerliches Gesicht. »Du hast diese Leute erneut gesehen und nicht versucht, mit ihnen zu sprechen? Hast du denn vergessen, was ich dir von meinem Traum erzählt habe? Daß wir jemanden treffen würden, der uns helfen kann, den Eingang nach Shambhala zu finden?«

»Ich wollte nicht riskieren, daß sie mich den Chinesen melden«, erwiderte ich.

»Was?« Er starrte mich an und legte sich die Hand vors Gesicht.

»Ich war vor Angst wie gelähmt«, sagte ich. »Ich begreife einfach nicht, wie ich mich überhaupt auf diese ganze Sache einlassen konnte. Ich wollte in diesem Moment nur noch nach Hause. Ich wollte überleben.«

»Hör mir gut zu«, sagte Yin. »Deine Chance, jetzt noch über Lhasa unbemerkt aus Tibet herauszukommen, ist sehr gering. Du kannst nur überleben, wenn du vorwärtsgehst, und dazu mußt du dich von den Synchronizitäten führen lassen.«

Ich blickte zu Boden. Wahrscheinlich hatte er recht.

»Erzähl mir genau, was passiert ist, als du den Transporter gesehen hast«, forderte mich Yin auf. »Jeden deiner Gedanken. Jedes Detail.«

Ich sagte ihm, daß ich mich sofort gefürchtet hatte, als der Transporter hielt. Ich beschrieb, wie die Frau aussteigen wollte und daß sie dann offenbar ihre Meinung geändert hatten und weitergefahren waren.

Yin schüttelte den Kopf. »Du hast dein Gebetsfeld falsch eingesetzt und dadurch die Synchronizität zunichte gemacht. Du hast dein Feld mit negativen Erwartungen aufgeladen und damit den Prozeß unterbrochen. Als du den Wagen kommen hörtest, gab es für dich zwei Alternativen: Du konntest dieses Ereignis entweder als Bedrohung oder als mögliche Hilfe betrachten. Natürlich sollte man stets beide Möglichkeiten in Betracht ziehen. Aber als du den Transporter wiedererkanntest, hätte dir ein Licht aufgehen müssen. Daß es derselbe war, den wir zuvor an der Straßensperre beobachteten, muß etwas zu bedeuten haben, insbesondere weil diese Leute damals die Chinesen unbewußt ablenkten, so daß wir unbemerkt durchkommen konnten. So gesehen, haben sie dir bereits einmal geholfen und waren nun zur Stelle, um dir vielleicht erneut zu helfen.«

Ich nickte. Er hatte recht. Ganz offensichtlich hatte ich die Sache vermasselt.

»Du hast in diesem Moment völlig deine Energie und positive Erwartung verloren«, fuhr Yin fort. »Erinnerst du dich, was ich in dem Restaurant zu dir gesagt habe? Ein synchronistisches Feld kann man aufbauen, indem man sich in einen bestimmten Bewußtseinszustand versetzt. Es ist einfach, intellektuell über Synchronizität nachzudenken, doch solange du nicht einen Bewußtseinszustand erreichst, in dem dein Gebetsfeld dir wirklich von Nutzen ist, werden glückliche Fügungen in deinem Leben nur gelegentlich auftreten. Manchmal sind diese seltenen Gelegenheiten ausreichend, so daß du ein kleines Stück in die richtige Richtung geführt wirst, aber schließlich wirst du den Weg wieder aus den Augen verlieren. Einen konstanten Synchronizitätsfluß kann man in seinem Leben nur erzeugen, indem man sich ständig in einen Zustand bewußter Aufmerksamkeit und positiver Erwartung versetzt.«

»Ich weiß immer noch nicht genau, wie ich das schaffen soll.«

»Du mußt dich von Minute zu Minute immer wieder daran erinnern, Aufmerksamkeit zu praktizieren. Du mußt visualisieren, daß deine Energie dir vorausgeht und dir genau die richtigen Vorahnungen und Fügungen bringt. Du mußt ständig solche synchronistischen Fügungen erwarten und nach ihnen Ausschau halten, dann werden sie tatsächlich vermehrt auftreten. Sobald du merkst, daß du vergessen hast, dich zu konzentrieren, mußt du dein Feld sofort wieder aufbauen.

Je mehr Zeit du in diesem Zustand verbringst, desto mehr Synchronizitäten wirst du erleben. Wenn du dein Energieniveau konstant hoch hältst, wird diese wache Aufmerksamkeit schließlich zu deinem vorherrschenden Bewußtseinszustand werden. In den Legenden heißt es, daß das Praktizieren der Gebetserweiterungen uns eines Tages zur zweiten Natur werden wird. Unser Feld morgens aufzubauen wird für uns so selbstverständlich sein wie das Ankleiden. Dein Ziel muß es sein, diesen Zustand zu erreichen.«

Er schaute mich einen Moment schweigend an, dann sagte er: »Als du den Wagen kommen hörtest, bist du sofort in die Angst abgerutscht. Offenbar haben der Mann und die Frau intuitiv gespürt, daß sie an den Hügeln anhalten sollten, auch wenn sie vermutlich nicht wußten, warum. Doch als du dich der Angstphantasie hingabst, daß sie eine Gefahr für dich sein könnten, strahlte diese Energie von dir aus und erzeugte eine Störung in den Feldern der beiden. So bekamen sie plötzlich das Gefühl, daß etwas nicht in Ordnung war, daß es besser war, weiterzufahren.«

Was er da sagte, klang phantastisch, leuchtete mir aber ein.

»Erzähl mir mehr darüber, wie unsere Felder andere Leute beeinflussen«, bat ich.

Er schüttelte den Kopf. »Eins nach dem anderen. Wie unsere Felder andere Menschen beeinflussen, wird in der Dritten Erweiterung enthüllt. Konzentriere dich einstweilen erst einmal darauf, ein gutes Energiefeld für Synchronizitäten aufzubauen und dich nicht in Furchtgedanken zu ergehen. Du hast die Neigung, immer mit dem Schlimmsten zu rechnen. Weiß du noch, wie ich dich auf dem Weg zu Lama Rigden vorübergehend allein ließ? Du hast diese Flüchtlingsfamilie auf der Straße gesehen, und sie hätten dich geradewegs zum Kloster geführt, wenn du nur den Mut gehabt hättest, sie anzusprechen. Statt dessen hast du dir ausgemalt, daß sie dich verraten könnten, und deshalb diese synchronistische Fügung ungenutzt gelassen. Dieses negative Denken ist ein Muster, das du unbedingt überwinden solltest.«

Ich schaute ihn erschöpft an. Er lächelte und erwähnte meine Fehler von nun an nicht mehr. Den restlichen Abend unterhielten wir uns recht entspannt über Tibet, und wir gingen sogar für eine Weile nach draußen, um uns die Sterne anzuschauen. Der Himmel war klar, und die Temperatur lag nur knapp unter dem Gefrierpunkt. Als ich Yin sagte, daß ich noch nirgendwo so helle Sterne gesehen hätte, lachte er.

»Natürlich sind sie hier besonders nah. Immerhin stehen wir auf dem Dach der Welt.«

Am nächsten Morgen schlief ich lange und übte anschließend mit Yin ein wenig Tai Chi. Wir warteten auf Yins Freunde, aber sie ließen sich nicht blicken. Schließlich sahen wir ein, daß wir wohl riskieren mußten, die Reise mit nur einem Fahrzeug fortzusetzen, und machten uns daran, den Jeep zu beladen. Gegen Mittag brachen wir auf.

»Irgend etwas muß schiefgegangen sein«, sagte Yin. Er versuchte, Haltung zu bewahren, aber ich merkte ihm deutlich an, wie sehr er sich um seine Freunde sorgte.

Wir fuhren auf der Hauptstraße weiter Richtung Nordwesten. Ein dichter, staubiger Dunst lag über dem Land und verhüllte die Berge.

»In diesem Wetter werden die Chinesen uns kaum entdecken«, bemerkte Yin.

»Das ist auch gut so«, sagte ich.

Ich fragte Yin, wie die Chinesen wohl von unserer Anwesenheit in dem Restaurant in Zhongba erfahren hatten.

»Das war ganz sicher mein Fehler«, sagte er. »Ich habe dir doch erzählt, wieviel Wut und Furcht ich ihnen gegenüber empfinde. Ich bin überzeugt, daß mein Gebetsfeld mir genau das brachte, worauf ich mich konzentriert hatte.«

Ich schaute ihn ungläubig an. Das war mir nun doch zuviel. »Willst du etwa behaupten«, sagte ich, »deine Furcht hätte wie eine Energiewelle von dir ausgestrahlt und die Chinesen zu uns geführt?«

»Nein, nicht nur die Furcht. Wir alle fürchten uns dann und wann. Das meine ich nicht. Ich habe es zugelassen, daß in meiner Phantasie angstvolle innere Bilder davon entstanden, was möglicherweise Schlimmes geschehen könnte, was die Chinesen tun könnten. Ich habe ihre Vorgehensweise hier in Tibet nun schon so lange miterlebt. Ich kenne ihre Methoden. Ich weiß, wie sie Menschen einschüchtern und unterdrücken. Ich habe vor meinem inneren Auge gesehen, wie sie uns verfolgen, und nichts gegen diese negative Vision unternommen.

Als Gegenmittel hätte ich mich eigentlich bewußt auf die Vorstellung konzentrieren müssen, daß sie uns nicht finden würden, und diese positive Erwartung aufrechterhalten sollen. Doch ich entwickelte nicht das richtige Bewußtsein und gab mich dem inneren Bild, der Erwartung hin, daß sie uns finden würden. Wenn man sich zu lange auf eine solche negative Vorstellung konzentriert, kann sie Wirklichkeit werden.«

Gab es eine solche Wirkung tatsächlich? Einerseits war das nur schwer vorstellbar, andererseits war mir aber schon seit langem aufgefallen, daß Leute, die sich vor einem bestimmten Ereignis fürchteten – vor einem Hauseinbruch, zum Beispiel, oder davor, sich eine bestimmte Krankheit zuzuziehen oder von ihrem Partner verlassen zu werden –, oft genau mit diesem von ihnen so gefürchteten Ereignis konfrontiert wurden. War das der Effekt, den Yin meinte?

Mir fielen die angstvollen Vorstellungen wieder ein, mit denen ich mich beschäftigt hatte, während ich bei den Holzhäusern in Zhongba auf Yin gewartet hatte. Ich hatte mir ausgemalt, allein mit dem Jeep herumzufahren, ohne den Weg zu kennen, und genau das war bald darauf tatsächlich geschehen. Ein Schaudern überlief mich.

»Soll das heißen, daß alles Negative, was uns zustößt, das Resultat unserer eigenen Gedanken ist?« fragte ich.

Yin runzelte die Stirn. »Natürlich nicht. Viele Dinge ergeben sich einfach auf natürlichem Wege aus unserer Interaktion mit anderen Menschen. Deren Erwartungen und Handlungen spielen ebenfalls eine Rolle. Aber wir verfügen über einen schöpferischen Einfluß, ob wir das nun glauben wollen oder nicht. Wir müssen endlich aufwachen und uns klarmachen, daß, was die Auswirkungen unserer Gebetsenergie angeht, Erwartungen eben Erwartungen sind, ganz gleich, ob sie auf Furcht oder auf Zuversicht beruhen. In diesem Fall habe ich mich selbst nicht genug beobachtet. Ich habe dir ja gesagt, daß mein Haß auf die Chinesen ein echtes Problem für mich ist.«

Er warf mir einen kurzen Seitenblick zu. »Hinzu kommt, daß, wie ich dir ja bereits gesagt habe, die Wirkung unserer Gebetsfelder sich sehr rasch bemerkbar macht, sobald unsere Energie ein gewisses Niveau erreicht hat. Draußen in der alltäglichen Welt tragen die Leute meistens ein Gemisch aus Angstphantasien und Erfolgsphantasien mit sich herum, so daß die Wirkung sich gegenseitig neutralisiert und die äußeren Effekte gering bleiben. Auf dem Energielevel, auf dem wir uns jetzt befinden, können Effekte in der Außenwelt jedoch sehr schnell eintreten, noch bevor eine Angstphantasie die Stärke deines Energiefeldes zusammenbrechen läßt.

Du solltest also deine Aufmerksamkeit unbedingt auf eine positive Lebensvision richten, nicht auf negative, angstvolle Erwartungen. Deshalb ist die Zweite Erweiterung so wichtig. Wenn wir ständig bestrebt sind, uns keine Synchronizität entgehen zu lassen, bleibt unsere innere Ausrichtung positiv, und für Furcht und Zweifel ist in unserem Denken kein Platz. Verstehst du, was ich meine?«

Ich nickte, sagte aber nichts.

»Wir müssen diese Kraft jetzt nutzen«, fuhr Yin fort. »Bleib so aufmerksam und offen wie möglich. In diesem Dunst könnten wir den Transporter leicht übersehen. Bist du sicher, daß sie in diese Richtung gefahren sind?«

»Ja«, sagte ich.

»Wenn sie wie wir in der Nacht eine Ruhepause eingelegt haben, können sie eigentlich nicht so weit vor uns sein.«

Den ganzen Morgen fuhren wir in nordwestlicher Richtung. Sosehr ich mich auch bemühte, gelang es mir nicht, diesen Zustand ständiger positiver Erwartung aufrechtzuerhalten, den Yin beschrieben hatte. Irgend etwas stimmte nicht. Yin hatte es offenbar auch bemerkt und schaute mich immer wieder prüfend an.

Schließlich sagte er: »Bist du wirklich bereit, dich ganz den synchronistischen Fügungen anzuvertrauen?«

»Ja doch«, erwiderte ich. »Ich glaube schon.«

Er runzelte skeptisch die Stirn.

Sowohl in Peru als auch später in den Appalachen, auf der Spur der Zehnten Erkenntnis, hatte ich diesen Prozeß der Synchronizität am eigenen Leib erfahren. Jeder von uns trägt eine Frage mit sich herum, die für sein Leben im gegenwärtigen Augenblick von zentraler Bedeutung ist. In unserem Fall lautete diese Frage, wie wir den holländischen Transporter finden konnten, und dann Wil und den Eingang nach Shambhala.

Idealerweise erhalten wir, sobald wir uns dieser zentralen Frage bewußt geworden sind, bald darauf einen intuitiven Hinweis, der uns der Antwort ein Stück näher bringt. Es taucht ein inneres Bild auf, das uns dazu anregt, einen bestimmten Ort aufzusuchen, etwas Bestimmtes zu tun oder einen Fremden anzusprechen, der uns scheinbar zufällig begegnet. Im Idealfall, wie gesagt, folgen wir dann dieser Intuition, worauf sich eine äußere Fügung einstellt, die uns neue Informationen liefert. Diese Synchronizitäten bringen uns auf unserem Lebenspfad voran ... von einer zentralen Frage zur nächsten.

»Was sagen die Legenden dazu?« fragte ich.

»Dort heißt es«, antwortete Yin, »die Menschen würden eines Tages lernen, daß ihre Gebetskraft einen starken Einfluß auf ihr Leben ausüben kann. Indem wir die Energie unserer Erwartungen nutzen, können wir das Auftreten von Synchronizitäten dramatisch erhöhen. Aber dazu müssen wir ständig hellwach und aufmerksam auf die nächste intuitive Eingebung warten. Erwartest du jetzt im Moment bewußt eine intuitive Eingebung?«

»Ich hatte bislang noch keine«, sagte ich.

»Aber erwartest du eine?« beharrte er.

»Ich weiß nicht. Ich habe mich nicht wirklich gedanklich damit beschäftigt.«

Er nickte. »Denke immer daran, daß das zum Aufbau deines Gebetsfeldes unerläßlich ist. Du mußt aufmerksam bleiben und fest damit rechnen, daß der intuitive Prozeß sich ereignet: Du stellst eine

Frage, bekommst von deiner Intuition einen Hinweis und folgst ihm, und dann schaust du dich wachsam nach synchronistischen Fügungen um. Wenn du dich so verhältst, wird deine Energie dir vorauseilen und bewirken, daß dir alle Informationen, die du benötigst, mühelos zufließen.«

Er lächelte mir aufmunternd zu.

Ich nickte, atmete ein paarmal tief durch und spürte, wie meine Energie zurückkehrte. Yins gute Stimmung war ansteckend. Mein Bewußtsein wurde klarer und konzentrierter.

Als ich sein Lächeln erwiderte, empfand ich zum ersten Mal wirkliche Sympathie für Yin. Manchmal war er so ängstlich wie ich, und oft war sein Benehmen schroff, aber er war mit ganzem Herzen an dieser Reise beteiligt, und er wollte mehr als alles andere, daß wir Erfolg hatten. Während ich das dachte, glitt ich plötzlich in einen Tagtraum hinein, in dem ich mich mit Yin nachts zwischen Felsen und Sanddünen hindurchlaufen sah, irgendwo in der Nähe eines Flusses. In der Ferne erkannte ich den Lichtschein eines Lagerfeuers, dem wir zustrebten. Yin ging voraus, und ich überließ ihm gerne die Führung.

Ich schaute ihn an und erkannte plötzlich, was geschehen war.

»Ich glaube, ich habe etwas empfangen«, sagte ich. »Ich habe uns auf ein Lagerfeuer zugehen sehen. Glaubst du, das hat etwas zu bedeuten?«

»Das kannst nur du entscheiden«, sagte er.

»Aber ich weiß es nicht. Müßte ich es wissen?«

»Wenn dein inneres Bild wirklich ein intuitiver Hinweis war, hat es irgend etwas mit dem Transporter zu tun, nach dem wir suchen. Wer war dort an dem Lagerfeuer? Was hast du genau empfunden?«

»Ich weiß nicht, wer dort war. Aber wir wollten unbedingt dorthin. Liegt hier irgendwo ein Gebiet mit Felsen und Sanddünen?«

Yin stoppte den Jeep am Straßenrand. Der Dunstschleier lichtete sich allmählich.

»Auf den nächsten hundert Meilen gibt es hier nichts anderes als Felsen und Sand«, sagte Yin.

Ich zuckte die Achseln. »Was ist mit einem Fluß? Gibt es in der Nähe einen Fluß?«

Yins Gesicht hellte sich auf. »Ja, gleich hinter dem nächsten Ort, hinter Paryang, vielleicht zweihundert Kilometer entfernt.«

Er lächelte breit. »Wir müssen weiter sehr aufmerksam sein«, sagte er schließlich. »Es ist bisher unser einziger Anhaltspunkt.«

Wir kamen gut voran und erreichten Paryang in der Abenddämmerung. Nachdem wir den Ort durchfahren und weitere fünfundzwanzig Kilometer zurückgelegt hatten, bog Yin nach rechts auf eine unbefestigte Straße ab. Es war nahezu dunkel, aber einen knappen Kilometer vor uns sahen wir die Umrisse eines Flusses.

»Vor uns liegt ein Militärposten«, erklärte Yin. »Den müssen wir umgehen.« Als wir uns dem Fluß näherten, wurde die Straße schmal und sehr holperig.

»Was ist das?« fragte Yin, stoppte und setzte ein Stück zurück. Zwischen den Felsen seitlich der Straße parkte, kaum sichtbar, ein Wagen.

»Das ist kein Transporter«, sagte Yin, »sondern ein blauer Landcruiser.«

Ich starrte angestrengt aus dem Seitenfenster. »Warte mal«, sagte ich. »Das ist der Geländewagen, den ich in Zhongba an der Straßensperre gesehen habe.«

Sofort schaltete Yin die Scheinwerfer aus, so daß die Dunkelheit uns zu verschlucken schien. Er ließ den Jeep langsam durch die tiefen Fahrrinnen rollen.

Vielleicht hundert Meter weiter sagte ich: »Da!« Ich zeigte nach links, wo zwischen großen Felsen der Transporter parkte. Kein Mensch war zu sehen.

Ich wollte schon aussteigen, doch Yin gab wieder Gas und parkte den Jeep an einer geschützten Stelle einige hundert Meter weiter östlich.

»Es ist besser, wenn wir unseren Wagen verstecken«, sagte er und verriegelte die Türen, als wir ausgestiegen waren.

Wir gingen zurück zu dem Transporter und schauten uns um.

»Die Fußspuren führen in diese Richtung«, sagte Yin und zeigte nach Süden. »Komm.«

Wir gingen zwischen den Felsen hindurch über tiefen Sand. Bald darauf blieb Yin stehen, schaute mich an und schnüffelte. Ich roch es ebenfalls: der Rauch eines Feuers.

Wir gingen weitere fünfzig Meter durch die Dunkelheit, unsere Schritte nur von der Sichel des Mondes erhellt. Endlich entdeckten wir das Lagerfeuer. Ein Mann und eine Frau saßen dicht zusammengekauert davor. Der Fluß lag gleich dahinter.

»Was machen wir jetzt?« flüsterte ich.

»Wir müssen uns ihnen vorstellen«, sagte er. »Mach du das besser, dann werden sie sich weniger fürchten.«

»Wir wissen nicht, mit wem wir es zu tun haben«, sagte ich widerstrebend.

»Komm schon, du mußt etwas zu ihnen sagen.«

Ich betrachtete sie genauer. Sie trugen Safarihosen und dicke Baumwollhemden und sahen wie ganz normale Trekking-Touristen aus.

»Hallo«, sagte ich mit lauter Stimme. »Wir freuen uns, Sie zu sehen!«

Yin warf mir einen schiefen Blick zu.

Die beiden sprangen auf. Mit breitem Lächeln trat ich in den Lichtschein des Feuers. »Wir brauchen Ihre Hilfe.«

Yin folgte mir und sagte mit einer leichten Verbeugung: »Es tut uns sehr leid, daß wir Sie behelligen, aber wir sind auf der Suche nach unserem Freund Wilson James. Wir hoffen, daß Sie uns vielleicht weiterhelfen können.«

Sie waren beide sichtlich erschrocken, aber die Frau schien langsam zu begreifen, daß von uns keine Gefahr ausging, und lud uns ein, uns zu ihnen ans Feuer zu setzen.

»Wir kennen Wilson James nicht«, sagte sie. »Aber der Mann, mit dem wir hier heute nacht verabredet sind, kennt ihn. Ich habe gehört, wie er diesen Namen erwähnte.«

Ihr Begleiter nickte. Er wirkte sehr nervös. »Ich hoffe, Jacob findet uns. Er ist schon mehrere Stunden überfällig.«

Ich wollte ihnen gerade sagen, daß wir den blauen Geländewagen nicht weit entfernt stehen gesehen hätten, als der Gesichtsausdruck des Mannes sich plötzlich veränderte. Er starrte an mir vorbei. Ich wirbelte herum. In der Richtung, wo der Transporter stand, war Motorenlärm zu hören, und Scheinwerfer zerteilten die Dunkelheit. Wir hörten laute chinesische Stimmen, die sich rasch näherten.

Der Mann sprang auf und versuchte hastig, das Feuer zu löschen. Er packte ihre Taschen, und er und die Frau rannten in die andere Richtung davon.

»Komm«, sagte Yin und versuchte, sie einzuholen. Doch rasch waren sie in der Dunkelheit verschwunden, und wir sahen sie nicht mehr. Yin gab auf. Hinter uns kamen die Scheinwerferstrahlen immer näher heran. Wir duckten uns gegen die Uferböschung des Flusses.

»Ich glaube, ich kann es zurück zum Jeep schaffen«, sagte Yin. »Mit etwas Glück haben sie ihn noch nicht entdeckt. Lauf du flußaufwärts, ungefähr eineinhalb Kilometer weit. Dort führt eine alte Straße zum Ufer hinab. Ich hole dich dort ab.«

»Warum kann ich nicht mitkommen?« fragte ich.

Weil es zu gefährlich ist. Allein kann ich es vielleicht schaffen. Zu zweit würden wir bestimmt entdeckt.«

Widerstrebend willigte ich ein und lief zwischen Uferfelsen und über Kiesbänke durchs Mondlicht, wobei ich meine Taschenlampe nur einschaltete, wenn es unbedingt nötig war. Ich wußte, Yins Plan war verrückt, aber es schien unsere einzige Chance zu sein. Ich fragte mich, was wir wohl herausbekommen hätten, wenn Gelegenheit gewesen wäre, länger mit dem holländischen Paar zu sprechen oder diesen anderen Mann zu treffen. Nach ungefähr zehn Minuten hielt ich an, um mich einen Moment auszuruhen. Ich war erschöpft und fror.

Plötzlich hörte ich vor mir ein Geräusch. Ich lauschte angestrengt. Zweifellos waren es Schritte. Das muß das Paar aus Holland sein, dachte ich. Langsam schlich ich weiter und sah, keine zehn Meter entfernt, die Silhouette eines einzelnen Mannes. Ich wußte, ich mußte irgend etwas sagen, ehe er wieder in der Dunkelheit verschwand.

»Sind Sie Holländer?« stammelte ich.

Er erstarrte. »Wer ist da?« fragte er vorsichtig.

»Ich bin Amerikaner.« Das mußte der Mann sein, auf den der Mann und die Frau gewartet hatten. »Ich habe Ihre Freunde getroffen.«

Er drehte sich um und starrte mich an. Er war jung, vielleicht fünfundzwanzig, und sah verängstigt aus.

»Wo haben Sie meine Freunde gesehen?« fragte er mit zitternder Stimme.

Ich konnte deutlich spüren, wie sehr er sich fürchtete. Eine Welle der Angst lief durch meinen Körper, und ich kämpfte darum, mein Energiefeld stark zu erhalten.

»Ein Stück flußabwärts«, antwortete ich. »Sie haben uns gesagt, sie seien dort mit Ihnen verabredet.«

»Waren die Chinesen da?« fragte er.

»Ja. Aber ich glaube, Ihre Freunde konnten entkommen.«

Jetzt schien er erst richtig in Panik zu geraten.

»Sie haben uns erzählt«, sagte ich rasch, »daß Sie Wilson James kennen.«

Er wich ein Stück zurück. »Ich muß weg hier«, sagte er und drehte sich um.

»Ich habe Sie schon einmal gesehen«, sagte ich. »Sie sind an der Straßensperre in Zhongba kontrolliert worden.«

»Ja«, sagte er. »Sie waren dort?«

»Ich stand hinter Ihnen im Stau. Sie wurden von einem chinesischen Offizier kontrolliert.«

»Das stimmt«, erwiderte er und schaute sich nervös um.

»Was ist mit Wil?« fragte ich, bemüht, Ruhe zu bewahren. »Wilson James? Kennen Sie ihn? Hat er Ihnen etwas von einem Eingang erzählt?«

Der junge Mann antwortete nicht. Er warf mir einen letzten ängstlichen Blick zu und rannte weiter flußaufwärts. Ich versuchte, ihn einzuholen, doch er verschwand in der Dunkelheit zwischen den Felsen. Ich blieb stehen und schaute dorthin, wo der Transporter und unser Jeep abgestellt gewesen waren. Immer noch sah ich Scheinwerferlicht und hörte gedämpfte Stimmen.

Ich lief weiter Richtung Norden, in dem Bewußtsein, daß ich meine Chance vertan hatte. Es war mir nicht gelungen, Informationen von dem jungen Mann zu erhalten. Ich zwang mich, an etwas anderes zu denken. Viel wichtiger war es jetzt, Yin zu finden und mich vor den Chinesen in Sicherheit zu bringen. Endlich stieß ich auf die alte Straße, und Minuten später hörte ich das leise Motorgeräusch eines Jeeps.

# 5 *Ansteckende Bewußtseinsenergien*

Ich streckte mich so bequem aus, wie es in dem vollgepackten Jeep möglich war, und fragte mich, woher Yin die Kraft zum Fahren nahm. Ich wußte, daß wir Glück gehabt hatten. Wie Yin vermutet hatte, waren die chinesischen Soldaten bei ihrer Suche schlecht organisiert und nachlässig vorgegangen. Sie hatten lediglich eine Wache am Transporter der Holländer postiert, während die anderen halbherzig die Umgebung abgesucht hatten. Unser Jeep war dabei völlig übersehen worden. Yin hatte unbemerkt um sie herumfahren und mich am Fluß auflesen können.

Yin fuhr noch immer mit ausgeschalteten Scheinwerfern und starrte angestrengt durch die Windschutzscheibe auf die dunkle Straße. Mit einem kurzen Seitenblick sagte er: »Und du hast überhaupt nichts von diesem jungen Holländer erfahren?«

»Er war zu verängstigt. Er ist einfach weggerannt.«

Yin schüttelte den Kopf. »Das ist meine Schuld. Ich hätte dir von der nächsten Gebetserweiterung erzählen sollen, der Dritten. Dann wäre es dir leichter gefallen, von ihm Informationen zu erhalten.«

Ich fing an, Fragen zu stellen, doch er winkte ab.

»Du mußt dir nur klarmachen, was du bereits weißt. Du hast die Erste Erweiterung kennengelernt: Dabei geht es darum, daß du dich für die Energie öffnest, indem du visualisierst, wie sie ein Feld bildet, das dir vorausfließt, wo immer du hingehst. Die Zweite Erweiterung stabilisiert dein Energiefeld, damit du harmonischer im Fluß der Synchronizitäten lebst. Das gelingt dir, wenn du ständig aufmerksam bist und positive Fügungen erwartest. Bei der Dritten Erweiterung geht es darum, daß du dein Gebetsfeld gezielt einsetzt, um die Energie und das Schwingungsniveau anderer Menschen anzuheben. Wenn dein Gebetsfeld andere Menschen auf solche Weise berührt, ist das für sie wie ein spiritueller Energieschub, der ihre Intuition schärft und ihnen zu größerer geistiger Klarheit verhilft. Das wiederum erhöht die Wahrscheinlichkeit, daß sie dir synchronistisch die Informationen liefern, die du gerade benötigst.«

Ich wußte sofort, worauf er hinauswollte. Unter der Anleitung von Wil und Sanchez hatte ich in Peru damit experimentiert, anderen Menschen Energie zu senden, um so eine ganz neue Form zwischenmenschlicher Ethik zu ermöglichen. Nun zeigte Yin mir offenbar einen Weg auf, wie ich dies auf effektivere Weise praktizieren konnte.

»Ich weiß, was du meinst«, sagte ich. »Ich habe gelernt, daß man im Gesicht jedes Menschen die Schönheit seines höheren Selbst entdecken kann. Wenn wir direkt zu diesem Selbst sprechen, uns auf dessen Schönheit konzentrieren, dann hilft das dem Betreffenden, bewußt Zugang zu diesem höheren Potential in seinem Inneren zu finden.«

»Ja«, entgegnete Yin, »aber dieser Effekt läßt sich intensivieren, wenn wir lernen, unser Gebetsfeld so zu erweitern, wie es in den Legenden beschrieben wird. Wir müssen uns auf die Erwartung konzentrieren, daß unser Gebetsfeld von uns ausstrahlt und aus der Ferne die Schwingungen anderer Leute anhebt, noch ehe wir ihnen nah genug sind, um ihre Gesichter zu sehen.«

Ich schaute ihn fragend an.

»Betrachte es einmal von dieser Seite: Wenn du die Erste Erweiterung erfolgreich praktizierst, erfüllt dich die Energie, und du nimmst die Welt stärker so wahr, wie sie wirklich ist – farbenfroh und strahlend schön wie ein Zauberwald oder ein wundervoller tropischer Garten. Um die Dritte Erweiterung zu praktizieren, mußt du bewußt visualisieren, daß deine Energie aus dir hervorströmt wie aus einem reichen Brunnen. Visualisiere, daß sie die Energiefelder aller Menschen in deiner Umgebung berührt und ihre Schwingungen anhebt, so daß auch sie die Welt so sehen können, wie sie wirklich ist. Wenn das geschieht, können sie sich entspannen und die Synchronizität spüren. Wenn wir unser Feld auf diese Weise ausrichten, fällt es uns viel leichter, auf dem Gesicht eines anderen Menschen die Schönheit seines höheren Selbst zu sehen.«

Nach einer kurzen Pause fuhr er fort: »Beim Anheben der Energie anderer Menschen gibt es allerdings gewisse Probleme, die du vermeiden solltest. Jedes Gesicht besitzt einen großen Formenreichtum, wie ... nun ja ... ein Tintenklecks. Man kann darin viele Dinge sehen. Du kannst den Zorn deines prügelnden Vaters darin erblicken, die Kälte deiner distanzierten Mutter oder das Gesicht einer anderen Person, die dich verletzt hat. Das sind Projektionen aus der Vergangenheit, die deine Wahrnehmung anderer Menschen verzerren können. Wenn dir jemand begegnet, der auch nur entfernt einer Person ähnelt, von der du früher einmal schlecht behandelt wurdest, wirst du dazu neigen, von ihm ein ähnliches Verhalten zu erwarten.

Dieses Problem muß man genau verstehen und ständig im Auge behalten. Wir alle müssen uns von Erwartungen befreien, die wir aufgrund früherer Erfahrungen hegen. Verstehst du?«

Ich nickte, gespannt auf seine weiteren Erklärungen wartend.

»Denk noch einmal darüber nach, was du in dem Hotel in Kathmandu erlebt hast. Hast du nicht gesagt, der Mann am Pool hätte die Stimmung aller Anwesenden beeinflußt?«

Ich nickte. So war es in der Tat gewesen. Als der Mann dort aufgetaucht war, hatte sich sofort die ganze Stimmung verändert, noch ehe er ein Wort gesprochen hatte.

»Das geschah, weil sein Energiefeld von vornherein darauf ausgerichtet war, die Felder der anderen Leute zu berühren und ihnen einen positiven Impuls zu geben. Überleg einmal, wie sich das anfühlte.«

Ich dachte einen Moment über das Erlebnis nach, dann sagte ich: »Alle Leute, die zuvor gereizt und unzufrieden gewirkt hatten, wurden plötzlich offener und kommunikativer. Es ist schwer zu erklären.«

»Seine Energie veranlaßte dich dazu, dich mit einer neuen Information zu beschäftigen«, fuhr Yin fort, »statt dich weiterhin in Angst oder Verzweiflung zu ergehen, die offenbar zuvor dort die emotionale Atmosphäre beherrscht hatten.«

Nach einer kurzen Pause und einem prüfenden Blick fügte er hinzu: »Natürlich hätte auch das genaue Gegenteil geschehen können. Wenn die Energie dieses Mannes nicht so stark gewesen wäre, hätte es ihn vermutlich auf den niedrigen Energielevel der anderen Leute dort hinabgezogen. Genau das ist dir passiert, als du den jungen Holländer trafst. Er hatte Angst, und du ließest dich davon anstecken, statt seine Stimmung anzuheben.

Du siehst also, daß die Energiefelder der Menschen sich gegenseitig überlagern und die jeweils stärksten Felder die Atmosphäre bestimmen. Diese unbewußte Dynamik beherrscht die ganze menschliche Gesellschaft. Unser Energiezustand, unsere vorherrschenden Erwartungen, ganz gleich ob positiv oder negativ, beeinflussen die Stimmung und das Denken aller anderen Menschen. Die Energie unseres Bewußtseins ist gewissermaßen ansteckend.

Das erklärt das rätselhafte Massenphänomen, warum unbescholtene Menschen sich, beeinflußt durch die große Furcht oder Wut einiger weniger, plötzlich zur Teilnahme an Lynchmorden, Straßenschlachten und anderen Gewaltexzessen hinreißen lassen. Es erklärt auch, warum Hypnose funktioniert und warum Kino und Fernsehen so großen Einfluß auf energiearme Menschen ausüben. Das Gebetsfeld jedes Menschen auf Erden vermischt sich mit dem aller anderen, wodurch sich die vielen Normen und Gruppenzugehörigkeiten, der Nationalismus und die ethnischen Konflikte erklären lassen.«

Yin lächelte. »Kultur ist ansteckend. Du brauchst nur in ein anderes Land zu reisen, dann siehst du, daß die Leute dort nicht nur anders denken, sondern sich auch anders fühlen, was in ihrem Verhalten und ihrem Aussehen deutlich zum Ausdruck kommt.

Das müssen wir verstehen und auf richtige Weise damit umgehen. Wir müssen immer wieder bewußt die Dritte Erweiterung praktizieren. Wenn wir merken, daß wir uns von der schlechten Stimmung anderer Leute beeinflussen lassen und uns an ihre Erwartungen anpassen, müssen wir uns ganz bewußt mit Energie aufladen und sie ausstrahlen, bis die Stimmung der anderen Leute sich hebt. Hättest du das bei dem jungen Holländer getan, wäre er bestimmt in der Lage gewesen, seine Angst zu überwinden und dir etwas über Wil zu verraten.«

Ich war von Yins Wissen über diese Dinge tief beeindruckt.

»Yin«, sagte ich. »Du bist ein richtiger Gelehrter.«

Sein Lächeln verblaßte. »Ich weiß zwar, wie all das funktioniert«, erwiderte er, »aber das bedeutet längst noch nicht, daß ich es auch in die Praxis umsetzen kann.«

Offenbar hatte ich mehrere Stunden geschlafen, denn als ich aufwachte, schien die Sonne, und der Jeep parkte auf einem kleinen Plateau oberhalb der Straße. Ich streckte mich und sank dann wieder in den Sitz zurück. Ein paar Minuten lang starrte ich zur Schotterstraße hinunter. Ein Nomade führte ein Pferd am Zügel, das einen Karren zog. Ansonsten war auf der Straße niemand zu sehen. Der Himmel war kristallklar, und irgendwo hinter uns sang ein Vogel. Ich atmete tief durch. Die Anspannung des vergangenen Tages hatte sich ein wenig gelöst.

Yin regte sich, setzte sich auf und schaute mich lächelnd an. Er stieg aus dem Jeep, streckte sich, holte einen Kocher aus dem Kofferraum und setzte Wasser für Tee und Haferflocken auf. Wieder praktizierte er eine komplizierte Abfolge Tai-Chi-ähnlicher Übungen, die ich nachzumachen versuchte.

Dann hörten wir, wie unten auf der Straße ein Wagen heranbrauste. Wir versteckten uns hinter einem Felsen und erkannten beide gleichzeitig den blauen Landcruiser. »Das ist der junge Holländer!« rief Yin und rannte zum Jeep. Ich warf den Kocher in den Kofferraum und sprang auf den Beifahrersitz. »Wir können von Glück sagen, wenn wir ihn einholen«, meinte Yin und gab Gas.

Wir fuhren einen kleinen Hügel hinunter und durchquerten ein enges Tal, bis wir endlich den neueren Geländewagen einige hundert Meter voraus erblickten.

»Wir müssen versuchen, ihn mit unserer Gebetsenergie zu erreichen«, sagte Yin.

Ich nickte, atmete tief durch und visualisierte, daß meine Energie nach vorn ausstrahlte, den Landcruiser erreichte und auf den jungen Mann einwirkte. Ich stellte mir vor, daß er langsamer fuhr und dann anhielt.

Doch als ich dieses Bild aussendete, wurde der Landcruiser sogar noch schneller, und die Distanz zu uns vergrößerte sich. Ich war verwirrt.

»Was tust du denn da?« schrie Yin.

»Ich benutze mein Feld, um ihn zum Anhalten zu bewegen.«

»So darfst du deine Energie nicht benutzen«, sagte Yin rasch. »Das hat genau den gegenteiligen Effekt.«

Ich starrte ihn verständnislos an.

»Was tust du, wenn jemand versucht, dich in seinem Sinne zu manipulieren?«

»Ich sträube mich dagegen, leiste Widerstand«, sagte ich.

»Genau«, fuhr Yin fort. »Unbewußt spürt der Holländer, daß du versuchst, ihm deinen Willen aufzuzwingen. Dadurch bekommt er den Eindruck, daß die Leute in dem Wagen hinter ihm bestimmt nichts Gutes im Schilde führen. Das steigert seine Angst und seinen Drang, zu fliehen.

Wir dürfen lediglich visualisieren, daß unsere Energie ihn berührt und seine Schwingungen anhebt. Das hilft ihm, seine Furcht zu überwinden und mit seinem höheren Selbst in Kontakt zu kommen. Dann besteht die Chance, daß er sich weniger vor uns fürchtet und sich vielleicht auf ein Gespräch einläßt. Das ist alles, was wir mit unserer Gebetsenergie bewirken können. Alles andere würde bedeuten, daß wir uns in den Lauf seines Lebens einzumischen versuchen, wogegen er sich in jedem Fall unbewußt widersetzen würde. Gut möglich, daß seine höhere Intuition, mit der er durch unseren Energieschub in Kontakt kommt, ihm sagt, daß es das Beste ist, uns davonzufahren und schnell das Land zu verlassen. Wir können nichts weiter tun, als ihm Energie senden, die ihm hilft, seine Entscheidung auf einer möglichst hohen Schwingungsfrequenz zu treffen.«

Wir fuhren um eine Kurve, und plötzlich war der blaue Landcruiser nicht mehr zu sehen. Yin bremste ab. Nach rechts bog eine schmalere Straße ab, die irgendwie leuchtend aussah und meine Aufmerksamkeit auf sich zog. »Da entlang!« rief ich.

Hundert Meter weiter, am Fuß einen kleinen Hügels, durchquerte die Straße ein seichtes Flußbett. Darin stand der Landcruiser. Der junge Holländer ließ den Motor aufheulen. Die Räder drehten durch, schleuderten Schlamm hoch, doch der Wagen rührte sich nicht.

Der junge Mann starrte zu uns hinüber, öffnete die Tür und wollte offenbar hinausspringen und davonrennen. Als er mich erkannte, schaltete er den Motor aus und stieg langsam in das knietiefe Wasser.

Als wir neben ihm anhielten, wo das Wasser weniger tief war, warf Yin mir einen strengen Blick zu, mit dem er mich wohl daran erinnern wollte, meine Energie einzusetzen. Ich nickte.

»Wir können Ihnen helfen«, sagte ich zu dem jungen Mann.

Einen Moment schaute er uns mißtrauisch an, doch sein Gesicht wurde freundlicher, als Yin und ich ausstiegen und die Kotflügel des Landcruisers herunterdrückten. Er gab Gas. Zuerst drehten die Räder wieder durch und schleuderten Schlamm auf mein Hosenbein, doch dann machte der Wagen einen Satz nach vorn, kam aus dem Loch frei und fuhr hinüber ans andere Ufer des Flusses. Wir folgten in unserem Jeep. Der junge Mann starrte einen Moment zu uns herüber, schien abzuwägen, ob er davonfahren sollte. Aber schließlich stieg er aus und kam zu uns. Wir stellten uns vor, und er sagte, sein Name sei Jacob.

Während wir uns unterhielten, versuchte ich, in seinem Gesicht sein höheres Selbst zu sehen.

Jacob schüttelte immer wieder den Kopf, noch sichtlich verängstigt. Mehrere Minuten fragte er uns über uns selbst und seine verschwundenen Freunde aus.

»Ich weiß nicht, was ich eigentlich in Tibet mache«, sagte er schließlich. »Ich habe es immer für viel zu gefährlich gehalten, hierher zu reisen. Aber meine Freunde wollten unbedingt, daß ich mitkomme. Ich weiß auch nicht, wieso ich mich darauf eingelassen habe. Mein Gott, überall wimmelt es von chinesischen Soldaten! Woher haben sie bloß gewußt, wo wir uns treffen wollten?«

»Haben Sie irgend jemanden, den Sie nicht kannten, nach dem Weg gefragt?«

Er schaute uns betroffen an. »Natürlich. Und diese Leute haben mich an die Chinesen verraten?«

Yin nickte, und Jacob geriet nun noch stärker in Panik, blickte nervös umher.

»Jacob«, sagte ich. »Ich muß unbedingt wissen, ob Sie Wilson James getroffen haben.«

Jacob schien immer noch unfähig, mir zuzuhören. »Woher wissen wir, daß uns die Chinesen nicht schon dicht auf den Fersen sind?«

Endlich gelang es mir, Blickkontakt zu ihm herzustellen. »Es ist sehr wichtig, Jacob. Sind Sie Wil begegnet? Er sieht wie ein Peruaner aus, spricht aber mit amerikanischem Dialekt.«

Jacob machte ein verwirrtes Gesicht. »Warum ist das so wichtig? Wir müssen überlegen, wie wir von hier wegkommen!«

Er fuhr fort, alle möglichen Vorschläge zu machen, wo wir uns verstecken sollten, bis die Chinesen wieder aus der Gegend abrückten, oder, besser noch, wie wir durch den Himalaya auf schnellstem Wege nach Indien entkommen könnten.

Ich visualisierte unaufhörlich, daß meine Energie zu ihm hinströmte, und konzentrierte mich auf sein Gesicht, bemühte mich, darin Ruhe und Weisheit zu entdecken, besonders in seinen Augen.

Und endlich fragte er: »Warum suchen Sie denn eigentlich diesen Mann?«

»Wir glauben, daß er unsere Hilfe braucht. Er hat mich darum gebeten, hierher nach Tibet zu kommen.«

Er schaute mich einen Moment an, offenbar bemüht, sich zu konzentrieren.

»Ja«, sagte er schließlich. »Ich habe Ihren Freund getroffen. In der Halle eines Hotels in Lhasa. Wir saßen uns zufällig gegenüber und kamen ins Gespräch. Es ging um die chinesische Besetzung Tibets. Ich bin schon lange erbost über das, was die Chinesen den Tibetern antun. Wahrscheinlich bin ich deshalb hergekommen. Weil ich etwas tun wollte, irgend etwas. Wil erzählte mir, er hätte mich an diesem Tag dort im Hotel dreimal hintereinander an verschiedenen Stellen gesehen und daß das etwas zu bedeuten hätte. Ich wußte nicht, wovon er redete.«

»Hat er den Namen Shambhala erwähnt?«

Jetzt schaute Jacob mich interessiert an. »Beiläufig erwähnte er, daß Tibet erst frei werden könnte, wenn die Menschen die Botschaft Shambhalas verstünden. Ungefähr so hat er sich ausgedrückt.«

»Hat er einen Eingang erwähnt?«

»Ich glaube nicht. Ich erinnere mich nicht genau an unser Gespräch. Es war wirklich nur sehr kurz.«

»Wohin wollte er denn von Lhasa aus?« fragte Yin. »Hat er sich dazu geäußert?«

Jacob überlegte einen Moment, dann sagte er: »Er hat einen Ort mit einem wirklich merkwürdigen Namen erwähnt – Dormar, glaube ich – und von den Ruinen eines alten Klosters dort gesprochen …«

Ich schaute Yin an.

»Ich weiß, wo das ist«, sagte er. »Weit im Nordwesten. Vier bis fünf Tagesreisen von hier entfernt. Das Land dort ist unwegsam … und sehr kalt.«

Die Aussicht, so weit hinaus in die tibetische Wildnis fahren zu müssen, ließ meinen Energiepegel jäh absacken.

Yin fragte Jacob: »Möchten Sie mit uns kommen?«

»Oh, nein!« sagte er. »Ich will so schnell wie möglich das Land verlassen!«

»Halten Sie das für eine gute Idee?« hakte Yin nach. »Die Chinesen sind im Moment beunruhigt und führen strenge Kontrollen durch.«

»Trotzdem«, sagte Jacob. »Ich bin der einzige, der jetzt noch Kontakt zu meiner Regierung aufnehmen kann. Vielleicht kann ich meinen Freunden auf diesem Weg helfen.«

Yin schrieb etwas auf einen Zettel und gab ihn Jacob.

»Suchen Sie sich ein Telefon und rufen Sie diese Nummer an«, sagte Yin. »Erwähnen Sie meinen Namen und bitten Sie die Leute, Sie zurückzurufen. Erzählen Sie ihnen, was passiert ist. Dann werden sie Ihnen helfen.« Yin beschrieb Jacob den besten Weg zurück nach Saga, und wir begleiteten ihn zu seinem Wagen.

Als er eingestiegen war, sagte er: »Viel Glück … ich hoffe, Sie finden Ihren Freund.«

Ich nickte.

»Wenn Sie ihn finden, stellt sich vielleicht heraus, daß ich deshalb nach Tibet gekommen bin. Damit ich Ihnen helfen konnte, was?«

Er startete den Motor und fuhr davon. Yin und ich eilten zu unserem Jeep zurück, und als wir wieder auf die Hauptstraße zurückkehrten, sah ich Yin lächeln.

»Begreifst du die Dritte Erweiterung jetzt?« fragte er. »Denke einmal gründlich über sie nach.«

Wie es schien, bestand der Schlüssel zu dieser Erweiterung in der Idee, daß unser Feld andere Menschen inspirieren und ihnen den Zugang zu ihrer Intuition erleichtern kann. Neu und über alles hinausgehend, was ich damals in Peru gelernt hatte, war die Vorstellung, daß wir unser Gebetsfeld vorausschicken und anderen Menschen so einen Energieschub schenken können, ohne daß wir mit ihnen sprechen oder ihr Gesicht sehen. Dazu war es lediglich erforderlich, dies zu visualisieren und fest zu erwarten, daß es eintreten würde.

Natürlich durfte man dabei nicht versuchen, mit dieser Energie irgendeine Kontrolle über andere auszuüben. Damit machte man die Wirkung zunichte – deutlich erkennbar an meinem vergeblichen Versuch, Jacob zum Anhalten zu bewegen. Das alles sagte ich Yin.

»Du lernst hierbei die ansteckende Wirkung menschlichen Denkens kennen«, erläuterte er. »In gewisser Weise stehen wir alle in telepathischer Verbindung. Zwar sind wir durchaus in der Lage, uns geistig von anderen Menschen abzugrenzen und eigenständig zu denken. Aber das vorherrschende menschliche Weltbild ist ein gigantisches Feld aus massenhaft verbreiteten Glaubenssätzen und Erwartungen. Für den nächsten Schritt in der menschlichen Evolution benötigen wir eine ausreichende Anzahl von Menschen, die höhere Erwartungen und Liebe in das große Menschheitsfeld hineinsenden. So können wir immer höhere Energieebenen erreichen und uns gegenseitig zur Entfaltung unseres höchsten Potentials inspirieren.«

Yin entspannte sich für einen Moment und lächelte mich an. »Die Menschen von Shambhala«, sagte er, »widmen sich der Aufgabe, ein solches weltweites Energiefeld aufzubauen.«

Da mußte ich einfach zurücklächeln. Ich spürte immer deutlicher, daß diese Reise einen tieferen Sinn hatte, auch wenn ich ihn noch nicht klar in Worte fassen konnte.

Während der beiden folgenden Tage verlief die Fahrt reibungslos, ohne daß wir chinesisches Militär zu Gesicht bekamen. Wir befanden uns weiterhin auf der südlichen Route in den Nordwesten Tibets. Nahe dem Berg Mayun-La überquerten wir einen Hochgebirgspaß. Die gewaltigen schneebedeckten Gipfel boten einen spektakulären Anblick. Die erste Nacht verbrachten wir in einem Rasthaus in Hor Qu und fuhren am nächsten Morgen weiter zum Manasarovar-See.

Als wir uns dem See näherten, sagte Yin: »Hier müssen wir wieder sehr vorsichtig sein. Der See und der Berg Kailash sind wichtige

Ziele für Pilger aus der ganzen Region: aus Indien, Nepal, China und Tibet. Diese beiden Ort gelten als besonders heilig. Und es gibt hier nicht nur viele Pilger, sondern auch viele chinesische Militärposten.«

Einige Meilen weiter umging Yin auf einem alten Weg einen dieser Militärposten. Vor uns kam der See in Sicht. Yin lächelte mir zu. Der Anblick war einfach unglaublich: eine riesige türkisfarbene Perle in einer felsigen, olivbraunen Landschaft, eingerahmt von den Schneegipfeln im Hintergrund. Einer dieser Berge war, wie Yin mir zeigte, der Kailash.

Als wir am See entlangfuhren, sahen wir zahlreiche Pilgergruppen um hohe, mit Fahnen behängte Pfähle herumstehen.

»Was sind das für Fahnen?« fragte ich.

»Gebetsfahnen«, sagte Yin. »Es ist bei uns eine jahrhundertealte Tradition, Fahnen als Symbol für unsere Gebete aufzuhängen. Die Fahnen flattern im Wind und senden so die Gebete ständig zu Gott. Gebetsfahnen sind auch ein beliebtes Geschenk.«

»Welchen Inhalt haben diese Gebete?«

»Es wird stets gebetet, daß die Liebe die stärkste Kraft unter den Menschen ist.«

Ich schwieg.

»Eine sonderbare Ironie, nicht wahr?« fügte Yin hinzu. »Die tibetische Kultur widmet sich völlig dem spirituellen Leben. Wir sind sicher das religiöseste Volk auf der Welt. Und ausgerechnet wir werden von der atheistischsten aller Regierungen attackiert – der chinesischen. Es ist ein Gegensatz, wie er größer nicht sein könnte. Und die ganze Welt ist Zeuge. Eine dieser beiden Visionen wird letztlich den Sieg davontragen.«

Wir fuhren durch einen kleineren Ort und kamen dann nach Darchen, der dem Kailash am nächsten gelegenen Stadt, wo Yin zwei Mechaniker auftrieb, die unseren Jeep durchcheckten, damit wir auf der Fahrt ins Gebirge vor unliebsamen Überraschungen sicher waren. Dann kampierten wir mit Reisenden aus der Region so nah an dem Berg, wie es möglich war, ohne Verdacht zu erregen. Immer wieder zog der eisige Gipfel meinen Blick magisch an.

»Von hier aus sieht der Kailash wie eine Pyramide aus«, sagte ich.

Yin nickte. »An seiner Form kannst du sehen, über welche Macht dieser Berg verfügt.«

Als die Sonne unterging, bot sich uns ein außerordentlicher Anblick. Pfirsichfarben leuchtende Wolkenschichten erfüllten den westlichen Himmel, während gleichzeitig die letzten Sonnenstrahlen auf den Schneefeldern an den Hängen des Kailash ein gelbes und oranges Farbenspiel entfachten.

»In der Vergangenheit«, sagte Yin, »sind große Herrscher Tausende Meilen zu Pferd oder in der Sänfte gereist, um den Kailash und die anderen heiligen Plätze in Tibet zu sehen. Es hieß, das erste Licht des Morgens und die letzten Sonnenstrahlen am Abend besäßen hier eine verjüngende und Weisheit bringende Kraft.«

Ich war völlig gebannt von dem majestätischen Licht dieser Berge. Ich fühlte mich tatsächlich verjüngt und beinahe entspannt. Die dunkelbraunen Täler und niedrigen Vorberge am Fuß des Kailash versanken in tiefen Schatten. Das war ein geheimnisvoller Kontrast zu den Gipfeln, die im Licht der schon hinter dem Horizont stehenden Sonne von innen zu leuchten schienen. Der Anblick hatte etwas Surrealistisches, und zum erstenmal begriff ich, warum die Tibeter so spirituell waren. Das Licht dieses Landes führte sie unvermeidlich zu höherer Bewußtheit.

Früh am nächsten Morgen waren wir wieder unterwegs, und nach fünf Stunden erreichten wir den Stadtrand von Ali. Der Himmel war bedeckt, und die Temperatur fiel sehr stark. Yin benutzte einige beinahe unpassierbare Nebenstraßen, um das Stadtinnere zu umgehen.

»In Ali leben heute hauptsächlich Chinesen«, sagte er. »Es gibt Kneipen und Striptease-Bars für die Soldaten. Wir sollten hier besser keine Aufmerksamkeit erregen.«

Als wir wieder eine halbwegs befestigte Straße erreichten,

befanden wir uns bereits am Nordrand der Stadt. Vor uns tauchte ein neu errichtetes Gebäude auf, vor dem mehrere neuere Lastwagen standen. Menschen waren draußen zum Glück nicht zu sehen.

Als Yin das Gebäude erblickte, bremste er und bog in einen alten Fahrweg ein. Dort hielt er an.

»Das haben die Chinesen hier neu hingebaut«, sagte er. »Davon wußte ich nichts. Gib acht, ob uns jemand beobachtet, wenn wir daran vorbeifahren.«

In diesem Moment fegte ein Windstoß heran, und es begann heftig zu schneien, was uns eine recht gute Tarnung bot. Als wir uns dem Gebäude näherten, sah ich, daß die meisten Fenster zugehängt waren.

»Was mag das für eine Anlage sein?« fragte ich.

»Keine Ahnung. Vielleicht suchen sie hier nach Öl.«

»Und was hältst du von dem Wetter?«

»Sieht aus, als ob wir einen Schneesturm bekommen. Das könnte eine Hilfe für uns sein.«

»Du glaubst also, daß sie hier oben nach uns suchen, stimmt's?« fragte ich.

Als Yin mich anschaute, stand tiefe Trauer in seinem Gesicht. »In Ali haben sie meinen Vater ermordet«, sagte er mit vor Wut bebender Stimme.

»Seinen Tod mitansehen zu müssen war gewiß schrecklich für dich.«

»So ist es Tausenden von Tibetern ergangen«, sagte er und starrte hinaus in das Schneetreiben. Ich konnte seinen Haß spüren. Plötzlich schüttelte er heftig den Kopf. »Wir sollten besser nicht daran denken, uns nicht mit solchen inneren Bildern beschäftigen – besonders du. Wie ich dir schon sagte, bin ich möglicherweise nicht in der Lage, meinen Zorn zu kontrollieren. Du mußt dieses Problem unbedingt besser bewältigen als ich, damit du, falls nötig, die Reise allein fortsetzen kannst.«

»Was redest du da?«

»Hör mir genau zu«, sagte er. »Es ist wichtig, daß du dir alles, was du bisher gelernt hast, gut einprägst. Du kennst jetzt die ersten drei Erweiterungen. Du weißt, wie du deine Energie dauerhaft anheben und ein starkes Feld aufbauen kannst, doch genau wie ich gleitest du immer wieder in Angstzustände und Zorn ab. Da sind noch ein paar Dinge, die du wissen mußt. Dabei geht es um das Verankern deines Energieflusses.«

»Was meinst du mit *Verankern*?« fragte ich.

»Du mußt dein Energiefeld noch besser stabilisieren, damit es in jeder Situation kraftvoll hinaus in deine Umwelt fließt. So werden alle drei Erweiterungen dauerhaft in deinem Geist verankert und kommen unaufhörlich in deinem Leben zum Ausdruck.«

»Ist das die Vierte Erweiterung?« fragte ich.

»Es ist der Anfang der Vierten. Ich werde dir nun die letzten Informationen geben, die wir über die Erweiterungen haben. In ihrer Gesamtheit ist die Vierte Erweiterung nur den Menschen in Shambhala bekannt.

Im Idealzustand sollten die Erweiterungen einander folgendermaßen ergänzen: Deine Gebetsenergie sollte aus der göttlichen Quelle in deinem Inneren hervorströmen und von dir nach vorne in deine Umgebung ausstrahlen, so daß sie Synchronizitäten herbeiführt und jeden Menschen, den sie berührt, mit seinem höheren Selbst in Kontakt bringt. Auf diesem Weg kann die geheimnisvolle Evolution des Lebens sich optimal entfalten, und wir alle können unsere individuelle Mission auf diesem Planeten auf bestmögliche Weise erfüllen.

Leider reagieren wir auf im Leben zwangsläufig auftretende Schwierigkeiten allzuoft mit Angst, was, wie schon gesagt, zu Zweifeln führt und unser Feld zusammenbrechen läßt. Schlimmer noch, diese Angst kann negative innere Bilder hervorbringen, Befürchtungen, die dazu beitragen, genau das in unser Leben zu ziehen, wovor wir Angst haben. Du mußt nun lernen, dein höheres Energiefeld so stabil zu verankern, daß du möglichst oft den positiven Energiefluß in dir spürst.

Das Problem mit der Angst«, fuhr Yin fort, »besteht darin, daß sie sehr subtil sein kann und uns sehr schnell überrumpelt. Eine Angstphantasie beschäftigt sich immer mit der gedanklichen Vorwegnahme eines Ereignisses, das wir nicht erleben wollen. Wir haben Angst zu versagen, uns selbst oder unsere Familie in peinliche Situationen zu bringen, unsere Freiheit oder einen geliebten Menschen zu verlieren, oder gar unser Leben. Besonders schwierig dabei ist, daß solche Ängste sich leicht in Zorn verwandeln können. Diesen Zorn benutzen wir dann, um in Abwehrhaltung zu gehen und gegen die Personen oder Umstände zu kämpfen, die wir als Bedrohung betrachten.

Ob wir nun Furcht oder Zorn empfinden, wir müssen uns klarmachen, daß diese Emotionen aus ein und derselben Quelle stammen: aus jenen Bereichen unseres Lebens, wo wir krampfhaft an Personen oder Sachen festhalten und nicht bereit sind loszulassen.

Den Legenden zufolge entstehen Furcht und Zorn aus der Sorge, etwas zu verlieren. Wir können diese Emotionen nur vermeiden, indem wir alle Erwartungen aufgeben.«

Ali lag jetzt bereits ein gutes Stück hinter uns, und es schneite inzwischen noch heftiger. Yin hatte Mühe, die Straße zu erkennen, und warf mir nur ganz kurze Seitenblicke zu, während er sprach.

»Nehmen wir unsere Situation als Beispiel«, fuhr er fort. »Wir sind auf der Suche nach Wil und dem Eingang von Shambhala. Wenn wir dem Rat folgen, der in den Legenden gegeben wird, müssen wir unsere Felder mit der Erwartung aufladen, daß wir durch die richtigen intuitiven Eingebungen und synchronistischen Fügungen geleitet werden, doch zugleich müssen wir uns völlig von der Erwartung eines bestimmten Resultates lösen. Darauf wollte ich hinaus, als ich dich aufforderte, dich nicht zu sehr auf die Erwartung zu konzentrieren, daß Jacob seinen Wagen stoppen müsse. Die wichtigste Botschaft des Buddha besteht in seinem Rat, innere Losgelöstheit zu praktizieren. Das ist das große Geschenk der östlichen Religionen an die Menschheit.«

Diese Vorstellung war mir durchaus vertraut, aber im Moment fiel es mir schwer, ihren Wert zu erkennen.

»Yin«, protestierte ich, »wie können wir denn völlige Losgelöstheit praktizieren? Das klingt für mich oft wie eine Aufforderung, sich in einen Elfenbeinturm zurückzuziehen. Möglicherweise hängt Wils Leben davon ab, daß wir ihm helfen. Wie könnte uns das gleichgültig sein?«

Yin stoppte den Jeep am Straßenrand. Die Sicht war inzwischen praktisch gleich Null. »Ich habe nicht gesagt, daß wir gleichgültig sein sollen. Ich sagte, daß wir uns nicht daran klammern sollen, ein bestimmtes Resultat zu erwarten. Wir bekommen im Leben ohnehin nie genau das, was wir wollen. Losgelöstheit meint, daß sich in jedem Erlebnis, und in jedem Resultat, ein höherer Sinn finden läßt. Immer ist es möglich, in dem, was uns widerfährt, einen Silberstreifen am Horizont zu erkennen, eine positive Bedeutung, auf der wir aufbauen können.«

Ich nickte. Diese Vorstellung kannte ich aus Peru.

»Daß man die Dinge grundsätzlich auf solche Weise betrachten soll, kann ich ja nachvollziehen«, wand ich ein, »aber hat diese Perspektive nicht auch ihre Grenzen? Was ist, wenn unser Leben unmittelbar bedroht ist oder wenn wir gefoltert werden? Es ist schwer, in solchen Situationen Losgelöstheit zu praktizieren oder den Silberstreifen am Horizont zu sehen!«

Yin sah mich scharf an. »Und was ist, wenn wir überhaupt nur deshalb in derartig extreme Situationen geraten, zum Beispiel in die Hände von Folterern, weil wir während der vorangegangenen Ereignisse nicht genügend innere Loslösung praktiziert haben? Wenn wir uns, wie unsere Legenden empfehlen, in innerer Losgelöstheit üben, können wir unseren Energiepegel ständig so hoch halten, daß sich solche extrem negativen Vorkommnisse vermeiden lassen. Wenn wir stark bleiben und immer nur Positives erwarten, ohne uns dabei an ein bestimmtes Resultat zu klammern, werden in unserem Leben Wunder geschehen.«

Es fiel mir schwer, das zu glauben. »Willst du damit behaupten, alles Negative, das uns zustößt, geschieht nur deshalb, weil wir eine synchronistische Gelegenheit, ihm aus dem Weg zu gehen, ausgelassen haben?«

Er lächelte mich an. »Ja. Genau so ist es.«

»Aber das ist doch schrecklich! Hieße das nicht, daß Menschen, die beispielsweise an einer tödlichen Krankheit leiden, an ihrem Unglück selbst schuld sind? Müßte jemand, den ein solches Schicksal trifft, sich dann nicht den Vorwurf machen, er habe die Gelegenheit ausgelassen, rechtzeitig Heilung zu finden?«

»Nein, es geht hierbei nicht um Schuld. Alle Menschen geben im Rahmen ihrer Möglichkeiten ihr Bestes. Doch wenn wir die höchste Stufe der Gebetsenergie realisieren wollen, müssen wir diese Wahrheit für uns akzeptieren. Wir müssen unser Feld so stark wie möglich halten. Und dazu ist die feste Überzeugung unerläßlich, daß wir stets aus allen gefährlichen Situationen gerettet werden.

Es mag manchmal vorkommen, daß wir eine Chance auslassen«, fügte er hinzu. »Das menschliche Wissen ist unvollständig, und es ist möglich, daß wir sterben oder gefoltert werden, weil es uns an bestimmten für unser Überleben nötigen Informationen fehlt. Aber dennoch gilt: Wenn wir uns auf dem höchsten Wissensstand befinden, der Menschen zugänglich ist, sind wir stets beschützt und werden aus allen gefährlichen Sitruationen gerettet. Wir erreichen diesen höchsten Wissensstand und unsere größte Macht, indem wir ganz einfach fest daran glauben, daß dies bereits der Fall ist. So können wir stets losgelöst und flexibel bleiben und ein machtvolles positives Erwartungsfeld aufbauen.«

Ich schaute ihn sprachlos an. Was er sagte, ergab zweifellos Sinn. Wir mußten fest daran glauben, daß der synchronistische Prozeß uns stets vor Schaden bewahren würde, daß wir stets zur rechten Zeit die richtigen Hinweise erhalten würden, einfach weil diese Fähigkeit unsere Bestimmung war.

»Alle großen Mystiker«, fuhr Yin fort, »haben gesagt, wie wichtig es ist, einen starken Glauben zu entwickeln. In eurer westlichen

Bibel beschreibt der Apostel Johannes die Wirkung eines solchen Glaubens. Sie tauchten ihn in einen Kessel mit siedendem Öl, doch er blieb unversehrt. Andere sperrte man in eine Grube mit hungrigen Löwen, ohne daß sie einen Schaden erlitten. Sind das lediglich Mythen?«

»Aber wie groß muß unser Glaube sein, damit wir eine solche Unverwundbarkeit erlangen?« fragte ich.

»Dazu müssen wir uns der Bewußtseinsstufe der Menschen von Shambhala annähern«, antwortete Yin. »Siehst du nicht, wie das alles zusammenpaßt? Wenn unser ständiges Gebetsfeld stark genug ist, erwarten wir beide synchronistische Fügungen. Damit senden wir gleichzeitig Energie an andere Menschen, die dann ebenfalls fähig werden, Synchronizitäten zu erwarten. Dadurch steigt das Energieniveau immer mehr an. Und außerdem ist da noch die Hilfe durch die Dakini ...«

Rasch blickte er weg, offenbar erschrocken darüber, daß er erneut den Namen dieser Wesen erwähnt hatte.

»Was ist mit den Dakini?« fragte ich.

Er schwieg.

»Yin, was genau meinst du damit? Welche Rolle spielen die Dakini in dieser ganzen Sache?«

Er holte tief Luft und sagte: »Ich spreche zu dir nur von den Dingen, über die ich selbst Bescheid weiß. Den Legenden zufolge kennen nur die Menschen in Shambhala das Geheimnis der Dakini. Wir anderen müssen, was den Umgang mit diesen Wesen angeht, sehr vorsichtig sein. Mehr kann ich dir dazu nicht sagen.«

Ärgerlich entgegnete ich: »Also müssen wir uns wohl erst einmal bis nach Shambhala durchschlagen, ehe wir weitere Informationen bekommen?«

Er machte ein trauriges Gesicht. »Wie ich schon sagte, habe ich zu viele negative Erfahrungen mit dem chinesischen Militär gemacht. Haß und Zorn höhlen mein Energiefeld aus. Wenn ich den Eindruck gewinne, daß ich dich aufhalte oder zur Gefahr für dich werde, verlasse ich dich, und du mußt die Reise allein fortsetzen.«

Ich starrte ihn stumm an und wagte nicht, mich näher mit diesem Gedanken zu befassen.

»Denke immer daran«, fügte er hinzu, »innere Losgelöstheit zu praktizieren und fest darauf zu vertrauen, daß du sicher aus allen Gefahren herausgeführt wirst.«

Er hielt kurz inne, dann ließ er den Motor an und fuhr weiter durch das dichte Schneetreiben.

»Du kannst darauf wetten«, sagte er schließlich, »daß dein Glaube auf die Probe gestellt werden wird.«

# 6 *Transit*

Yin steuerte den Jeep über eine holperige Lastwagenpiste, die auf eine etwa fünfzig Kilometer entfernte Hochgebirgskette zuführte. Es schneite immer heftiger. Schwach zunächst, doch dann zunehmend lauter ertönte über das Motordröhnen des Jeeps und das Heulen des Windes hinweg ein weiteres Geräusch.

Yin und ich schauten uns betroffen an. »Hubschrauber!« rief Yin, bog von der Piste ab und fuhr querfeldein zwischen den Felsen hindurch. Der Jeep schaukelte wild hin und her.

»Ich wußte es: Sie haben die technische Ausrüstung, um sogar bei diesem Wetter zu fliegen!«

Ich starrte ihn an. »Was soll das heißen: Du wußtest es?«

Der Lärm war jetzt ganz nah. Ich glaubte herauszuhören, daß es zwei Maschinen waren. Eine schwebte offenbar direkt über uns.

»Es ist mein Fehler!« schrie Yin über das Getöse hinweg. »Du mußt aussteigen! Sofort!«

»Was?« rief ich. »Bist du verrückt? Wo soll ich denn hier hin?«

Er schrie mir ins Ohr: »Denk daran, aufmerksam zu bleiben! Hörst du? Du mußt es nach Dormar schaffen! Zu den Kunlun-Bergen!«

Mit einer raschen Bewegung beugte er sich zur Seite, stieß die Beifahrertür auf und versetzte mir einen Stoß.

Ich landete auf meinen Füßen, überschlug mich mehrfach und blieb in einer Schneeverwehung liegen. Ich setzte mich auf und hielt nach dem Jeep Ausschau, aber er war bereits verschwunden. Der wirbelnde Schnee nahm mir die Sicht. Panik erfaßte mich.

In diesem Moment zog eine Bewegung rechts von mir meine Aufmerksamkeit auf sich. Durch den Schnee sah ich die Gestalt eines großen Mannes, vielleicht drei Meter entfernt. Er trug eine schwarze Hose aus Yak-Leder, eine Weste und eine Mütze aus Schafsfell. Er stand reglos und fixierte mich, aber sein Gesicht war größtenteils hinter einem Wollschal verborgen. Seine Augen kamen mir bekannt vor. Woher? Nach ein paar Sekunden blickte er zu dem Hubschrauber hoch, der in der Luft wendete und zurückkam. Dann verschluckte ihn das dichte Schneetreiben.

Ohne Vorwarnung zerrissen drei oder vier furchtbare Detonationen die Luft. Sie kamen aus der Richtung, in die der Jeep verschwunden war. Schnee wirbelte und Steine prasselten herab. Ein beißender Rauch nahm mir den Atem. Ich stand auf und taumelte davon. Es gab weitere, kleinere Explosionen, und der pfeifende Wind roch nach Gas. Mir wurde schwindelig.

Noch ehe ich voll zu Bewußtsein kam, hörte ich die Musik. Sie stammte von einem klassischen chinesischen Komponisten, dessen Werke ich kannte. Mit einem Ruck setzte ich mich auf. Ich befand mich in einem kunstvoll chinesisch dekorierten Zimmer. Ich schlug die Seidendecke zurück und sah, daß ich nur ein Krankenhausnachthemd trug und daß man mich gebadet hatte. Das Zimmer war recht groß, und jede Wand war mit einer anderen Malerei dekoriert. Eine chinesische Frau beobachtete mich durch den Türspalt.

Die Tür öffnete sich, und ein soldatisch steifer chinesischer Offizier in vollem Ornat kam herein. Ein Schaudern überlief mich. Es war jener Offizier, den ich schon ein paarmal beobachtet hatte. Mein Herz klopfte. Ich versuchte, mein Energiefeld auszudehnen, doch der Anblick dieses Mannes raubte mir alle Kraft.

»Guten Morgen«, sagte er. »Wie fühlen Sie sich?«

»Wenn man bedenkt«, erwiderte ich, »daß ich Opfer eines Gaseinsatzes wurde, ziemlich gut.«

Er lächelte. »Es hinterläßt keine bleibenden Schäden, da können Sie beruhigt sein.«

»Wo bin ich?«

»Sie sind in Ali. Sie wurden ärztlich untersucht und sind körperlich völlig in Ordnung. Aber ich habe einige Fragen an Sie. Warum reisten Sie in Begleitung von Mr. Doloe, und was war Ihr Reiseziel?«

»Wir wollten einige der alten Klöster besuchen.«

»Warum?«

Ich beschloß, ihm nicht mehr zu verraten. »Weil ich Tourist bin. Ich habe ein Visum. Warum hat man mich angegriffen? Weiß die amerikanische Botschaft, daß man mich hier festhält?«

Er lächelte und warf mir einen einschüchternden Blick zu. »Ich bin Colonel Chang. Ihre Situation ist diese: Niemand weiß, daß Sie hier sind, und wenn Sie gegen unsere Gesetze verstoßen haben, kann Ihnen niemand helfen. Mr. Doloe ist ein Krimineller, Mitglied einer illegalen religiösen Organisation, die in Tibet einen Umsturz vorbereitet.«

Meine schlimmsten Befürchtungen schienen sich zu bewahrheiten.

»Davon weiß ich nichts«, sagte ich. »Ich möchte telefonieren.«

»Warum suchen Mr. Doloe und die anderen nach … diesem sogenannten Shambhala?«

»Ich weiß nicht, wovon Sie reden.«

Er machte einen Schritt auf mich zu. »Wer ist Wilson James?«

»Ein Freund von mir«, sagte ich.

»Hält er sich in Tibet auf?«

»Ich glaube ja, aber ich habe ihn noch nicht getroffen.«

Chang starrte mich mit einem Anflug von Abscheu an, sagte aber nichts. Er drehte sich um und verließ das Zimmer.

Es sieht schlecht für mich aus, dachte ich, sehr schlecht. Ich wollte gerade aus dem Bett steigen, als die Krankenschwester hereinkam, gefolgt von mehreren Soldaten. Einer von ihnen schob ein Gerät vor sich her, das aussah wie eine große eiserne Lunge. Es stand auf weit auseinander montierten Beinen, offenbar um es über eine im Bett liegende Person schieben zu können.

Ehe ich etwas sagen konnte, hielten die Soldaten mich fest und schoben den Apparat über meinen Körper. Die Schwester schaltete ihn ein, worauf ein leises Summen ertönte und ein heller Lichtschein genau auf mein Gesicht fiel. Sogar mit geschlossenen Augen sah ich, daß der Lichtstrahl von rechts nach links über meinen Kopf wanderte, wie der Scanner eines Kopiergerätes.

Als die Prozedur beendet war, rollten die Soldaten den Apparat wieder aus dem Zimmer. Die Schwester zögerte noch einen Moment und betrachtete mich prüfend.

»Was haben Sie mit mir gemacht?« stieß ich hervor.

»Das war nur ein Enzephalograph«, sagte sie langsam auf englisch. Sie öffnete einen Schrank und nahm meine Kleidung heraus, die frisch gewaschen und ordentlich gefaltet war.

»Und wozu war das gut?«

»Eine letzte Untersuchung, um sicherzugehen, daß Sie völlig gesund sind.«

In diesem Moment öffnete sich die Tür erneut, und Colonel Chang kam zurück. Er zog sich einen Stuhl an mein Bett und setzte sich. »Am besten, ich erzähle Ihnen, womit wir es hier zu tun haben«, sagte er. Mir fiel auf, daß er müde und erschöpft wirkte.

Ich nickte.

»Es gibt in Tibet viele religiöse Sekten, und viele von ihnen versuchen, im Ausland den Anschein zu erwecken, sie seien rein religiöse Gruppen, die von den Chinesen unterdrückt würden. Ich muß zugeben, daß unsere Politik in den fünfziger Jahren und während der Kulturrevolution tatsächlich ziemlich hart war. Aber das hat sich in den letzten Jahren geändert. Wir versuchen, so tolerant wie möglich zu sein. Immerhin muß man berücksichtigen, daß die offizielle Position der chinesischen Regierung atheistisch ist.

Diese Sekten müssen endlich begreifen, daß Tibet sich inzwischen verändert hat. Es gibt hier seit jeher auch Chinesen, heute noch mehr als früher, und sie sind keine Buddhisten. Wir sollten alle versuchen, friedlich zusammenzuleben. Tibet kann nie wieder zu einer lamaistischen Herrschaftsform zurückkehren.«

Er schwieg einen Moment und schaute mich an. »Verstehen Sie, was ich Ihnen sage? Die Welt hat sich verändert. Selbst wenn wir Tibet die Freiheit geben wollten, wäre das unfair gegenüber den Chinesen, die hier leben.«

Er wartete offenbar darauf, daß ich etwas sagte, und ich wollte ihn schon mit der Politik seiner Regierung konfrontieren, die gezielt Chinesen in Tibet ansiedelte, um die tibetische Kultur zu verdrängen. Statt dessen sagte ich: »Ich glaube, die Tibeter möchten einfach nur die Freiheit, ihre Religion ungehindert ausüben zu können.«

»Das gestatten wir ihnen ja auch in gewissem Umfang, aber sie ändern ständig ihre Politik. Wenn wir glauben, mit bestimmten religiösen Führern zusammenarbeiten zu können, ändert sich die Situation schon wieder. Ich denke, wir haben ein recht gutes Verhältnis zu Teilen der offiziellen buddhistischen Hierarchie, aber dann sind da die tibetischen Auswanderer in Indien. Und da ist die Gruppe, der Mr. Doloe angehört. Diese Leute berufen sich auf irgendein geheimnisvolles, mündlich überliefertes Wissen und verbreiten überall dieses Gerede von Shambhala. Damit stiften sie Verwirrung und lenken die Menschen von den wirklich wichtigen Dingen ab. Dabei gibt es hier in Tibet so viele drängende Aufgaben. Die Leute sind sehr arm. Die Lebensqualität muß unbedingt verbessert werden.«

Er grinste. »Warum wird diese Legende von Shambhala so ernst genommen? Sie scheint mir etwas rührend Naives zu haben, wie ein Kindermärchen.«

»Die Tibeter glauben, daß es hinter der materiellen Welt, die wir sehen können, noch eine andere spirituelle Wirklichkeit gibt und daß Shambhala in diesem spirituellen Bereich liegt, sich aber gleichwohl hier auf der Erde befindet.« Ich fand es unglaublich, daß ich den Mut hatte, mich auf eine Diskussion mit ihm einzulassen.

»Aber wie kommen sie darauf, daß dieser Ort existiert?« fuhr er fort. »Wir haben jeden Quadratmeter tibetischen Bodens aus der Luft und mit Hilfe von Satelliten abgesucht und nichts dergleichen entdecken können.«

Ich schwieg.

»Wissen Sie, wo Shambhala sich nach Ansicht der Tibeter befinden soll?« bedrängte er mich. »Sind Sie deshalb hergekommen?«

»Ich würde mich glücklich schätzen, wenn ich tatsächlich wüßte«, sagte ich, »wo Shambhala liegt oder was es mit diesem Ort auf sich hat. Aber ich habe keine Ahnung. Und ich möchte keine Schwierigkeiten mit den chinesischen Behörden bekommen.«

Er hörte mir sehr aufmerksam zu, also fügte ich hinzu: »Um ehrlich zu sein, dieses ganze Erlebnis hat mir einen gehörigen Schrecken eingejagt, und ich möchte so schnell wie möglich abreisen.«

»Aber nein, das ist wirklich nicht nötig. Wir möchten lediglich, daß Sie vertrauensvoll mit uns zusammenarbeiten«, sagte er. »Wenn es diesen Ort wirklich gibt, wenn dort eine verborgene Kultur existiert, möchten wir davon erfahren. Arbeiten Sie mit uns zusammen. Wir bieten Ihnen unsere Hilfe an. Vielleicht finden wir einen Kompromiß, der für beide Seiten von Vorteil ist.«

Ich sagte: »Wenn Sie nichts dagegen haben, würde ich jetzt gerne mit der amerikanischen Botschaft sprechen.«

Er versuchte, seine Ungeduld zu verbergen, aber ich sah sie deutlich in seinen Augen. Er starrte mich einen Moment an, dann ging er zur Tür und drehte sich dort um. »Das ist nicht notwendig«, sagte er. »Sie können gehen. Sie sind frei.«

Ein paar Minuten später lief ich durch die Straßen Alis und packte mich so dicht wie möglich in meinen Parka ein. Es hatte aufgehört zu schneien, aber die Luft war eisig kalt. Ich hatte mich unter den Augen der Krankenschwester ankleiden müssen und war dann nach draußen eskortiert worden. Ich durchsuchte meine Taschen und stellte zu meiner Überraschung fest, daß alles noch da war: das Taschenmesser, meine Geldbörse und eine kleine Tüte Mandeln.

Ich fühlte mich ein wenig benommen und müde. Lag das an der Höhe, den Nachwirkungen des Gases, oder war es einfach meine Angst und Sorge? Ich versuchte, das Gefühl abzuschütteln.

Ali war eine größere Stadt. Es gab viele chinesische und tibetische

Passanten, und auf den Straßen herrschte reger Verkehr. Nach der rauhen, unwegsamen Wildnis, die wir auf der Fahrt hierher durchqueren mußten, wirkten Alis moderne Gebäude und Geschäfte auf mich seltsam unwirklich. Ich entdeckte niemanden, der so aussah, als könnte ich mich mit ihm auf englisch unterhalten. Nachdem ich durch mehrere Straßen gegangen war, fühlte ich mich noch benommener und mußte mich einen Moment neben der Straße auf einen alten Zementblock setzen. Meine Furcht steigerte sich fast zur Panik. Was sollte ich jetzt tun? Was war mit Yin geschehen? Warum hatte der chinesische Colonel mich einfach so gehen lassen? Das ergab keinen Sinn.

Bei diesem Gedanken tauchte plötzlich das Bild Yins vor meinem inneren Auge auf, und das erinnerte mich daran, was er mich gelehrt hatte. Ich hatte vergessen, mein Energiefeld zu stärken, und ließ mich statt dessen von der Furcht überwältigen. Ich atmete tief durch und versuchte, meine Energie anzuheben.

Nach ein paar Minuten fühlte ich mich besser, und mein Blick fiel auf ein größeres Gebäude ein Stück die Straße hinunter. Die chinesischen Buchstaben auf dem Schild über dem Eingang konnte ich nicht lesen, aber als ich mich auf die Umrisse des Gebäudes konzentrierte, hatte ich den deutlichen Eindruck, daß es sich um ein Gästehaus oder ein kleines Hotel handelte. Ich verspürte Erleichterung. Bestimmt gab es dort ein Telefon, und vielleicht traf ich andere Touristen, denen ich mich anschließen konnte.

Als ich mich dem Haus auf wenige Meter genähert hatte, zögerte ich und schaute mich vorsichtig um. Doch, wie es schien, folgte mir niemand. Dann hörte ich plötzlich ein Geräusch. Etwas fiel leise in den Schnee. Schräg gegenüber befand sich der Eingang einer schmalen Gasse. Da war das Geräusch wieder, und jetzt sah ich, wie ein kleiner Stein aus der Gasse flog und genau vor meinen Füßen landete.

Ich ging auf die Gasse zu und spähte hinein, ohne etwas erkennen zu können. Dann wagte ich mich ein paar Schritte vor und versuchte, meine Augen an das Dämmerlicht anzupassen.

»Ich bin es«, sagte eine leise Stimme.

Yin. Er lehnte an einer Mauer.

»Woher wußtest du, wo du mich findest?«

»Ich wußte es nicht«, antwortete er. »Ich habe es vermutet.« Er setzte sich auf einen Steinvorsprung, und ich sah, daß die Rückseite seines Parka angesengt war. Und da war ein Blutfleck über seiner Schulter.

»Du bist verletzt!« sagte ich.

»Ist nicht weiter schlimm. Sie haben eine Bombe abgeworfen, und ich bin gegen einen Felsen gekracht, als ich aus dem Jeep geschleudert wurde. Ich konnte davonkriechen und mich verstecken, ehe sie landeten. Ich habe gesehen, wie sie dich erwischten und auf einen Lastwagen luden. Ich habe mir gedacht, daß du das größte Gästehaus in der Stadt ansteuern würdest, falls du freikommen solltest. Was haben sie mit dir angestellt?«

Ich erzählte Yin von dem Gespräch mit Colonel Chang und meiner Freilassung.

»Warum hast du mich aus dem Jeep gestoßen?« fragte ich.

»Ich habe dir doch schon gesagt«, erwiderte Yin, »daß ich meine negativen, auf Furcht beruhenden Erwartungen nicht genug unter Kontrolle habe. Mein Haß auf die Chinesen ist zu groß. Deshalb sind sie in der Lage, mir zu folgen. Warum haben sie dich freigelassen?«

»Ich weiß es nicht«, erwiderte ich.

Yin machte eine Bewegung und verzog vor Schmerz das Gesicht. »Vielleicht weil Chang spürt, daß er dich auch verfolgen kann.«

Ich schüttelte den Kopf. War das wirklich vorstellbar?

»Natürlich ist ihm das nicht bewußt. Doch wenn du befürchtest, daß die Soldaten dich erwischen, sendest du damit einen Impuls an sein Ego aus, der ihn in deine Nähe führt.«

Er schaute mich herausfordernd an. »Du mußt aus meinen Schwierigkeiten lernen. Du mußt deine Gedanken kontrollieren.«

Sich den verwundeten Arm haltend, führte Yin mich durch einen schmalen Mauerspalt zu einem alten, leerstehenden Haus.

»Du brauchst einen Arzt«, sagte ich.

»Nein!« widersprach Yin energisch. »Hör zu: Mach dir wegen mir keine Sorgen. Ich kenne hier in der Stadt Leute, die mir helfen können. Aber ich kann nicht mit dir zu der Klosterruine fahren. Du mußt es allein dorthin schaffen.«

Wieder befiel mich Furcht. »Ich glaube nicht, daß ich das kann.«

Yin wirkte bestürzt. »Du mußt deine Furcht bezwingen und innere Losgelöstheit praktizieren. Deine Hilfe bei der Suche nach Shambhala wird unbedingt gebraucht. Du mußt weitermachen.«

Er kam näher zu mir heran, und ich sah, daß jede Bewegung ihm Schmerzen bereitete. »Versteh doch«, sagte er, »wie sehr das tibetische Volk schon gelitten hat. Dennoch warten sie tapfer auf den Tag, an dem Shambhala für die Augen der Welt sichtbar wird. Bedenke, wie viele Menschen uns schon geholfen haben. Viele von ihnen haben dafür alles aufs Spiel gesetzt. Manche wurden ins Gefängnis geworfen, möglicherweise sogar erschossen.«

Ich zeigte ihm meine Hand. Ihr Zittern war nicht zu übersehen. »Sieh mich doch an. Ich kann mich vor Angst kaum rühren.«

Yins Blick bekam etwas Durchbohrendes. »Glaubst du vielleicht, dein Vater hatte keine Angst, als er im Zweiten Weltkrieg am Strand der Normandie aus dem Landungsboot sprang? Oder all die anderen Soldaten? Aber er hat es trotzdem getan! Und wenn nicht? Wenn er und seine Kameraden dieses Wagnis nicht eingegangen wären? Dann hätten die Alliierten wohlmöglich den Krieg verloren. Die Freiheit aller stand auf dem Spiel.

Auch wir in Tibet haben unsere Freiheit verloren, aber jetzt geht es nicht nur um das Schicksal Tibets. Die Opfer, die frühere Generationen für die Freiheit gebracht haben, dürfen nicht sinnlos gewesen sein. An diesem Punkt der Geschichte kommt es darauf an, daß alle Menschen auf der ganzen Welt von der Botschaft Shambhalas erfahren und lernen, die Kraft ihrer Gebetsfelder auf positive Weise zu nutzen. Das ist der nächste Schritt in der Evolution der Menschheit, die große Herausforderung für unsere Generation. Wenn wir versagen, dann lassen wir damit alle im Stich, die vor uns ihren Beitrag für die Entwicklung der Menschheit geleistet haben.«

Yin blickte weg, mit Tränen in den Augen.

»Wenn ich könnte, würde ich selbst gehen«, fügte er hinzu. »Aber jetzt glaube ich, daß du unsere einzige Chance bist.«

Wir hörten Motorenlärm und sahen vorne auf der Straße zwei große, mit vielen Soldaten besetzte Mannschaftstransporter vorbeirollen.

»Ich kenne den Weg nicht«, sagte ich.

»Von hier zu dem alten Kloster ist es gar nicht so weit«, sagte Yin. »Nur eine Tagesreise. Ich kann jemanden auftreiben, der dich dorthin bringt.«

»Und was soll ich dort tun? Du hast gesagt, mein Glaube würde auf die Probe gestellt werden. Wie hast du das gemeint?«

»Um das Tor nach Shambhala durchschreiten zu können, mußt du sicherstellen, daß die göttliche Energie dich frei und ungehindert durchströmt. Du mußt dein Gebetsfeld so ausrichten und stabilisieren, wie du es gelernt hast. Mach dir immer wieder bewußt, daß dieses Feld dir vorausgeht und deine gesamte Umwelt beeinflußt. Am wichtigsten ist aber, daß du deine Angstphantasien im Griff hältst und innerlich losgelöst bleibst. Du fürchtest dich immer noch vor bestimmten möglichen Ereignissen. Du willst dein Leben nicht verlieren.«

»Natürlich will ich mein Leben nicht verlieren!« sagte ich, schrie es geradezu heraus. »Es gibt eine Menge gute Gründe, am Leben zu bleiben!«

»Ja, ich weiß«, erwiderte er sanft. »Aber das sind sehr gefährliche Gedanken. Du mußt jeden Gedanken an einen möglichen Mißerfolg aufgeben. Ich bin dazu nicht in der Lage, aber ich glaube, daß es dir gelingen wird. Du mußt felsenfest daran glauben, daß du beschützt bist und aus jeder Gefahr gerettet wirst und daß dir der Erfolg absolut sicher ist.«

Er schwieg einen Moment.

»Gibt es noch etwas?« fragte ich.

»Ja«, sagte er. »Wenn alles andere versagt, konzentriere dich auf die Vorstellung, daß Shambhala dir Hilfe schicken wird. Halte Ausschau nach ...«

Er verstummte und schaute mich an. Ich wußte, wen er meinte.

Am nächsten Morgen saß ich im Fahrerhaus eines alten, allradangetriebenen Lastwagens, eingezwängt zwischen einem Bauern und seinem vierjährigen Sohn. Trotz seiner Schmerzen hatte Yin mich zu einem alten Steinhaus geführt, wo wir eine warme Mahlzeit und eine Unterkunft für die Nacht erhielten. Er blieb noch lange auf und sprach mit einigen Männern. Ich konnte nur hoffen, daß sie alle Mitglieder seiner Untergrundgruppe waren, aber ich stellte keine Fragen. Wir waren früh aufgestanden, und ein paar Minuten später stand dieser kleine Lastwagen vor dem Haus. Wir waren sofort aufgebrochen, ohne Yin.

Jetzt fuhren wir auf einer schneebedeckten, unbefestigten Straße, die sich immer höher hinauf in die Berge wand. Nach einer Kurve bot sich uns ein Blick hinab zu dem Haus weit unten im Tal, wo Yin und ich uns verabschiedet hatten. Zu meinem Entsetzen war das ganze Grundstück von Militärfahrzeugen umringt, und es wimmelte von Soldaten.

»Warten Sie«, sagte ich zu dem Fahrer. »Vielleicht braucht Yin Hilfe. Wir müssen anhalten!«

Der alte Mann schüttelte den Kopf. »Nein, müssen weiterfahren!«

Er und sein Sohn sprachen aufgeregt auf tibetisch miteinander. Gelegentlich schauten sie mich an, als wüßten sie etwas, das mir verborgen war. Der Alte gab Gas. Wir überquerten einen Paß, dann führte die Straße wieder bergab.

Mir zog sich vor Angst der Magen zusammen. Ich war hin und her gerissen. Was war, wenn es Yin gelungen war, den Chinesen zu entkommen, und er meine Hilfe brauchte? Andererseits glaubte ich zu wissen, was Yin von mir erwartete. Er hätte darauf bestanden, daß ich ohne ihn weiterfuhr. Ich versuchte, meinen Energiepegel hoch zu halten, aber ein Teil von mir fragte sich, ob sich nicht dieses ganze Gerede über Shambhala und die angeblichen Eingänge dorthin als bloße Legende erwies. Und selbst wenn es sich doch als wahr herausstellte, warum sollte ausgerechnet mir der Zutritt gestattet werden, und nicht jemandem wie Jampa oder Lama Rigden? Das alles ergab überhaupt keinen Sinn.

Ich wischte diese Gedanken mit einem Achselzucken beiseite und versuchte, mich auf meine Energie und den Anblick der Schneegipfel zu konzentrieren. Wir kamen durch mehrere kleine Orte, unter ihnen auch Dormar. Nach einem Mittagessen, das aus kalter Suppe und getrockneten Tomaten bestand, schlief ich längere Zeit. Als ich aufwachte, war es bereits später Nachmittag. Dicke Schneeflocken fielen aus dem grauen Himmel und ließen die Straße rasch unter einer weißen Decke verschwinden. Die Landschaft wurde immer gebirgiger, und ich hatte den Eindruck, daß die Luft spürbar dünner wurde. Vor uns tauchte eine weitere gewaltige Bergkette auf.

Das müssen die Kunlun-Berge sein, dachte ich. Ein Teil von mir konnte immer noch nicht fassen, daß dies alles wirklich geschah. Aber ein anderer Teil war sich genau über die Situation im klaren, darüber, daß ich nun allein war, mich der monolithischen chinesischen Militärmacht gegenübersah, mit all ihren Solaten und ihrem atheistischen Skeptizismus.

Plötzlich hörte ich hinter uns das tiefe Dröhnen eines Hubschraubers. Mein Herz fing an zu klopfen, aber ich blieb konzentriert und aufmerksam.

Dem Bauern schien die drohende Gefahr völlig gleichgültig zu sein. Er fuhr eine weitere halbe Stunde, dann lächelte er und deutete nach vorn, einen Berghang hinauf. Durch das Schneetreiben hindurch sah ich oben auf dem Bergkamm die dunklen Umrisse eines alten, verfallenen Gebäudes. Mehrere seiner Mauern auf der linken Seite waren eingestürzt. Hinter dem Kloster erhoben sich gewaltige, schneebedeckte Bergspitzen. Das Kloster war drei oder vier Stockwerke hoch und hatte wohl schon sehr lange sein Dach eingebüßt.

Ich hielt nach irgendwelchen Anzeichen menschlicher Anwesenheit Ausschau, entdeckte aber keine. Offenbar war dieser Ort vor langer Zeit verlassen worden.

Am Fuß des Berges, vielleicht zweihundert Meter unterhalb des Klosters, hielt der Lastwagen an, und der Mann zeigte hinauf zu der Ruine. Ich starrte hinaus in die wirbelnden Schneeflocken und zögerte. Er gestikulierte heftig und bedeutete mir mit aufgeregtem Gesicht, daß ich am Ziel der Fahrt angelangt war.

Ich nickte, nahm den Rucksack, den Yin für mich vorbereitet hatte, und kletterte aus dem Wagen. Die Temperatur war deutlich gefallen, aber ich hoffte, daß mich das Zelt und der Schlafsack vor dem Erfrieren bewahren würden. Doch was war mit den Soldaten? Ich sah zu, wie der Lastwagen davonfuhr, und lauschte nach Hubschraubern, hörte aber nur den Wind.

Es gab eine in den Felsen gehauene Treppe, und ich machte mich an den Aufstieg. Nach einer Weile blieb ich stehen und schaute zurück nach Süden. Weit und breit sah ich nichts als schneebedeckte Gebirgsketten.

Als ich mich dem Kloster näherte, sah ich, daß es nicht auf einer eigenen Bergkuppe stand, sondern auf einem großen Felsvorsprung an der Flanke des mächtigen Berges, der sich dahinter erhob. Der in den Felsen gehauene Weg führte zu einer Stelle, wo sich einmal ein großes Tor befunden haben mußte. Vorsichtig betrat ich die Ruine. Große, verwitterte Mauersteine lagen auf dem Boden verstreut. Eine riesiger, hoher Korridor erstreckte sich über die ganze Länge des Klosters.

Ich ging an mehreren Räumen vorbei, die sich links und rechts von mir öffneten. Schließlich gelangte ich zu einem großen Raum an der Rückseite des Klosters mit einer Tür nach draußen. Die Hälfte der Rückwand war allerdings eingestürzt, und viele Steine, manche von ihnen groß wie Tische, lagen auf dem Boden.

Aus den Augenwinkeln sah ich nahe der eingestürzten Wand eine Bewegung. Ich erstarrte. Vorsichtig ging ich zu der Türöffnung und spähte hinaus. Bis zu der steil hinter dem Kloster aufragenden

Bergflanke betrug der Abstand höchstens dreißig Meter. Weit und breit war niemand zu sehen.

Wieder glaubte ich, aus den Augenwinkeln eine Bewegung wahrzunehmen, diesmal weiter entfernt, draußen am Berghang. Ein Frösteln überlief mich. Was ging hier vor? Was hatte ich gesehen? Für einen Moment wollte ich meinen Rucksack packen und den Hang hinunterlaufen, aber ich gab diesem Drang nicht nach. Zweifellos fürchtete ich mich, aber meine Energie blieb weiterhin stark.

Statt dessen starrte ich durch die Schneeflocken und ging auf jene Stelle zu, wo ich bei den Felsen die Bewegung gesehen hatte. Als ich dort ankam, entdeckte ich nichts Auffälliges. Es gab einige Felsspalten, von denen die größte auf den ersten Blick wie eine enge Höhle aussah. Als ich sie genauer inspizierte, stellte ich aber fest, daß sie höchstens zwei Meter tief und als Versteck viel zu eng war. Ich suchte im Schnee nach Fußspuren, entdeckte aber keine außer meinen eigenen.

Es schneite inzwischen immer heftiger. Daher ging ich in die Ruine zurück und suchte mir eine Ecke, die durch ein darüberragendes Mauerstück vor Schnee und Wind geschützt war. Mein Magen knurrte heftig. Ich packte den kleinen Gaskocher aus, um etwas von dem gefriergetrockneten Gemüse zu erhitzen, das Yin mir eingepackt hatte.

Während sich das Gemüse im Topf erwärmte, knabberte ich an einer Möhre und dachte nach. Bald wurde es dunkel, und ich hatte nicht die leiseste Ahnung, was ich hier oben sollte. Ich durchsuchte mein Gepäck, fand aber keine Taschenlampe. Warum hatte Yin mir keine eingepackt? Das Gas in dem Kocher würde nicht die ganze Nacht reichen. Ich mußte Holz oder Yak-Dung suchen.

Meine Sinne fangen schon an, mir Streiche zu spielen, dachte ich. Wie wird es erst werden, wenn ich die ganze Nacht hier in völliger Dunkelheit ausharren muß? Was ist, wenn diese alten Mauern im Sturm einstürzen?

Sobald ich diesem Gedanken nachhing, hörte ich ein polterndes Geräusch vom anderen Ende der Ruine. Ich ging in den Korridor zurück, und genau in diesem Moment sah ich, wie ein großer Stein auf den Boden fiel.

»Oh, Gott«, sagte ich laut, »ich muß machen, daß ich hier wegkomme.«

Ich löschte die Gasflamme des Kochers, packte mein Gepäck und rannte hinaus ins dichte Schneetreiben. Mir war sofort klar, daß ich so schnell wie möglich einen Unterschlupf finden mußte. Also rannte ich hinüber zu den Felsen, in der Hoffnung, daß ich vielleicht eine Spalte übersehen hatte, die groß genug war, um darin ein Lager aufzuschlagen. Doch ich suchte vergeblich, keine der Spalten war tief genug. Der Wind heulte. Ein großer Schneeklumpen stürzte von einem Felsen herab und landete genau vor meinen Füßen. Ich starrte zu den Schneemassen hinauf, die sich über mir an dem steilen Berghang ansammelten. Was war, wenn hier plötzlich eine Lawine niederging? Vor meinem inneren Auge sah ich den Schnee den Berg hinabdonnern.

Wieder hörte ich sofort, als ich mich dieser Phantasie hingegeben hatte, rechts von mir einen tosenden Lärm. Ich griff mir meinen Rucksack und rannte zum Kloster zurück. Keine dreißig Meter neben mir stürzte mit mächtigem Getöse eine Lawine ins Tal. Ich rannte, so schnell ich konnte, und fiel dann, als ich den Weg zurück zur Hälfte geschafft hatte, erschöpft und entsetzt in den Schnee. Warum geschah das alles?

Bei diesem Gedanken sah ich plötzlich Yin vor mir und hörte ihn sagen: »Auf diesem Energielevel werden die Auswirkungen deiner Erwartungen sofort sichtbar. Dein Glaube wird auf die Probe gestellt werden.«

Ich setzte mich auf. Natürlich! Das hier war die Prüfung. Ich hatte meine Angstphantasien nicht unter Kontrolle. Ich rannte zurück in die Ruine. Die Temperatur sank dramatisch, und ich wußte, ich mußte es riskieren, mich innerhalb der Mauern aufzuhalten. Mehrere Minuten konzentrierte ich mich auf die Vorstellung, daß alle Steine der Ruine auf ihrem Platz blieben.

Dann merkte ich, daß ich vor Kälte zitterte. Dagegen, dachte ich mir, mußt du jetzt unbedingt etwas unternehmen. Ich stellte mir lebhaft vor, an einem wärmenden Feuer zu sitzen. Brennmaterial. Ich mußte geeignetes Brennmaterial finden.

Ich stellte meinen Rucksack ab, um mich in der Ruine umzuschauen. Ich ging zurück in den langen Korridor – und blieb wie angewurzelt stehen. Es roch nach Rauch. Der Geruch von brennendem Holz stieg mir in die Nase.

Ich schaute in alle Räume, fand aber nichts. Doch als ich vorsichtig um die Ecke des letzten Raumes spähte, entdeckte ich ein flackerndes Lagerfeuer und einen Holzvorrat.

Ich ging in den Raum hinein und schaute mich um. Niemand war zu sehen. Auch in diesem Raum gab es eine Tür nach draußen, und das Dach war noch teilweise intakt. Die Wärme, die das Feuer ausstrahlte, war wohltuend. Aber wer hatte das Holz aufgeschichtet und angezündet? Ich ging hinaus in den Schnee und schaute mich um, doch auch hier entdeckte ich keine Fußspuren. Als ich mich wieder zu der Türöffnung umwandte, sah ich dort eine große Gestalt im Dämmerlicht der Ruine stehen. Ich versuchte, genauer hinzusehen, erhaschte aber nur ein verschwommenes Bild am Rand meines Sichtfeldes. Es handelte sich eindeutig um denselben Mann, den ich im Schnee gesehen hatte, nachdem ich von Yin aus dem Jeep gestoßen worden war. Als ich erneut versuchte, ihn klar zu fixieren, verschwand er. Meine Nackenhaare stellten sich auf, und ich erschauerte heftig. Das Ganze erschien mir äußerst gespenstisch.

Vorsichtig ging ich in den Raum zurück und schaute hinaus in den Korridor, sah aber nichts. Wieder kam mir der Gedanke, einfach davonzulaufen, den Berg hinunter, aber es war eisig kalt, und ich wußte, daß ich dort draußen erfrieren würde. Mir blieb nichts anderes übrig, als die Nacht hier bei diesem Feuer zu verbringen. Nervös um jede Ecke spähend, lief ich mein Gepäck holen und kehrte, so schnell ich konnte, zu den wärmenden Flammen zurück.

Als ich mich hinsetzte, fuhr ein Windstoß in das Feuer und blies Asche überallhin. Für einen Moment erloschen die Flammen fast, züngelten dann aber wieder hoch. Ich hatte mir ein Feuer vorgestellt, und es hatte sich manifestiert. Aber es wollte mir nicht in den Kopf, daß mein Gebetsfeld ein solches Wunder vollbringen konnte. Es gab nur eine Erklärung: Mir wurde geholfen. Die mysteriöse Gestalt, die ich gesehen hatte, war ein Dakini.

So unheimlich dies alles auch war, fühlte ich mich doch seltsam beruhigt. Ich warf Holz aufs Feuer und kochte meine Gemüsesuppe fertig. Als ich gegessen hatte, rollte ich meinen Schlafsack aus und kroch hinein. Nach ein paar Minuten fiel ich in einen tiefen Schlaf.

Als ich aufwachte, schaute ich mich unruhig um. Das Feuer war heruntergebrannt, und draußen dämmerte der Morgen. Es schneite immer noch so stark wie am Abend zuvor. Etwas hatte mich aufgeweckt.

Ich hörte das dumpfe Brummen von Hubschraubern. Es kam rasch näher. Ich kroch hastig aus dem Schlafsack und raffte meine Sachen zusammen. Innerhalb von Sekunden waren die Hubschrauber genau über mir, und das Wirbeln der Rotoren verstärkte den ohnehin kräftigen Wind.

Ohne Vorwarnung stürzte plötzlich das halbe Kloster in sich zusammen. Die Luft füllte sich mit dichten Staubwolken. Ich tastete mich zu der Türöffnung und rannte ohne mein Gepäck nach draußen. Der Sturm blies mir den Schnee waagerecht ins Gesicht, so daß ich nur wenige Meter weit sehen konnte, aber ich wußte, wenn ich in diese Richtung lief, würde ich jeden Moment den steilen Felshang erreichen, den ich am Tag zuvor gesehen hatte.

Ich kämpfte mich voran, bis der Hang vor mir aufragte, deutlich sichtbar. Viel zu deutlich für dieses morgendliche Dämmerlicht. Es schien, daß der Berg in ein weiches, leicht bernsteinfarbenes Leuchten getaucht war, besonders an einer der großen Felsspalten, die ich schon kannte.

Ich wußte, was dieses Leuchten bedeutete, und rannte auf den Spalt zu, während hinter mir weitere Teile des Klosters einstürzten. Als ich die Felsen erreichte, schienen die Hubschrauber unmittelbar über mir zu schweben. Nun stürzte auch noch der Rest der Ruine ein. Die Erschütterung löste den Schnee in der Felsspalte vor mir, und dahinter tauchte eine schmale Öffnung auf. Es gab hier also doch eine Höhle!

Ich stolperte durch die Öffnung, hinein in völlige Dunkelheit. Ich ertastete eine Wand, und dann eine weitere Öffnung, sehr niedrig über dem Boden. Ich kletterte hinein und sah weit vor mir einen winzigen hellen Fleck, dem ich mich mühsam näherte.

Einmal stolperte ich über einen großen Stein, so daß ich der Länge nach auf den steinigen Boden schlug und mir Arm und Ellbogen aufschürfte. Doch der schwächer werdende Rotorenlärm der Hubschrauber hinter mir trieb mich vorwärts. Ich schüttelte den Schmerz ab und tastete mich weiter auf das Licht zu.

Nachdem ich mindestens hundert Meter zurückgelegt hatte, sah ich den kleinen Lichtpunkt vor mir immer noch, aber er schien kein Stück näher gekommen zu sein. So ging es bald eine Stunde. Immer weiter tastete ich mich diesem weit entfernten Leuchten entgegen.

Endlich schien das Licht größer zu werden. Ich spürte einen Schwall warmer Luft, und atmete einen Geruch ein, der mir bekannt vorkam. Plötzlich wußte ich, woher ich ihn kannte. Es war jener geheimnisvolle süße Duft, den ich im Garten von Lama Ridgens Kloster gerochen hatte! Von irgendwoher aus der Ferne hörte ich, wie eine sehr melodische menschliche Stimme laut Worte rief, die ich nicht verstand. Dieser Ruf versetzte meinen ganzen Körper in Schwingung, löste in mir ein Gefühl der Wärme und Euphorie aus. War das der Ruf, von dem der Lama gesprochen hatte? Der Ruf von Shambhala.

Ich kletterte über einige Steine hinweg und steckte den Kopf durch die leuchtende Öffnung. Dahinter erwartete mich ein unglaublicher Anblick. Ich schaute auf ein großes Tal mit grünen Wiesen unter einem klaren blauen Himmel. Jenseits des Tals ragten riesige, schneebedeckte Berge auf. Alles erstrahlte wunderschön im hellen Sonnenlicht. Die Luft war angenehm frisch, aber nicht kalt, und überall wuchsen üppig grüne Pflanzen. Vor mir neigte sich ein sanfter, grasbewachsener Hang dem Grund des Tals zu.

Als ich durch die Öffnung geklettert war und langsam den Hang hinabstieg, schlug mich die enorme Energie dieses Ortes völlig in Bann, raubte mir regelrecht die Besinnung. Mir wurde schwindelig, Lichter und Farben tanzten um mich herum. Ich fiel vornüber auf die Knie und fühlte, daß ich den Hügel hinabrollte. Ich rollte und rollte und hatte das Gefühl, zu träumen und jedes Zeitgefühl zu verlieren.

# 7 *In Shambhala*

Ich spürte, wie mich jemand berührte, Hände, die mich hochhoben und davontrugen. Ich fühlte mich sicher, beinahe euphorisch. Nach einer Weile stieg mir wieder der süße Duft in die Nase, jetzt so intensiv, daß er mein ganzes Bewußtsein ausfüllte.

»Versuche, die Augen zu öffnen«, sagte eine weibliche Stimme.

Verschwommen erkannte ich die Gestalt einer sehr stattlichen Frau. Sie war bestimmt über einen Meter neunzig groß und hielt mir eine Tasse vors Gesicht.

»Hier«, sagte sie. »Trink das.«

Ich öffnete den Mund, und sie flößte mir eine warme, unglaublich wohlschmeckende Suppe mit Tomaten, Zwiebeln und einer Art süß schmeckendem Brokkoli ein. Während ich von der Suppe trank, fiel mir auf, daß mein Geschmackssinn viel feiner geworden zu sein schien. Ich konnte jedes einzelne Aroma genau erkennen. Ich trank fast die ganze Tasse leer. Sofort wurde mein Kopf klar, und ich nahm meine Umgebung deutlich wahr. Ich befand mich in einem Haus, oder jedenfalls in etwas, das einem Haus ähnelte. Es war hier angenehm warm. Ich lag auf einem Sofa mit blaugrünem Bezug, das auf einem mit braunen Steinfliesen verlegten Fußboden stand. Ringsherum gab es viele Pflanzen in kunstvoll verzierten Töpfen. Und doch konnte ich über mir den blauen Himmel und die Äste mehrerer großer Bäume sehen. Diese sonderbare Behausung schien kein Dach und keine Wände zu haben.

»Du müßtest dich jetzt eigentlich besser fühlen. Aber du mußt richtig atmen.« Die Frau sprach fließend Englisch.

Fasziniert schaute ich sie an. Sie hatte asiatische Gesichtszüge und trug ein buntes, mit Stickereien verziertes tibetisches Festgewand und leichte, sehr weich aussehende Lederschuhe. Der Tiefe ihres Blickes und der Weisheit ihrer Stimme nach mußte sie etwa vierzig Jahre alt sein, aber ihr Körper und ihre Bewegungen wirkten viel jugendlicher. Obgleich sie sehr groß und rund war, besaß ihr Körper eine harmonische, wohlproportionierte Schönheit.

»Du mußt richtig atmen«, wiederholte sie. »Wie das geht, weißt du bereits. Sonst wärst du gar nicht hier.«

Endlich begriff ich, was sie meinte, und konzentrierte mich darauf, die Schönheit meiner Umgebung einzuatmen und den erhöhten Energiefluß zu visualisieren.

»Wo bin ich?« fragte ich. »Ist das hier Shambhala?«

Sie lächelte zustimmend, und ich fand ihr Gesicht unglaublich schön. Es schien von innen zu leuchten.

»Dieses Gebiet hier nennen wir die Ringe von Shambhala«, antwortete sie. »Die heiligen Tempel liegen weiter im Norden.«

Sie sagte mir, sie heiße Ani. »Erzähl mir, wie du hierhergelangt bist«, bat sie.

Etwas unzusammenhängend und umständlich erzählte ich ihr die ganze Geschichte, angefangen mit einer kurzen Beschreibung meiner Gespräche mit Natalie und Wil. Dann berichtete ich von meiner Reise nach Tibet, meiner Begegnung mit Yin und Lama Rigden und davon, was ich über die Legenden erfahren hatte und wie ich schließlich zum Eingang Shambhalas geführt worden war. Dabei erwähnte ich auch, daß ich immer wieder dieses sonderbare Leuchten gesehen hatte und glaubte, Hilfe von den Dakini erhalten zu haben.

»Weißt du, warum du hier bist?« fragte sie.

Ich schaute sie verwirrt an. »Ich weiß nur, daß Wil mich gebeten hat, herzukommen, und daß es offenbar sehr wichtig ist, Shambhala zu finden. Man hat mir gesagt, daß das Wissen, über das ihr hier verfügt, draußen in der Welt dringend gebraucht wird.«

Sie nickte und machte ein nachdenkliches Gesicht.

»Wo hast du ein so gutes Englisch gelernt?« fragte ich und fühlte mich wieder schwächer.

Sie lächelte. »Wir sprechen hier viele Sprachen.«

»Kennst du denn Wilson James?«

»Nein«, sagte sie. »Aber der Zugang zu den Ringen kann sich auch an anderen Stellen öffnen. Es ist möglich, daß er sich in einem anderen Teil von Shambhala aufhält.« Sie stellte eine der Topfpflanzen näher an das Sofa. »Ich glaube, du mußt dich jetzt ein Weilchen ausruhen. Versuche, etwas Energie von diesen Pflanzen aufzunehmen. Lade dein Feld mit der Erwartung auf, daß sie dir Energie schicken, und schlaf dann ein wenig.«

Ich schloß die Augen und folgte ihren Anweisungen. Nach wenigen Augenblicken döste ich ein.

Später wurde ich von einem leisen, knisternden Geräusch geweckt. Die Frau stand wieder vor mir. Sie setzte sich auf die Kante des Sofas.

»Was war das für ein Geräusch?« fragte ich.

»Ich bin von draußen hereingekommen.«

»Durch das Glas?«

»Das ist kein Glas. Es ist ein Energiefeld, das wie Glas aussieht, aber unzerbrechlich ist. In den äußeren Kulturen hat man es noch nicht entwickelt.«

»Wie wird es erzeugt? Elektronisch?«

»Zum Teil, aber es wird auf geistigem Wege von uns gesteuert.«

Ich betrachtete die Landschaft draußen. Zahlreiche Häuser standen verstreut zwischen den sanften Hügeln und Wiesen. Manche besaßen, wie Anis Haus, durchsichtige Außenwände. Andere schienen in einem tibetisch wirkenden und doch völlig einzigartigen Stil aus Holz gebaut zu sein. Alle fügten sich harmonisch in die Landschaft ein.

»Was ist mit diesen anders aussehenden Häusern dort?« fragte ich.

»Sie bestehen alle aus Energiefeldern«, sagte sie. »Wir verwenden kein Holz oder Metall mehr. Wir erschaffen alles, was wir brauchen, einfach mit Hilfe der Felder.«

Ich war fasziniert. »Was ist mit den Installationen im Inneren? Wasser und Strom?«

»Wir haben Wasser, aber es manifestiert sich einfach aus der in der Luft vorhandenen Feuchtigkeit, und die Energiefelder versorgen uns mit allem, was wir benötigen.«

Ungläubig schaute ich mich um. »Erzähl mir mehr über diesen Ort. Wie viele Menschen leben hier?«

»Tausende. Shambhala ist sehr groß.«

Interessiert schwang ich die Beine vom Sofa, doch als ich die Füße auf dem Boden aufsetzte, befiel mich erneut eine starke Benommenheit. Vor meinen Augen verschwamm alles.

Ani stand auf und gab mir wieder von der Suppe zu trinken.

»Trink das und atme mehr von der Pflanzenenergie ein«, sagte sie.

Ich gehorchte, und allmählich kehrte meine Energie zurück. Als ich tiefer durchatmete, wurde alles um mich herum, Ani eingeschlossen, noch leuchtender und schöner als zuvor. Ihr Gesicht wirkte jetzt so strahlend und von innen her leuchtend, wie ich es früher mitunter bei Wil erlebt hatte.

»Mein Gott«, sagte ich und blickte umher.

»Hier ist es viel leichter, die eigene Energie anzuheben, als in den äußeren Kulturen, weil sich hier alle Leute gegenseitig Energie zusenden und gemeinsam ein höheres kulturelles Energiefeld aufbauen.« Die Art, wie sie den Begriff »höheres kulturelles Energiefeld« betonte, ließ darauf schließen, daß er von großer Bedeutung war.

Ich konnte nicht anders, als mich immer wieder fasziniert umzuschauen. Alle Farben und Formen, von den Topfpflanzen und den Steinfliesen des Fußbodens bis zum üppigen Grün der Bäume, schienen von innen zu leuchten.

»Das ist alles so unglaublich«, stammelte ich. »Ich komme mir vor wie in einem Science-fiction-Film!«

Sie sah mich ernst an. »Science-fiction ist oft prophetisch. Was du hier siehst, ist einfach nur ganz normaler Fortschritt. Wir sind ebenso menschlich wie ihr. Und wir entwickeln uns auf die gleiche Weise, wie ihr in den äußeren Kulturen euch eines Tages entwickeln werdet, wenn ihr euren Fortschritt nicht selbst untergrabt.«

In diesem Moment lief ein Junge von vielleicht vierzehn Jahren ins Zimmer, nickte mir höflich zu und sagte: »Pema hat wieder nach dir gefragt.«

Ani drehte sich zu ihm um. »Ja, das habe ich gehört. Holst du bitte unsere Jacken, und auch eine für unseren Gast?«

Der Junge wirkte erstaunlich reif für sein Alter, und er erinnerte mich an irgend jemanden. Aber ich wußte nicht an wen.

»Kommst du mit uns?« sagte Ani. »Du kannst dir etwas anschauen, das vielleicht wichtig für dich ist.«

»Wohin gehen wir?« fragte ich.

»Zum Haus einer Nachbarin. Sie glaubt, daß sie vor ein paar Tagen ein Kind empfangen hat, und möchte gerne, daß ich sie untersuche.«

»Bist du Ärztin?«

»Wir brauchen hier eigentlich keine Ärzte, weil wir nicht mehr unter den Krankheiten leiden, die ihr kennt. Wir haben gelernt, unseren Energiepegel ständig so hoch zu halten, daß keine Erkrankungen auftreten. Ich helfe den Leuten, ihr Energiefeld auszudehnen und sich weiterzuentwickeln.«

»Warum glaubst du, daß es wichtig für mich ist, dir dabei zuzusehen?«

»Einfach, weil du jetzt gerade hier bist.« Sie schaute mich an, als sei ich ausgesprochen begriffsstutzig. »Du weißt doch bestimmt über den synchronistischen Prozeß Bescheid, oder etwa nicht?«

Der Junge kam zurück, und sie stellte ihn mir vor. Sein Name war Tashi. Er gab mir eine leuchtendblaue Jacke. Sie wirkte wie ein gewöhnlicher Parka, nur daß sie auf andere Weise genäht zu sein schien. Genauer gesagt konnte ich überhaupt keine Nähte erkennen. Es sah aus, als seien die Fasern einfach irgendwie zusammengepreßt worden. Und obwohl sich das Material wie normale Baumwolle anfühlte, wog es praktisch überhaupt nichts.

»Wie stellt ihr solche Jacken her?« fragte ich.

»Sie sind lediglich Kraftfelder«, sagte Ani, während sie und Tashi mit einem leisen Knistern durch die Wand gingen. Ich versuchte, ihnen zu folgen, prallte aber zurück, als sei ich gegen Plexiglas gelaufen. Draußen lachte der Junge.

Mit einem erneuten Knistern kam Ani zurück. Auch sie lächelte. »Ich hätte dir sagen müssen, wie man das macht«, sagte sie. »Entschuldige. Du mußt visualisieren, daß das Kraftfeld, von dem das Haus umgeben ist, sich für dich öffnet. Du mußt es einfach wollen.«

Ich schaute sie skeptisch an.

»Stell dir lebhaft vor, daß es sich für dich öffnet, und geh hindurch«, fügte sie hinzu.

Ich machte es, wie sie sagte, und tatsächlich öffnete sich das Feld vor mir. Es sah wie eine Verzerrung im Raum aus, wie Hitzeflimmern über sonnenbestrahltem Asphalt. Knisternd ging ich nach draußen, gefolgt von Ani.

Ich schüttelte den Kopf. Wo war ich hier nur hingeraten?

Wir folgten Tashi auf einem Pfad, der in sanften Windungen den Hügel hinabführte. Bei einem Blick zurück sah ich, daß Anis Haus fast völlig unter Bäumen verborgen lag. Dann erregte etwas anderes meine Aufmerksamkeit. In der Nähe des Hauses stand ein rechteckiges, metallisches Gerät vom Format eines großen Koffers.

»Was ist denn das?« fragte ich Ani.

»Das ist unser Generator«, antwortete sie. »Er hilft uns, das Haus zu beheizen oder zu kühlen und die Kraftfelder aufzubauen.«

Ich war völlig verwirrt. »Wie meinst du das – er hilft euch?«

Sie war vor mir hergegangen. Jetzt wartete sie, bis ich sie einholte, so daß wir nebeneinander gingen. »Der Hausgenerator erzeugt nichts aus eigener Kraft. Er verstärkt lediglich das menschliche Gebetsfeld, über das du ja bereits Bescheid weißt. Diese Verstärkung versetzt uns in die Lage, alles, was wir benötigen, unmittelbar zu manifestieren.«

Ich starrte sie mit offenem Mund an.

»Warum klingt das so phantastisch?« fragte Ani lächelnd. »Ich habe dir doch schon gesagt: Das ist lediglich die ganz natürliche Weiterentwicklung der menschlichen Technologie.«

»Ich weiß nicht«, sagte ich. »Während dieser ganzen Suche nach Shambhala habe ich nie groß darüber nachgedacht, wie es hier eigentlich sein würde. Ich dachte, es gäbe vielleicht nur eine Gruppe hoher Lamas, die sich in ständiger Meditation befinden. Doch ihr habt hier eine richtige Zivilisation mit hoch entwickelter Technik. Das ist wirklich phantastisch ...«

»Auf die Technik kommt es nicht an. Wichtig ist, wie wir die Technologie als Hilfe bei der Entwicklung unserer geistigen Kräfte genutzt haben.«

»Was meinst du damit?«

»Das ist alles gar nicht so bizarr und fremdartig für dich, wie du glaubst. Wir haben lediglich die richtigen Lehren aus der menschlichen Vergangenheit gezogen. Wenn du dir die Geschichte der Menschheit genauer anschaust, siehst du, daß der technische Fortschritt stets Dinge vorweggenommen hat, die eines Tages dem menschlichen Geist auch ohne Hilfe der Technik möglich sein werden.

Denke einmal darüber nach: Immer haben die Menschen bestimmte technische Hilfsmittel entwickelt, um erfolgreicher in der Welt agieren und sich größerer Bequemlichkeit erfreuen zu können. Anfangs handelte es sich dabei lediglich um Töpfe zur Essenszubereitung und einfache Werkzeuge, später kamen Häuser und aufwendigere Gebäude hinzu. Es wurden Erze und andere Mineralien geschürft, um daraus Dinge herzustellen, die zunächst nur in der menschlichen Phantasie existierten. Aus dem Wunsch heraus, angenehmer zu reisen, wurden das Rad und dann die verschiedenen

Fahrzeuge entwickelt. Dem Bau von Flugzeugen ging der langgehegte Wunsch zu fliegen voraus.

»Weil wir Menschen uns wünschten, immer schneller und besser und über immer größere Entfernungen miteinander zu kommunizieren, erfanden wir Telegrafen, Telefone, Radios und schließlich das Fernsehen – damit wir sehen konnten, was an anderen Orten geschieht.«

Sie schaute mich an. »Erkennst du das Muster? Die technologischen Entwicklungen des Menschen beruhen auf dem Wunsch, zu reisen und sich mit möglichst vielen Menschen auszutauschen. Tief im Herzen wußten wir immer schon, daß wir dazu in der Lage sind. Die Technik ist stets nur ein Sprungbrett gewesen, um unsere eigenen Fähigkeiten zu entdecken und zu entwickeln, jene Fähigkeiten, die unser Geburtsrecht sind. Die wahre Aufgabe der Technik besteht darin, in uns die Überzeugung zu wecken, daß wir all diese Dinge selbst tun können, ohne äußere Hilfsmittel, allein aus unserer inneren Kraft.

In den Anfangszeiten von Shambhala lenkten wir unseren technologischen Fortschritt ganz bewußt in eine Richtung, wo er ausschließlich der Entwicklung des menschlichen Geistes diente. Wir entdeckten das wahre Potential unserer Gebetsfelder und setzten unsere technischen Apparate schließlich nur noch zur Unterstützung und Verstärkung dieser Felder ein. Hier in den Ringen benutzen wir diese Verstärkungsapparate noch, aber wir stehen kurz davor, völlig unabhängig von ihnen zu werden und alles, was wir zum Leben brauchen, allein mit unseren Gebetsfeldern manifestieren zu können. Die Leute in den Tempeln sind dazu bereits heute in der Lage.«

Ich wollte ihr weitere Fragen stellen, aber als wir um eine Wegbiegung gingen, sah ich einen kleinen Fluß, der von den Bergen herabfloß. Vor uns hörte ich kräftiges Wasserrauschen.

»Was ist dort?« fragte ich.

»Ein Wasserfall«, sagte sie. »Hast du das Gefühl, daß du ihn dir anschauen solltest?«

Ich wußte nicht genau, worauf sie hinauswollte.

»Du meinst, ob ich es intuitiv spüre?« fragte ich.

»Natürlich intuitiv«, entgegnete sie lächelnd. »Wir verlassen uns hier völlig auf unsere Intuition.«

Tashi war stehengeblieben und drehte sich zu uns um.

Ani wandte sich ihm zu. »Warum läufst du nicht voraus und sagst Pema, daß wir gleich kommen?«

Er lächelte und rannte los.

Wir kletterten einen felsigen Hang hinauf und mußten uns durch die Äste einiger niedriger Bäume hindurchzwängen, bis wir zu einem kleinen Felsplateau unmittelbar unterhalb der Stelle gelangten, wo der Fluß sich auf vielleicht acht Metern Breite hinunter in einen großen Teich ergoß.

Ich glaubte, eine Bewegung wahrzunehmen, beugte mich über die Felskante und schaute hinunter. Durch den Sprühnebel über dem Teich sah ich einen Mann und eine Frau aufeinander zugehen, umgeben von einem rosa Lichtschein. Obgleich das Licht nicht sehr hell war, wirkte es bemerkenswert dicht, besonders um die Schultern und Hüften der beiden. Als ich angestrengt hinschaute, um das Paar deutlicher zu erkennen, fiel mir auf, daß sie nackt waren.

»Du wolltest also, daß wir uns *das* ansehen?« fragte Ani, amüsiert schmunzelnd.

Ich konnte einfach nicht anders, als fasziniert zu beobachten, was sich dort unten abspielte. Mir wurde bewußt, daß ich die Energiefelder eines Mannes und einer Frau sah. Als sie sich einander näherten, verschmolzen ihre Felder miteinander, bis die beiden sich zu einer zärtlichen Umarmung vereinigten. Schließlich sah ich, wie sich in der Körpermitte der Frau ein anderes Licht bildete. Nach ein paar Minuten löste das Paar sich voneinander, und die Frau legte die Hände auf ihren Bauch. Das winzige Licht wurde heller, Mann und Frau umarmten sich erneut und unterhielten sich, aber ich konnte ihre Worte nicht verstehen, hörte nur das Rauschen des Wasserfalls. Und dann verschwanden die beiden ganz plötzlich, lösten sich buchstäblich in Luft auf. Ich schämte mich ein wenig, weil ich sie bei ihrem Liebesspiel beobachtet hatte.

»Wer waren die beiden?« fragte ich.

»Ich habe sie nicht erkannt«, sagte Ani. »Aber sie wohnen bestimmt hier in der Gegend.«

»Offenbar haben sie ein Kind gezeugt. Glaubst du, das war beabsichtigt?«

Ani kicherte. »Das ist hier bei uns nicht so wie in den äußeren Kulturen. Natürlich hatten sie die Absicht, ein Kind zu empfangen. Auf unserer Ebene der Energie und Intuition treffen wir die Entscheidung, eine Seele hier auf die Erde zu holen, ganz bewußt.«

»Wie konnten sie so plötzlich wieder verschwinden?«

»Sie sind an diesen Ort gelangt, indem sie sich mit Hilfe eines Reisefeldes geistig dorthin projizierten. Der Verstärkungsgenerator ermöglicht uns das. Das Fernsehen war der erste Schritt in diese Richtung. Dann entdeckten wir, daß das elektromagnetische Feld, das benutzt wird, um Bilder zu senden, auch dazu verwendet werden kann, den Ort, an dem wir uns gerade befinden, physisch mit anderen Orten zu verbinden. So können wir andere Orte visuell wahrnehmen oder sogar ganz real durch unser elektronisch verstärktes Gebetsfeld zu ihnen reisen. Die Theoretiker in den äußeren Kulturen arbeiten bereits an den entsprechenden Konzepten, sind sich aber noch nicht völlig darüber im klaren, welche Möglichkeiten euch das eröffnet.«

Ich schaute sie stumm an, bemüht, diese Informationen zu verarbeiten.

»Du siehst ziemlich überwältigt aus«, sagte sie.

Ich nickte und brachte ein Lächeln zustande.

»Komm, jetzt schauen wir bei Pema nach dem Rechten!«

Das Haus dort ähnelte dem Anis, mit dem Unterschied, daß es in eine Hügelflanke hineingebaut und anders eingerichtet war. Draußen bemerkte ich genau den gleichen kofferartigen Apparat, und wieder mußten wir ein Kraftfeld durchschreiten, um nach drinnen zu gelangen. Tashi und eine andere Frau erwarteten uns, die sich mir als Pema vorstellte.

Pema war schlanker und noch größer als Ani und hatte glänzend schwarzes, langes Haar. Sie trug ein langes weißes Kleid und lächelte freundlich, aber ich spürte, daß irgend etwas nicht in Ordnung war. Sie bat darum, allein mit Ani sprechen zu dürfen, und die beiden Frauen gingen hinüber ins Schlafzimmer, während Tashi und ich uns im Wohnraum hinsetzten.

Ich wollte den Jungen gerade fragen, was mit Pema nicht stimmte, als ich plötzlich in der Luft hinter mir so etwas wie eine elektrische Entladung wahrnahm. Ich sah diese flimmernde Luftverzerrung, die ich schon beim Durchschreiten der Kraftfelder beobachtet hatte, nur daß sie diesmal mitten im Zimmer auftrat. Ich kniff verblüfft die Augen zusammen. Als ich genauer hinsah, beobachtete ich innerhalb des flimmernden Bereichs einen Acker mit kleinen Pflanzen, als könnte ich durch ein Fenster schauen. Zu meiner Überraschung trat durch diese Öffnung ein Mann zu uns ins Zimmer.

Tashi stand auf und stellte uns einander vor. Der Mann hieß Dorjee. Er nickte mir höflich zu und fragte, wo Pema sei. Tashi deutete auf das Schlafzimmer, und Dorjee ging nach nebenan.

»Was war denn das?« fragte ich.

Tashi schaute mich lächelnd an. »Pemas Mann ist gerade von seiner Farm nach Hause gekommen. Gibt es bei euch in den äußeren Kulturen nicht auch Leute, die sich so fortbewegen können?«

Ich erzählte ihm kurz von den Geschichten über Yogis, die sich angeblich geistig an andere Orte versetzen konnten.

»Aber mit eigenen Augen habe ich nie etwas Derartiges gesehen«, fügte ich hinzu, bemüht, meine Fassung wiederzugewinnen. »Wie genau funktioniert das?«

»Wir visualisieren den Ort, den wir gerne aufsuchen möchten, und der Verstärker hilft uns, unmittelbar vor uns ein Fenster zu diesem Ort zu erzeugen. Die Öffnung besteht dann in beide

Richtungen. Daher konnten wir sehen, woher Dorjee gekommen ist.«

»Und der Verstärker ist dieser Generator draußen?«

»Genau.«

»Habt ihr alle diese Fähigkeit?«

»Ja, und es ist unsere Bestimmung, es eines Tages auch ohne den Verstärker zu können.«

Er starrte mich an und fragte: »Erzählst du mir von der Kultur in der äußeren Welt, aus der du kommst?«

Ehe ich antworten konnte, hörten wir nebenan eine Stimme laut sagen: »Es ist wieder geschehen.« Tashi und ich schauten uns an.

Ani führte Pema und ihren Mann aus dem Schlafzimmer, und sie setzten sich zu uns.

»Ich war mir so sicher, schwanger zu sein«, sagte Pema. »Ich habe die Energie ganz deutlich gesehen und gespürt. Aber nach ein paar Minuten ist sie wieder verschwunden. Es muß etwas mit dem beginnenden Übergang zu tun haben.«

Tashi starrte sie fasziniert an.

»Was ist denn eurer Meinung nach geschehen?« fragte ich.

»Wir haben auf intuitivem Weg herausgefunden, daß es sich um eine Parallel-Schwangerschaft handelt. Das Kind ist anderswo hingegangen«, sagte Ani.

Dorjee und Pema tauschten einen langen, stummen Blick. »Wir versuchen es wieder«, sagte Dorjee. »Daß es in derselben Familie zweimal passiert, kommt praktisch nie vor.«

»Wir müssen aufbrechen«, sagte Ani, stand auf und umarmte die beiden. Tashi und ich folgten ihr durch das Kraftfeld ins Freie.

Ich war immer noch überwältigt. In mancher Hinsicht erschien mir diese Kultur hier ganz alltäglich, in anderer Hinsicht dagegen vollkommen phantastisch. Während ich meine Gedanken zu ordnen versuchte, führte Ani uns zu einem Felsen, von dem aus man einen wunderschönen Blick auf ein weites grünes Tal hatte.

»Wie kann es in Tibet in dieser Höhe ein so großes Gebiet mit mildem Klima geben?« platzte ich heraus.

Ani lächelte. »Die Temperatur wird durch unsere Felder kontrolliert. Für die Menschen, die über weniger Energie verfügen, sind wir unsichtbar. Aber die Legenden sagen, daß sich dies ändern wird, wenn die Zeit des Übergangs beginnt.«

»Du weißt über die Legenden Bescheid?« fragte ich verblüfft.

Ani nickte. »Selbstverständlich. Shambhala ist der eigentliche Ursprungsort dieser Legenden und vieler anderer Prophezeiungen aus früheren Zeiten. Wir helfen dabei mit, spirituelles Wissen in die äußeren Kulturen zu tragen. Wir haben auch gewußt, daß es nur noch eine Frage der Zeit sein würde, bis ihr uns findet.«

»Meinst du damit speziell Wil und mich?« fragte ich.

»Nein, die Leute aus den äußeren Kulturen ganz allgemein. Wir wußten, wenn immer mehr von euch ihren Energielevel und ihre Bewußtheit steigern, würdet ihr eines Tages Shambhala ernst nehmen, und dann würden einige von euch in der Lage sein, uns zu besuchen. So wurde es in den Legenden vorhergesagt. Wenn für Shambhala die Zeit des Übergangs näherrückt, werden Menschen aus den äußeren Kulturen hier bei uns eintreffen. Und zwar nicht nur die Adepten aus dem Osten, die immer schon gelegentlich zu uns fanden, sondern ganz gewöhnliche Menschen aus dem Westen, denen auf dem Weg hierher geholfen werden wird.«

»Du hast gesagt, daß in den Legenden ein Übergang prophezeit wird. Was bedeutet das?«

»Es heißt, die Menschen in den äußeren Kulturen würden damit beginnen, die erforderlichen Schritte zur Erweiterung des Gebetsfeldes zu erlernen – wie man sich mit der göttlichen Energie verbindet und die Liebe frei fließen läßt, wie man das Feld so ausrichtet, daß Synchronizitäten vermehrt auftreten, und wie man dieses verstärkte Feld dauerhaft stabilisiert, indem man innere Losgelöstheit praktiziert. Dann wird auch die übrige Arbeit, die wir hier in Shambhala tun, allgemein bekannt werden.«

»Meinst du damit die Vierte Erweiterung?«

Sie warf mir einen wissenden Blick zu. »Ja. Um das zu sehen, bist du ja schließlich hergekommen.«

»Kannst du mir erklären, worin die vollständige Vierte Erweiterung besteht?«

Sie schüttelte den Kopf. »Alles zu seiner Zeit. Zuerst mußt du begreifen, worin die Zukunft der Menschheit liegt. Nicht intellektuell, sondern du mußt es mit eigenen Augen sehen und es im Herzen spüren. Shambhala ist das Modell für diese Zukunft.«

Ich nickte, wußte aber nichts zu sagen.

»Es ist an der Zeit, daß die Welt erfährt, welche Fähigkeiten im Menschen schlummern, wohin die Evolution uns führt. Wenn du das wirklich erfaßt hast, wirst du dein Gebetsfeld noch weiter ausdehnen können und noch stärker werden.«

Kopfschüttelnd fügte sie hinzu: »Aber auch ich weiß noch nicht alles über die Vierte Erweiterung. Ich kann dir einige der nächsten Schritte zeigen, aber es gibt Dinge, über die nur die Leute in den Tempeln Bescheid wissen.«

»Was sind die Tempel?« fragte ich.

»Sie sind das Herz von Shambhala. Jener mystische Ort, den du dir vorgestellt hast. Dort wird Shambhalas eigentliche Arbeit getan.«

»Wo befinden sie sich?«

Sie zeigte nach Norden, auf einen entfernten, seltsam ringförmig aussehenden Gebirgszug jenseits des Tales.

»Hinter diesen Gipfeln dort drüben«, sagte sie.

Tashi hatte die ganze Zeit schweigend unseren Worten gelauscht. Ani schaute ihn an und strich ihm das Haar aus der Stirn. »Meine Intuition sagte mir, daß Tashi bald zu den Tempeln gerufen werden würde … aber er scheint sich mehr für das Leben draußen in deiner Welt zu interessieren.«

Ich wachte plötzlich auf, in Schweiß gebadet. Ich hatte geträumt, mit Tashi und einer weiteren Person zwischen den Tempeln umherzugehen, wobei ich nahe daran war, die Vierte Erweiterung zu verstehen. Wir befanden uns in einem Netzwerk aus steinernen Gebäuden, die meisten sandbraun, doch weit vor uns lag ein Tempel, der in blauer Farbe leuchtete. Ein Mann in eindrucksvoller tibetischer Tracht stand davor. Dann träumte ich, daß ich vor Colonel Chang auf der Flucht war. Er jagte mich zwischen den Tempeln, und sie wurden zerstört. Ich haßte ihn für das, was er tat.

Ich setzte mich auf und versuchte, mich zu konzentrieren. An den Rückweg zu Anis Haus erinnerte ich mich kaum. Ich befand mich in einem ihrer Gästezimmer, und es war Morgen. Tashi saß in einem großen Sessel neben meinem Bett und starrte mich an.

Ich atmete tief durch und versuchte, mich zu beruhigen.

»Was ist? Was hast du?« fragte er.

»Nichts weiter. Ich habe nur schlecht geträumt«, sagte ich.

Er nickte. »Erzählst du mir jetzt von den äußeren Kulturen?«

»Kannst du nicht einfach durch eines dieser Fenster oder Wurmlöcher, oder wie immer ihr es nennt, dorthin reisen und sie dir selbst anschauen?«

Er schüttelte den Kopf. »Nein, das ist nicht möglich. Nicht einmal von den Tempeln aus. Meine Großmutter hatte die Intuition, daß es eines Tages gelingen würde, aber bisher hat es niemand geschafft, weil die Energieunterschiede zu groß sind. Die Leute in den Tempeln können sehen, was in den äußeren Kulturen geschieht, mehr aber nicht.«

»Deine Mutter Ani weiß offenbar eine Menge über die Welt draußen.«

»Wir bekommen unsere Informationen von denen, die in den Tempeln wohnen. Sie besuchen uns oft hier in den Ringen, besonders wenn sie spüren, daß einer von uns bereit dafür ist, zu ihnen zu gehen.«

»Zu ihnen gehen?«

»Fast alle hier wünschen sich, eines Tages in die Tempel aufgenommen zu werden. Das ist für uns die größte Ehre und eine Gelegenheit, Einfluß auf die äußeren Kulturen zu nehmen.«

Es war sonderbar, in das Gesicht eines Vierzehnjährigen zu schauen, der mit der Reife eines dreißigjährigen Mannes sprach.

»Was ist mit dir?« fragte ich. »Möchtest du gerne in den Tempeln leben?«

Er lächelte und schaute verstohlen zur Tür, als wollte er nicht, daß seine Mutter hörte, was er sagte. »Nein. Ich glaube, ich möchte viel lieber in die äußeren Kulturen reisen. Erzähle mir bitte von ihnen.«

Bestimmt eine halbe Stunde lang berichtete ich ihm, so gut ich konnte, über die momentane Situation in der Welt: über die Art, wie die meisten Menschen lebten, wie sie sich ernährten, welche Probleme es dabei gab, weltweit demokratische Verhältnisse einzuführen, über den korrumpierenden Einfluß des Geldes auf die Politik und über die Umweltprobleme. Er reagierte darauf keineswegs verunsichert oder enttäuscht, sondern lauschte mir mit sichtlichem Enthusiasmus.

Dann erschien Ani. Sie merkte wohl, daß zwischen uns ein wichtiges Gespräch im Gang war, und zögerte. Doch Tashi schwieg, und ich sank erschöpft wieder auf die Kissen zurück.

Ani schaute mich prüfend an. »Du brauchst dringend einen Energieschub«, sagte sie. »Kommt bitte mit.«

Die beiden ließen mich allein. Ich kleidete mich an und ging ins Wohnzimmer, wo Ani auf mich wartete. Sie führte mich nach draußen, zu einer Stelle hinter dem Haus, wo einige sehr große Bäume standen. Zwischen ihnen wuchsen hohes Gras und große Farne. Sie forderte mich auf, meinen Körper zu bewegen, und ich probierte einige der Übungen aus, die Yin mir gezeigt hatte.

»Nun setz dich hierher zu mir«, sagte sie, als ich damit fertig war. »Und dehne dein Energiefeld wieder aus.«

Ich setzte mich vor sie hin, atmete tief, konzentrierte mich auf die Schönheit, die mich umgab, und visualisierte, daß die Energie in mich einströmte. Sofort wurden alle Farben und Formen klarer und strahlender.

Ich sah Ani an und entdeckte eine tiefe Weisheit in ihren Augen.

»Das ist schon besser«, sagte sie. »Als wir gestern Pema besuchten, warst du noch gar nicht wirklich hier angekommen. Erinnerst du dich, was du dort gesehen hast?«

»Sicher«, erwiderte ich. »An das meiste jedenfalls.«

»Weißt du noch, was geschah, als sie glaubte, sie hätte ein Kind empfangen?«

»Ja.«

»Für einen Moment schien das Kind angekommen zu sein, doch dann war es wieder verschwunden.«

»Hast du dafür eine Erklärung?« fragte ich.

»Niemand weiß genau, was dahintersteckt. Daß Kinder nach der Empfängnis aus dem Kraftfeld der Mutter verschwinden, kommt hier schon seit längerer Zeit immer wieder vor. Ich selbst war die erste Frau, bei der es geschah. Vor vierzehn Jahren. Seinerzeit war ich mir sicher, mit Zwillingen schwanger zu sein, einem Jungen und einem Mädchen. Doch war eines von den beiden nach der Empfängnis plötzlich verschwunden. Ich brachte Tashi zur Welt, aber ich hatte immer das Gefühl, daß seine Schwester ebenfalls am Leben ist, an irgendeinem anderen Ort.

Seit damals haben immer wieder Paare diese Erfahrung machen müssen. Sie sind sicher, daß sie ein Kind gezeugt haben, doch dann merken die Frauen plötzlich, daß ihre Gebärmutter leer ist. Später empfangen sie erneut Kinder, die sie dann auch austragen, aber sie vergessen niemals, daß sie einmal ein Kind empfingen, das nie in ihnen heranreifte. Dieses Phänomen ist in Shambhala in den letzten vierzehn Jahren sehr häufig aufgetreten.«

Nach einem kurzen Schweigen sagte sie: »Es hat etwas mit dem Übergang zu tun, vielleicht sogar mit deiner Ankunft hier bei uns.«

Ich wich ihrem Blick aus. »Davon weiß ich nichts.«

»Hast du denn keine intuitiven Ahnungen?«

Ich überlegte einen Moment, und der Traum fiel mir wieder ein. Ich wollte ihr davon erzählen, aber ich hatte keine Idee, was er möglicherweise bedeutete, also zog ich es vor, ihn für mich zu behalten.

»Nichts wirklich Intuitives«, sagte ich. »Nur eine Menge Fragen.«

Sie nickte, wartend.

»Wie funktioniert eure Wirtschaft? Wie verbringen die Leute ihre Zeit?«

»Wir haben eine Entwicklungsstufe erreicht, auf der wir kein Geld mehr verwenden«, erklärte mir Ani. »Und wir erzeugen keine Waren mehr nach Art der äußeren Kulturen. Vor Jahrzehntausenden kamen wir aus Kulturen, die ihre Dinge des täglichen Bedarfs auf die gleiche Weise produzierten wie ihr. Aber, wie ich schon sagte, erkannten wir allmählich, daß die Technologie vor allem dazu dienen sollte, die Entwicklung unserer mentalen und spirituellen Fähigkeiten zu fördern.«

Ich betastete den weichen Ärmel meines Parkas. »Alle materiellen Dinge, die ihr besitzt, bestehen demnach lediglich aus Energiefeldern?«

»Genau.«

»Was hält diese Felder zusammen?«

»Wenn sie einmal erzeugt wurden, bleiben sie so lange stabil, wie sie durch keinerlei Negativität gestört werden.«

»Was ist mit eurer Nahrung?«

»Nahrung läßt sich auf die gleiche Weise erzeugen, aber wir haben festgestellt, daß die beste Nahrung diejenige ist, die von Menschen auf natürliche Weise angebaut wird. Nahrungspflanzen reagieren auf unsere Energie und geben uns zurück, was sie energetisch von uns empfangen. Natürlich brauchen wir nur noch sehr wenig Nahrung, um vital und gesund zu bleiben. Die meisten Leute in den Tempeln essen überhaupt nichts.«

»Was ist mit der Stromversorgung? Wie werden eure Verstärkungsgeneratoren angetrieben?«

»Energie steht uns unbegrenzt zur Verfügung. Vor langer Zeit entdeckten wir ein Verfahren, das ihr als kalte Verschmelzung bezeichnen würdet. So konnten wir unsere gesamte Zivilisation problemlos mit Energie versorgen, ohne dafür die Umwelt verschmutzen zu müssen. Und die Massenproduktion von Waren konnte damals völlig automatisiert werden. Im Laufe der Zeit richteten wir unser Augenmerk immer stärker auf unsere spirituelle Entwicklung, auf die Wahrnehmung von Synchronizitäten und die Entdeckung neuen Wissens, das wir dann an andere weitergeben konnten.«

Als sie mir diese Dinge erzählte, wurde mir bewußt, daß sie eine Zukunft beschrieb, von der ich zum ersten Mal in der Neunten und der Zehnten Erkenntnis erfahren hatte.

»Als unsere spirituelle Entwicklung hier in Shambhala weiter fortschritt«, sagte Ani, »erkannten wir, worin die Bestimmung des Menschen auf diesem Planeten besteht. Ziel ist es, eine Kultur zu erschaffen, die in all ihren Aspekten spirituell ist. Wir entdeckten, welche Macht im Inneren des Menschen schlummert und darauf wartet, für dieses Ziel genutzt zu werden. Wir lernten die Gebetserweiterungen kennen und verwendeten sie dazu, unsere Technologie so weiterzuentwickeln, daß sie uns bei der Entfaltung unseres kreativen Potentials optimal unterstützte. Heute leben wir völlig im Einklang mit der Natur. Die einzigen technischen Apparaturen, die wir noch benutzen, sind die Generatoren, die du ja schon gesehen hast.«

»Haben alle diese Entwicklungen hier in diesem Tal stattgefunden?« fragte ich.

»Nein, keineswegs«, sagte sie. »Shambhala hat schon viele Male den Ort gewechselt.«

Diese Aussage klang für mich ziemlich bestürzend. Daher fragte ich genauer nach.

»O ja«, erklärte Ani. »Unsere Legenden sind sehr alt und stammen aus vielen Quellen. Alle Sagen von Atlantis und dem mythischen Hindu-Reich Meru basieren auf der Erinnerung an alte Zivilisationen, die es wirklich gegeben hat. Dort spielte sich die frühe Phase der Entwicklung Shambhalas ab. Die Entwicklung unserer Technologie war der schwierigste Schritt, denn um die Technik ganz in den Dienst unserer individuellen spirituellen Entwicklung stellen zu können, mußte sich zunächst bei allen Individuen die Einsicht durchsetzen, daß spirituelle Erkenntnis wichtiger ist als Geld und Macht.

Das braucht seine Zeit, weil die Menschen sich zunächst von ihrer Furcht befreien müssen. Von Furcht beherrschte Menschen haben allzuoft das Bedürfnis, den Fortgang der menschlichen Evolution zu ihrem eigenen Vorteil zu manipulieren und den technologischen Fortschritt dafür zu mißbrauchen, Kontrolle über ihre Mitmenschen auszuüben. In frühen Zivilisationen geschah es häufig, daß Machtcliquen den Versuch machten, mit Hilfe der Verstärkergeneratoren die Gedanken anderer Menschen zu kontrollieren. Viele dieser Versuche endeten in Krieg und Massenvernichtung, und dann mußte die Menschheit jedesmal wieder von vorn beginnen.

Ihr in den äußeren Kulturen steht jetzt gerade wieder vor diesem Problem. Es gibt Leute, die durch elektronische Überwachung, unter die Haut gepflanzte Mikrochips und Gehirnwellenabtastung Herrschaft und Kontrolle ausüben wollen.«

Ich nickte. »Was ist mit den Artefakten dieser alten Kulturen, von denen du sprichst? Warum hat man davon kaum je etwas ausgegraben?«

»Die Kontinentaldrift hat vieles für immer verschüttet. Und noch etwas kommt hinzu: Wenn eine Kultur einmal eine Stufe erreicht hat, wo man sämtliche materiellen Güter mittels Geisteskraft erzeugt, dann lösen sich alle diese Dinge ganz einfach auf, wenn ein Niedergang eintritt und eine Welle der Negativität die Energie absinken läßt.«

Ich holte tief Luft und zuckte die Achseln. Alles, was sie sagte, leuchtete mir vollkommen ein, war aber doch zugleich extrem verwirrend. Sich hypothetisch damit zu befassen, daß die menschliche Zivilisation einer spirituellen Zukunft entgegenging, war eine Sache. Etwas völlig anderes war es aber, sich plötzlich in einer Kultur wiederzufinden, die dieses spirituelle Niveau längst erreicht hatte.

Ani rückte näher zu mir heran. »Natürlich ist es wahr, daß wir weiter sind als ihr. Aber das bedeutet doch, daß der Weg für euch in den äußeren Kulturen leichter wird, weil ihr auf unsere Erfahrungen zurückgreifen könnt.«

Sie schaute mich fragend an, und ich mußte grinsen.

»Du hast jetzt eindeutig mehr Energie«, sagte sie zufrieden.

»Ich glaube, ich habe mich noch nie so hellwach gefühlt.«

Sie nickte. »Unser Energieniveau hier in Shambhala ist eben viel höher. Und das ist ansteckend. Es gibt hier so viele Leute, die von Energie erfüllt sind und diese Energie nach außen projizieren, daß der Effekt sich multipliziert. Alle versorgen sich ständig gegenseitig mit Gebetsenergie. So könnte es auch draußen bei euch sein. Die Überzeugungen und Erwartungen, die die Mitglieder einer Kultur miteinander teilen, fließen zusammen und bilden ein einziges gewaltiges kulturelles Gebetsfeld.

Der allgemeine Energiezustand einer Kultur hängt davon ab, in welchem Maße sich ihre Mitglieder der Existenz ihrer Gebetsfelder bewußt sind und sie zu erweitern vermögen. Werden die Gebetserweiterungen erst einmal von genügend Leuten praktiziert, saust der Energiepegel nach oben. Wenn in den äußeren Kulturen alle Menschen wüßten, wie man sich mit spiritueller Energie anfüllt und sie in die Umwelt verströmt, könntet ihr den gleichen Entwicklungsstand erreichen wie wir in Shambhala, und zwar *so* schnell!« Sie schnippte mit den Fingern und fügte hinzu: »Daran wird in den Tempeln gearbeitet. Dort setzen wir unsere Gebetserweiterungen dazu ein, die Bewußtheit in den äußeren Kulturen anzuheben. Das tun wir schon seit Tausenden von Jahren.«

Ich dachte einen Moment über ihre Worte nach, dann bat ich: »Erzähl mir alles, was du über die Vierte Erweiterung weißt!«

Sie schaute mich sehr ernst an. »Du weißt, wie wichtig es ist, daß du Schritt für Schritt vorgehst. Du hast Hilfe erhalten, aber dennoch war es nötig, die ersten drei Erweiterungen und einen Teil der Vierten kennenzulernen, ehe du hierher gelangen konntest. Du mußt dir jetzt die Zeit nehmen, die Wirkungsweise der Erweiterungen von Grund auf zu verstehen.

Wenn eine Erweiterung komplett verstanden ist und richtig angewendet wird, dehnt sich dein Energiefeld aus und wird stärker. Wenn du deine Energie aussendest, um synchronistische Fügungen herbeizuführen und andere Menschen zu inspirieren, und diese Energie zudem durch innere Losgelöstheit und unerschütterlichen Glauben stabilisierst, hilfst du aktiv bei der Verwirklichung des göttlichen Plans für die Menschheit mit. Und je mehr du im Einklang mit dem Göttlichen denkst und handelst, desto stärker wird deine Energie. Begreifst du? Es gibt eine eingebaute Sicherheitsvorrichtung. Gott gibt erst dann deine Energie frei, wenn du dich ausreichend in Harmonie mit dem Universum befindest.«

Sie berührte meine Schulter. »Als Nächstes mußt du dir darüber klarwerden, welchen Weg die Menschheit nach göttlichem Willen einschlagen soll. Es ist Zeit für den nächsten Schritt in der Evolution. Deshalb ist es nun endlich möglich geworden, daß ihr Shambhala seht und versteht. Die nächste Stufe der Vierten Erweiterung besteht für dich darin, den göttlichen Plan für die Zukunft der Menschheit zu erkennen.

Wie wir die technologischen Herausforderungen gemeistert und die Technik in den Dienst unserer inneren spirituellen Evolution gestellt haben, hast du nun begriffen. Das hat bereits zu einer Anhebung deiner Energie geführt, weil diese positive Zukunftserwartung dein Gebetsfeld stärkt und bereichert.

Du weißt, wie du dein Gebetsfeld in die Welt hinausschicken kannst. Und du weißt, wie du mit diesem Feld die Energie und die Synchronizität bei dir selbst und anderen steigern kannst. Um dein Feld noch mehr zu stärken und zu erweitern, mußt du nicht nur visualisieren, wie deine Energie deine Mitmenschen dazu inspiriert, in Kontakt mit ihrer höheren Intuition zu kommen, sondern zudem eine klare Vorstellung davon haben, wohin diese höhere Intuition euch führt: hin zu einer idealen spirituellen Kultur, wie du sie hier in Shambhala siehst. Dadurch hilfst du deinen Mitmenschen, ihre Rolle in dieser Evolution zu finden.«

Ich nickte, ungeduldig auf weitere Informationen wartend.

»Langsam«, warnte sie. »Nimm dir genug Zeit, das alles zu verarbeiten. Du hast noch viel zuwenig von Shambhala gesehen. Wir haben unsere Welt ganz auf die spirituelle Evolution ausgerichtet ... auf die Mysterien des Daseins ... auf den eigentlichen Prozeß des Lebens.«

# 8 Der Prozeß des Lebens

Ich nahm die linke Abzweigung des Fußpfades hinter Anis und Tashis Haus und kletterte fast zwei Kilometer weit durch Felsen und Bäume nach oben. Ani hatte unser Gespräch abrupt beendet und mir mitgeteilt, daß sie einige Vorbereitungen zu treffen habe, die sie mir später erklären würde. Also hatte ich beschlossen, allein zu einem Spaziergang aufzubrechen.

Während ich durch den grünen Blätterwald blickte, dachte ich an die Fragen, die mich beschäftigten. Ani hatte gesagt, daß ich in Shambhala eine Kultur sehen könne, die sich auf den Prozeß des Lebens konzentriert. Was sollte das bedeuten?

Während ich über diese Frage nachdachte, bemerkte ich einen Mann, der auf dem Pfad auf mich zukam. Er war etwas älter als ich, vielleicht um die Fünfzig, und ging mit schnellem Schritt. Als er mich erreichte, trafen seine Augen für einen Moment die meinen, und dann ging er an mir vorbei. Aus dem Augenwinkel sah ich, daß er sich kurz nach mir umdrehte und zurückblickte.

Ich ging ein Stück weiter und ärgerte mich dabei über mich selbst, daß ich nicht angehalten und ein Gespräch begonnen hatte. Schließlich drehte ich mich um und ging den Weg zurück in die Richtung, in die der Mann verschwunden war. Vielleicht konnte ich ihn ja noch einholen. Gerade ging er ein Stück vor mir um eine Wegbiegung, so daß er aus meinen Augen verschwand. Als ich dort angekommen war, konnte ich ihn nicht mehr entdecken. Ich war enttäuscht und ging zurück zu Anis Haus, dachte aber nicht weiter darüber nach.

Sie begrüßte mich an der Tür und reichte mir eine Jeans und ein Hemd.

»Das wirst du brauchen«, meinte sie dabei.

»Laß mich raten«, antwortete ich. »Du hast dein Feld benutzt, um diese Sachen zu erschaffen?«

Sie nickte. »Du fängst an, uns zu verstehen.«

Ich setzte mich in einen Stuhl und schaute sie an. Ich hatte nicht unbedingt das Gefühl, daß ich es wirklich verstand.

»Tashis Vater ist angekommen«, fügte sie noch hinzu.

»Wo ist er?« wollte ich wissen.

»Bei Tashi.« Sie wies mit einer Kopfbewegung auf eines der Schlafzimmer.

»Wo war er?«

»Er ist für einige Zeit in den Tempeln gewesen.«

Ich richtete mich auf. »Ist er gerade eben angekommen?«

»Ja, eben bevor du zurückgekommen bist.«

»Ich glaube, ich bin ihm gerade auf dem Weg begegnet.«

Ani schwieg einen Moment, dann meinte sie: »Ich glaube, er ist hier, um uns vorzubereiten.«

»Vorzubereiten worauf?«

»Für den Übergang. Er denkt, wir nähern uns dem Zeitpunkt, an dem Shambhala auf eine andere Ebene transferiert.«

Ich wollte gerade noch weitere Fragen stellen, als mir auffiel, daß sie zur Seite blickte, in ihre eigenen Gedanken vertieft.

»Du sagst, du hast Tashis Vater auf dem Weg gesehen?« fragte sie dann.

Ich nickte.

»Dann muß wohl die Botschaft, die er bringt, auch für dich von Bedeutung sein. Wir müssen uns des Prozesses hier ganz besonders bewußt sein.«

Sie blickte mich erwartungsvoll an.

»Du hast den Prozeß des Lebens erwähnt«, sagte ich. »Kannst du mir genau erklären, was ihr in Shambhala darunter versteht?«

Sie nickte. »Gut, laß uns betrachten, wie sich eine Gesellschaft entwickeln kann, sobald sie anfängt, ihre spirituelle Energie anzuheben. Das erste, was geschieht, ist, daß die technologischen Entwicklungen immer effizienter und automatisierter werden, so daß es in immer größerem Umfang die Maschinen sind, die die materiellen Güter für diese Gesellschaft herstellen. Das ist etwas, was bereits in allen Industrieländern der äußeren Kulturen geschieht, und es ist eine positive Entwicklung, auch wenn sie gleichzeitig eine besondere Gefahr darstellt. Denn sie kann dazu führen, daß sich zu viel Macht in den Händen einiger weniger Menschen oder Firmen ansammelt, wenn sie nicht dezentralisiert wird. Außerdem führt sie zum Verlust von Arbeitsplätzen, und viele Menschen müssen sich eine neue Einkommensquelle suchen.

Im gleichen Maße, in dem die materielle Produktion automatisiert wird, verwandelt sich aber das gesamte Umfeld hin zu einer Informations- und Dienstleistungsgesellschaft. Das heißt, es geht darum, anderen im richtigen Moment die richtigen Informationen zukommen zu lassen. Dafür müssen alle intuitiver werden, wach und aufmerksam für synchronistische Vorkommnisse. Das wird dann zu einer neuen Lebensweise.

Sowie sich das spirituelle Wissen erweitert und die Menschen sich der kreativen Kräfte, die ihnen über das spirituelle Feld zur Verfügung stehen, bewußt werden, wird die technologische Entwicklung einen weiteren Schritt machen. Das ist der Punkt, an dem die Gehirnwellenverstärker entwickelt werden, so daß sich jeder einzelne alles, was er braucht, mental erschaffen kann.

Wenn das geschieht, kann sich die Gesellschaft ganz uneingeschränkt auf die spirituelle Entwicklung konzentrieren, auf das, was wir den Prozeß des Lebens nennen. An diesem Punkt sind wir nun gerade in Shambhala, und der Rest der Menschheit wird uns irgendwann folgen.

Unsere gesamte Gesellschaft ist über die geistigen Tatsachen aufgeklärt. An irgendeinem Punkt ihrer Entwicklung muß jede Kultur verstehen, daß wir spirituelle Wesen sind und daß auch unsere Körper nur Atome in einem bestimmten Schwingungszustand sind, ein

Schwingungszustand, der erhöht werden kann, indem unsere innere Verbindung und unsere spirituelle Kraft zunehmen.

Hier in Shambhala sind wir uns dieser Tatsache bewußt, und wir wissen auch, daß jeder von uns von der rein geistigen Ebene hierher gekommen ist, um etwas Bestimmtes zu vollbringen. Wir haben die Mission, die ganze Welt zu voller spiritueller Bewußtheit zu bringen, Generation für Generation, und das so bewußt wie möglich. Deshalb nehmen wir von Anfang an voll an diesem Prozeß des Lebens teil – sogar schon vor der Geburt.«

Sie schaute mich an, um zu prüfen, ob ich ihr noch folgte, und fuhr dann fort. »Es existiert immer schon vor der Geburt eine intuitive Beziehung zwischen Mutter, Vater und ungeborenem Kind.«

»Welche Art von Beziehung?« wollte ich wissen.

Sie lächelte. »Jeder hier weiß, daß die Seelen schon vor der Empfängnis mit den Eltern Kontakt aufnehmen. Vor allem die Mütter können ihre Gegenwart spüren. Das ist Teil des Entscheidungsprozesses – ob die ausgesuchten Eltern auch wirklich die richtigen sind.«

Ich schaute sie erstaunt an.

»Das ist etwas, was auch in den äußeren Kulturen bereits geschieht«, erklärte Ani. »Es ist nur so, daß die Leute erst jetzt allmählich anfangen, darüber zu sprechen und auch ihre Wahrnehmung dahingehend zu entwickeln. Aber frag mal einige Mütter, und du wirst erstaunt sein, was sie dir sagen.

Diese Art von Intuition spielt auch bei der Partnersuche eine Rolle. Wenn die Menschen lernen, bewußt auf die Suche nach einem Partner zu gehen, ist Leidenschaft der hauptsächliche Faktor, aber er ist nicht der einzige. Sie bekommen auch eine Vorstellung davon, wie das Leben mit einer bestimmten Person aussehen wird. Sie beurteilen – ob nun bewußt oder unbewußt –, ob der Lebensstil zusammen mit dem Partner einen Fortschritt gegenüber dem bedeutet, mit dem sie aufwuchsen.

Verstehst du, worauf ich hinauswill? Die Wahl des richtigen Partners ist vom evolutionären Standpunkt aus extrem wichtig. Wenn wir uns spirituell entwickeln, werden wir uns ganz bewußt einen Partner suchen, mit dem wir eine Beziehung aufbauen können, die wahrhaftiger ist als die der vorhergehenden Generation. Intuitiv wissen wir, daß wir uns ein Leben aufbauen müssen, das zu der Weisheit der Generationen vor uns beiträgt und etwas zu dem hinzufügt, was wir bei unserer Ankunft in dieser Welt vorgefunden haben. Kannst du diesen Prozeß erkennen?

Und dann tauchen Intuitionen auf über das Kind, das bei uns geboren werden will, und damit die Frage: Warum möchte diese Seele ausgerechnet in unserer Familie geboren werden? Was möchte sie vollbringen, wenn sie herangewachsen ist? Auf welche Art und Weise will sie das Wissen und die Weisheit, die sie bei uns vorfand, ausdehnen und erweitern?«

»Halt mal, einen Moment«, warf ich ein. »Müssen wir nicht vorsichtig sein, wenn wir uns bestimmte Vorstellungen davon machen, wie sich unsere Kinder entwickeln werden? Was ist, wenn wir uns irren und dann versuchen, das Kind in eine Schablone hineinzupressen, die überhaupt nicht zu ihm paßt? Meine Mutter hat immer gedacht, daß ich Pfarrer oder Seelsorger werden würde, und damit lag sie ja wohl ziemlich falsch.«

Sie nickte. »Natürlich, es handelt sich dabei ja nur um Intuitionen. Die Realität wird immer etwas anders aussehen als das, was wir uns vorstellen. Viele Jahrhunderte lang sind Heiraten arrangiert und die Kinder in Berufe hineingepreßt worden, die von den Eltern ausgesucht wurden. Aber siehst du nicht, daß das nur die falsche Anwendung einer echten Intuition war? Wir können lernen aus dem, was sie falsch gemacht haben. Wir werden niemals das letzte Wissen über unsere Kinder haben, und niemals sollten wir absolute Kontrolle ausüben. Wir erhalten lediglich Intuitionen, ungefähre Bilder von dem, was sie aus ihrem Leben machen werden. Und ich wette, deine Mutter lag mit ihrer Vorstellung von dir gar nicht so falsch!«

Ich schaute sie überrascht an. Ihre Aussage gab mir zu denken.

»Also, du siehst, was das bedeutet. Während Mutter und Vater ihre Intuitionen darüber erhalten, wie das Kind ihre eigene Weisheit aufgreifen und entwickeln wird, tut die ungeborene Seele genau das gleiche. In einer Vision ihres zukünftigen Lebens sieht sie, was sie erreichen möchte. Danach folgt dann die Empfängnis.«

Sie sah mich einen Moment lang an. »Erinnerst du dich an das Paar, das wir beim Wasserfall beobachtet haben?«

»Ja.«

»Was denkst du darüber?«

»Es schien sehr bewußt zu sein.«

»Du hast recht, das war es. Sobald sich ein Paar entschieden hat, einer Seele, die sie bereits intuitiv spüren, die Verkörperung zu ermöglichen, ist der physische Akt eine Art von Verschmelzung der Energiefelder, die auf eine sehr reale Art und Weise beim Orgasmus ein Tor in den Himmel öffnet und der Seele einen Weg frei macht.«

Ich dachte über das nach, was ich beim Wasserfall gesehen hatte. Die Energiefelder der beiden waren miteinander verschmolzen, und dann begann eine neue Energie zu wachsen.

»Im materialistischen Verständnis der äußeren Kulturen«, fuhr Ani fort, »wurde die sexuelle Vereinigung zu einem rein biologischen Akt reduziert, aber hier wissen wir um die spirituelle und energetische Seite des Geschehens. Die beiden Partner verschmelzen ihre Energiefelder zu einem, und das Kind ist ein Ergebnis dieser Verschmelzung.

Nun, die Wissenschaft sieht die Empfängnis als zufällige Kombination von Genen, und natürlich sieht es auch genauso aus, wenn man den Vorgang nur oberflächlich im Reagenzglas beobachtet. Doch in Wahrheit verbinden sich die Gene von Mutter und Vater zu einem Kind, dessen Eigenschaften die höchste Bestimmung aller drei Beteiligten verkörpern. Verstehst du das? Das Kind hat eine Bestimmung, die es in einer Vision bereits vor der Empfängnis sieht, und dann verbinden sich die Gene auf genau die Art und Weise, die dem Kind die bestimmten Neigungen und Talente gibt, die es braucht, um seine Vision zu erfüllen. Die Wissenschaftler der äußeren Kulturen werden irgendwann einen Weg finden, um diesen Prozeß nachzuweisen.

Aus diesem Grund ist auch die technische Kombination von Genen durch Ärzte und Wissenschaftler so gefährlich. Die Vermeidung von Krankheiten ist eine Sache, aber die Kombination bestimmter Gene mit dem Ziel, nach den eigenen Vorstellungen mehr Intelligenz oder gewisse Talente oder was auch immer zu erzeugen, kommt aus dem Ego und kann gefährlich sein. Solche Praktiken haben bei einigen früheren Zivilisationen zum Untergang geführt.

Was ich damit sagen will, ist, daß wir hier in Shambhala den Prozeß des Elternwerdens sehr ernst nehmen. Idealerweise arbeiten die Intuition der Eltern und die des Kindes harmonisch zusammen und geben dem Kind die besten Voraussetzungen, um seine Bestimmung im Leben zu erfüllen.«

Was sie sagte, erinnerte mich wieder an die fehlenden Babys hier in Shambhala.

»Was glaubst du, was ist wohl mit den Kindern passiert, die verschwunden sind?« fragte ich sie.

Sie zuckte mit den Achseln und blickte dabei zur geschlossenen Tür von Tashis Zimmer. »Ich weiß es nicht, aber vielleicht werden wir es von Tashis Vater erfahren.«

Mir kam noch eine weitere Frage: »Ich verstehe nicht ganz, wer in die Tempel geht und wer in den äußeren Bereichen bleibt.«

Sie lachte. »Ja, ich nehme an, es ist etwas verwirrend. Unsere Kultur ist aufgeteilt in die, die lehren, und in die, die in die Tempel gerufen werden. Viele Menschen in den Tempeln gehen aber alle paar Tage nach draußen, um ihre Beziehungen zu den anderen aufrechtzuerhalten, besonders wenn sie Kinder haben. Aber das kann sich auch jederzeit ändern, jeweils basierend auf der Intuition der Betreffenden. Die in den Tempeln arbeiten, können zurückkommen, um zu lehren, und die Lehrenden können jederzeit auch in die Tempel gehen. Es ist sehr fließend und basiert auf Synchronizitäten.«

Sie hielt einen Moment inne, und ich nickte ihr zu, daß sie fortfahren solle.

»Beim nächsten Schritt im Prozeß des Lebens geht es darum, dem Kind zu helfen aufzuwachen. Erinnere dich, jeder von uns vergißt in gewissem Umfang, warum er gekommen ist und was er mit seinem Leben machen wollte. Daher müssen wir dem Kind die Zusammenhänge verständlich machen, die seine Geburt umgeben. Für das Kind ist es wichtig, einen Kontext für sein Leben zu haben, so daß es weiß, was vor seiner Ankunft geschah und wie es in diesen Zusammenhang hineinpaßt. Das umfaßt auch die persönliche Geschichte der Familie über mehrere Generationen. Diese bewahren wir auf, so ähnlich wie auf einer Videokassette, nur daß es elektronisch gespeichert ist.

Tashi zum Beispiel konnte seine Vorfahren über sieben Generationen hinweg kennenlernen. Sie haben ihm über ihr Leben erzählt und über ihre Träume, über das, was für sie funktionierte und was nicht, und am Ende ihres Lebens, was sie im nachhinein betrachtet gern anders gemacht hätten. Es ist sehr wichtig für Jugendliche, diese Informationen von ihren Vorfahren zu haben. Es hilft ihnen, ihr eigenes Leben abzustecken, aus den Fehlern ihrer Ahnen zu lernen und auf ihrer Weisheit aufzubauen. Tashi hat von seinen Vorfahren sehr viel gelernt, auch wenn seine Großmutter ihm immer am nächsten war.«

Ich war erstaunt. »Das ist eine wunderbare Idee. Ich frage mich, warum wir uns nicht auch die Zeit nehmen, so etwas aufzuzeichnen.«

»Ihr nehmt euch nicht die Zeit dafür, weil ihr den Gedanken an den Tod immer noch bis zur letzten Sekunde verdrängt, und dann ist es oft zu spät. Außerdem ist das Leben in den äußeren Kulturen immer noch viel zu sehr auf der materiellen Ebene konzentriert und weniger auf den Prozeß des Lebens selbst. Das wird aber im Laufe der Zeit leichter werden, wenn die äußeren Kulturen ihre Schwingungsebene erhöhen und um die Erweiterungen wissen. Im Moment reduziert ihr das Leben immer noch auf das Gewöhnliche, Alltägliche, obwohl es doch in Wahrheit ein ständiger geheimnisvoller Prozeß des Lernens ist.«

Sie schaute mich an, als läge hinter ihren Worten eine tiefere Bedeutung.

»Deine Aufgabe ist es im Augenblick, dich auf dich selbst zu konzentrieren sowie auf das, was mit dir geschieht. Du hast Shambhala zu einem Zeitpunkt erreicht, in dem es sich gerade kurz vor dem Übergang befindet. Tashis Vater ist hier, um mit Tashi über seine Zukunft und die Situation in den Tempeln zu sprechen. Aber Tashi fühlt sich im Moment nicht zu den Tempeln gerufen. Statt dessen interessiert er sich dafür, in deine Welt zu gehen. Und gerade mittendrin tauchst du hier auf. Das hat etwas zu bedeuten.«

Wie um Anis Worte zu unterstreichen, hörten wir plötzlich ein schwach dröhnendes Geräusch aus der Entfernung.

Sie schaute mich ratlos an. »So etwas habe ich noch nie gehört.«

Ein kalter Hauch wehte mich an. »Ich glaube, das könnte ein Hubschrauber sein«, entgegnete ich.

Erneut dachte ich daran, ihr von meinem Traum zu erzählen, doch bevor ich dazu kam, begann sie wieder zu sprechen.

»Wir müssen uns beeilen. Du mußt erfahren, wer wir sind, wie die Kultur aussieht, die wir geschaffen haben. Wir haben gerade darüber gesprochen, wie wichtig es ist, Jugendlichen ein Verständnis für die Generationen zu geben, die vor ihnen kamen. Diese Geschichte ist etwas, das jedem einzelnen hier in den äußeren Bereichen sehr früh zugänglich gemacht wird – zu dem Zeitpunkt, in dem sie spirituell erwachen und ein Gefühl dafür bekommen, wozu sie hierher auf die Erde kamen.

Jedem hier ist klar, daß sich die Menschheit durch ihre Generationenfolge entwickelt. Jede Generation erschafft sich ihre besondere Lebensweise und sieht sich mit bestimmten Herausforderungen konfrontiert, und dann kommt die nächste Generation und erweitert diese Lebenseinstellung. Leider fängt man in den äußeren Kulturen eben erst an, diese Entwicklung ernst zu nehmen. Meistens wollen Eltern einfach nur, daß ihre Kinder genauso werden wie sie selbst und die gleiche Sichtweise haben. Diese Sehnsucht ist auch ganz natürlich, da wir alle uns wünschen, daß unsere Kinder den Weg fortführen, den wir eingeschlagen haben.

Doch oft wird dieser Prozeß zu einem Kampf. Die Eltern kritisieren die Interessen der Kinder, und die Kinder kritisieren die altmodischen Einstellungen der Eltern. Teilweise ist das ein Teil des Prozesses: Die Kinder schauen sich das Leben der Eltern an und denken: ›Das meiste von dem, was sie machen, finde ich ja ganz gut, aber bestimmte Dinge würde ich anders machen.‹ Jedes Kind hat ein Gefühl dafür, was im Leben der Eltern unvollständig ist. Das macht schließlich das Wesen des Prozesses aus: Wir suchen uns unsere Eltern danach aus, was ihnen fehlt, was noch ins Licht des menschlichen Verständnisses gebracht werden muß. Und wir beginnen diesen Prozeß damit, daß wir unzufrieden sind mit dem, was wir in unserem gemeinsamen Leben vorfinden.

Aber all das muß nicht in einen Kampf ausarten. Sobald wir diesen Prozeß verstehen, können wir bewußt an ihm teilhaben. Eltern können sich dann für die Kritik ihrer Kinder öffnen und sie in ihren Lebensträumen unterstützen. Dafür müssen die Eltern natürlich ihre eigenen Anschauungen etwas erweitern und mit ihren Kindern wachsen, und das kann manchmal schwierig sein.«

Sie schaute mich spitzbübisch an. »Wie sagt doch ein Sprichwort bei euch: ›Kinder und Narren sagen die Wahrheit.‹«

Das kam mir durchaus vertraut vor. Sie gab sich wirklich alle Mühe, mir den Prozeß der Evolution verständlich zu machen. Ich stellte ihr noch ein paar weitere Fragen, und sie nahm sich die Zeit, mir einige Details über das Leben in den äußeren Bereichen von Shambhala zu erklären. Sobald die Jugendlichen ein Verständnis für ihre Geschichte und ihre Ahnen hatten, so erzählte sie, ging es für sie darum zu lernen, ihr Gebetsfeld zu erweitern – so wie auch ich es getan hatte. Dann machten sie sich daran, einen Weg zu finden, um zu ihrer Kultur beizutragen, entweder, indem sie in den äußeren Bereichen lehrten, oder indem sie ihr spirituelles Feld in den Tempeln einsetzten.

»Dieser Lebensstil wird irgendwann einmal auch in den äußeren Kulturen auftauchen«, fügte sie hinzu. »Manche Menschen werden sich der Erziehung der Kinder widmen, und andere werden sich den verschiedenen Einrichtungen der menschlichen Kultur anschließen und dort dazu beitragen, daß sie sich auf das spirituelle Ideal hin entwickeln.«

Ich wollte gerade weitere Fragen zum Leben in den Tempeln stellen, als sich die Tür zu Tashis Zimmer plötzlich öffnete. Tashi trat zu uns heraus, gefolgt von seinem Vater.

»Mein Vater möchte dich gerne kennenlernen«, meinte Tashi und blickte mich an. Der ältere Mann verneigte sich leicht, und Tashi stellte uns vor, dann setzten sie sich beide an den Tisch. Tashis Vater trug die traditionelle Schaffellhose und -jacke des tibetischen Hirten, doch seine Kleidung war hell und makellos sauber. Er war klein und gedrungen gebaut und blickte mich aus freundlichen Augen mit jungenhaftem Enthusiasmus an.

»Sie wissen, daß sich Shambhala kurz vor dem Übergang befindet?« fragte er mich.

Ich blickte kurz zu Ani hin und dann wieder zu ihm. »Nur das, was einige der Legenden erzählen.«

»Die Legenden erzählen«, sagte der alte Mann, »daß an einem ganz bestimmten Punkt in der Evolution von Shambhala und den äußeren Kulturen eine große Veränderung eintreten wird. Diese Veränderung kann nur geschehen, wenn die Bewußtheit in den äußeren Kulturen eine bestimmte Ebene erreicht hat. Sobald es soweit ist, wird sich Shambhala entfernen.«

»Wohin entfernen?« fragte ich. »Können Sie mir das genauer erklären?«

Er lächelte. »Niemand weiß das so ganz genau.«

Diese Aussage erfüllte mich aus irgendeinem Grund mit einer gewissen Besorgnis, und ein leichter Schwindel überfiel mich. Einen Augenblick lang hatte ich Mühe, meine Augen fokussiert zu halten.

»Er ist immer noch nicht stark genug«, meinte Ani.

Tashis Vater nickte und blickte mich an. »Ich bin hier, weil meine Intuition mir sagt, daß es wichtig ist, daß Tashi während des Übergangs bei uns in den Tempeln ist. Die Legenden erklären, daß es eine Zeit großer Möglichkeiten, aber auch großer Gefahren sein wird. Eine Zeitlang wird alles, was wir hier in den Tempeln gemacht haben, zusammenbrechen. Wir werden nicht so viel wie sonst helfen können.«

Er blickte zu seinem Sohn hinüber. »Das wird genau zu dem Zeitpunkt passieren, in dem die Situation in den äußeren Kulturen sich zuspitzt. Viele Male während der vergangenen Geschichte der Menschheit haben sich die Menschen spirituell bis zu diesem Punkt entwickelt, haben dann den Weg verfehlt und sind in Unwissenheit zurückgefallen. Sie haben angefangen, ihre Technologien zu mißbrauchen, und dadurch den natürlichen Ablauf der Evolution gestört.

Zum Beispiel geschieht es im Moment gerade in den äußeren Kulturen, daß einige Firmen die natürliche Produktion von Nahrungsmitteln unterlaufen, indem sie das Saatgut genetisch manipulieren und mit neuen, unnatürlichen Eigenschaften versehen. Das wird vor allem zu dem Zweck gemacht, um dieses Saatgut patentieren zu lassen und damit den Markt zu kontrollieren.

Dasselbe geschieht innerhalb der pharmazeutischen Industrie, wo zum Beispiel Heilkräuter genetisch verändert werden, um sie dann entsprechend zu vermarkten. Im Energiesystem des Körpers können solche Manipulationen große Auswirkungen auf die Gesundheit haben. Dasselbe gilt für bestrahlte Nahrungsmittel, gechlortes oder sonstwie verändertes Wasser oder auch für die modern gewordenen Designer-Drogen.

Gleichzeitig hat die Medientechnologie solch gigantische Ausmaße erreicht, daß sie unglaublichen Einfluß ausüben kann. Wenn sie sich ausschließlich nach den Bedürfnissen der Wirtschaft und der Politik richtet, kann sie eine verzerrte und unnatürliche Wirklichkeit für viele Menschen schaffen. Dieses Problem wird sich noch in dem Maße verstärken, wie Unternehmen sich zusammenschließen und mehr und mehr den Markt kontrollieren. Sie werden dann auch in größerem Umfang durch aggressives Marketing die entsprechenden Bedürfnisse in der Bevölkerung zu erzeugen versuchen.

Besonders kritisch ist die Situation im Bereich von staatlicher Macht und Kontrolle, selbst in den demokratischen Staaten. Unter dem Vorwand, Drogenhandel oder Terrorismus bekämpfen zu müssen, haben die Regierungen sich mehr und mehr in die Privatsphäre des einzelnen eingemischt. Das geht bereits so weit, daß Transaktionen per Bargeld immer stärker zurückgedrängt werden und gleichzeitig der gesamte bargeldlose Verkehr lückenlos überwacht wird. Der nächste Schritt ist eine bargeldlose Gesellschaft, die von einer zentralen Behörde kontrolliert wird.

Diese Entwicklung hin zu einer zentralen, geistlosen, autoritären Regierung in einer virtuellen High-Tech-Welt, die abgespalten ist von ihren natürlichen Grundlagen, wo Nahrungsmittel, Wasser und das alltägliche Leben trivialisiert und verzerrt sind, wird in die Katastrophe führen. Der Zyklus von kommerziell denaturierten Nahrungsmitteln, neuen Krankheiten und immer neuen Medikamenten führt in den Untergang, und das ist in der Menschheitsgeschichte auch schon mehrmals passiert. Es könnte sich wieder ereignen, nur diesmal in einem noch größeren Umfang.«

Er schenkte Ani ein Lächeln. »Aber es muß nicht passieren. In der Tat sind wir bewußtseinsmäßig nur einen kleinen Schritt weit davon entfernt, es zu schaffen. Wenn wir dahin kommen, vollkommen zu begreifen, daß wir spirituelle Wesen in einer spirituellen Welt sind, dann werden Ernährung, Gesundheit, Technologie, Medien und Regierung an ihren richtigen Platz innerhalb der Evolution rücken und zur Vervollkommnung der Welt beitragen. Aber damit dies geschehen kann, müssen die Möglichkeiten der Erweiterung des Gebetsfeldes in den äußeren Kulturen erst vollständig bekannt werden. Sie müssen verstehen, was wir in den Tempeln tun. Der Übergang von Shambhala ist ein Teil dieses Prozesses, doch die Gelegenheit muß auch genutzt werden.«

Er blickte nachdenklich zu Tashi hinüber. »Damit das geschehen kann, muß deine Generation sich mit den letzten zwei zu einem integrierten Bewußtseinsfeld verbinden – einem Feld, das eine Vereinigung aller Religionen enthält.«

Tashi blickte etwas verwirrt drein, und sein Vater rückte etwas näher zu ihm hin.

»Die Generation, die in den ersten Jahrzehnten des 20. Jahrhunderts geboren wurde – die unser Freund aus dem Westen die Generation des Zweiten Weltkriegs nennen würde –, hat mit ihrem Mut und ihrer Technologie in der ganzen Welt die Demokratie und die Freiheit der Völker vor der Bedrohung durch nationale Diktatoren gerettet, die sich eigene Reiche aufbauen wollten. Mit technologischer Übermacht haben sie sich durchgesetzt, und sie haben diese Technologien zu einer Weltwirtschaft ausgebaut. Die nächste Generation – die Babyboomer – erkannten intuitiv, daß die zu starke Betonung von Materialismus und Technologie nicht gut war, daß sie zur Umweltgefährdung führte, daß die Firmen zu viel Einfluß auf die Politik hatten, daß es zu viel Überwachung durch Geheimdienstorganisationen gab.

Diese Art von Kritik ist die normale Art und Weise, auf die eine neue Generation die Gesellschaft intuitiv weiterführt. Sie wuchs auf in einem hart erarbeiteten Materialismus – oder in manchen Ländern in einem Klima des Verlangens nach materiellen Gütern – und reagierte darauf mit der Erkenntnis, daß das nicht alles im Leben sein konnte, daß es eine spirituelle Bestimmung der Menschheit gibt, die es noch zu erfassen gilt.

Das sind die Hintergründe für alles, was in den sechziger und siebziger Jahren im Westen geschehen ist: die Zurückweisung der materialistischen Sichtweise, die Erforschung fremder Religionen, die Popularität bestimmter philosophischer Betrachtungsweisen, die geistige Explosion der Human-Potential-Bewegung. All das war das Ergebnis der Erkenntnis, daß das Leben mehr ist, als unsere materielle Weltsicht anerkennen will.«

Er schaute mich mit einem Zwinkern in den Augen an, als wüßte er alles über meine Erfahrungen mit den Erkenntnissen.

»Die Intuitionen der Babyboomer waren sehr wichtig«, fuhr er dann fort, »weil sie dem technologischen Fortschritt und dem materiellen Überfluß ihre angemessene Bedeutung zukommen ließen und zu der intuitiven Erkenntnis führten, daß die Technologie auf unserem Planeten dazu dienen sollte, daß wir eine Kultur entwickeln, in der wir nicht mehr ums nackte Überleben kämpfen müssen, sondern uns auch unserer spirituellen Entwicklung widmen können.«

Er schwieg einen Moment. »Und nun, seit den späten siebziger und frühen achtziger Jahren, ist eine neue Generation auf den Plan getreten, die die menschliche Kultur noch weiter vorantreiben wird.« Er blickte Tashi an. »Du und deine Altersgruppe, ihr seid Mitglieder dieser Generation. Kannst du erkennen, welche neue Betonung ihr in diese Welt bringt?«

Während Tashi über diese Frage nachgrübelte, begann auch ich darüber nachzudenken. Die Söhne und Töchter der Babyboomer-Generation reagierten auf den Idealismus ihrer Eltern und deren Ambivalenz gegenüber der Technik mit einem neuen praktischen Denken und einer vorher nie dagewesenen Begeisterung für neue Technologien.

Alle schauten mich an, als hätten sie meine Gedanken gehört. Tashi nickte zustimmend.

»Wir erkannten, daß Technologie einen spirituellen Zweck hat«, sagte er.

»Nun«, meinte sein Vater und schaute uns alle dabei an, »seht ihr, wie die drei Generationen zusammenfließen? Die Generation des Zweiten Weltkriegs kämpfte gegen Tyrannei und bewies, daß Demokratie in der modernen Welt nicht nur bestehen kann, sondern daß sie die Basis für eine weltweite ökonomische Verbindung sein kann. Mitten im Überfluß kamen dann die Babyboomer und zeigten, daß es mit diesem Wachstum Probleme gab, daß wir unsere natürliche Umwelt verschmutzen und zerstören und die Verbindung zur Natur und zu jener spirituellen Realität verlieren, die allem zugrunde liegt.

Und die nächste Generation legt die Betonung nun wieder auf die wirtschaftlichen Aspekte und setzt die Technologie auf eine Art und Weise ein, daß sie unsere geistigen und spirituellen Fähigkeiten unterstützt – so wie es hier in Shambhala geschehen ist –, statt zu erlauben, daß die Technologie in die Hände einiger weniger fällt, die sie dazu mißbrauchen würden, um die Freiheiten der anderen einzuschränken und sie zu kontrollieren.«

Er schwieg und schaute mich an.

»Aber diese neue Generation ist sich doch nicht völlig dessen bewußt, was sie tut, oder?« fragte ich nach.

»Nein, nicht vollständig«, antwortete er. »Aber dieses Bewußtsein wächst Tag für Tag. Wir müssen ein Gebetsfeld erzeugen, das sie in dieser Richtung unterstützt. Es muß ein großes und starkes Feld sein. Diese neue Generation muß uns helfen, die Religionen miteinander zu vereinen. Das ist sehr wichtig, denn es wird immer Kontrolleure geben, die versuchen, die Menschen dazu zu bringen, daß sie die Technologien negativ einsetzen oder die Entfremdung der anderen ausnutzen.«

Während wir dasaßen und uns gegenseitig anschauten, hörten wir in der Ferne wieder das leise Dröhnen der Hubschrauber auftauchen.

»Der Übergang hat begonnen«, meinte Tashis Vater und blickte seinen Sohn an. »Es müssen noch viele Vorbereitungen getroffen werden. Ich wollte dir nur vermitteln, daß deine Generation dabei mithelfen muß, uns alle voranzubringen, und daß du persönlich eine bestimmte Rolle dabei hast, das, was in Shambhala erreicht wurde, an die äußeren Kulturen weiterzugeben. Aber nur du allein kannst entscheiden, was du zu tun hast.«

Der junge Mann wandte seinen Blick ab.

Sein Vater ging zu ihm hinüber und legte einen Moment den Arm um ihn. Dann umarmte er Ani und verließ das Haus.

Tashis Augen folgten ihm bis zur Tür, dann ging er allein in sein Zimmer zurück.

Ich folgte Ani nach draußen, zu einem Sitzplatz im Garten. Ich hatte viele Fragen.

»Wohin ist Tashis Vater gegangen?« wollte ich wissen.

»Er macht sich für den Übergang bereit«, antwortete sie. »Es kann sein, daß es nicht leicht wird. Vielleicht verlieren wir alle für eine Zeitlang unseren Platz. Viele kommen im Moment von den Tempeln zurück, um zu helfen.«

Ich schüttelte den Kopf. »Was glaubst du – was wird passieren?«

»Niemand weiß das«, antwortete sie. »Die Legenden nennen keine Einzelheiten. Wir wissen nur, daß es einen Übergang geben wird.«

Die Unsicherheit führte bei mir wieder zu einem Absinken meines Energieniveaus, und ich setzte mich auf eine der Bänke.

Ani folgte mir und setzte sich neben mich. »Ich weiß aber, was du tun mußt«, meinte sie dann. »Du mußt dich weiter darum bemühen, die Vierte Erweiterung zu finden. Der Rest wird sich dann von selbst ergeben.«

Ich antwortete mit einem halbherzigen Nicken.

»Konzentriere dich auf das, was du hier gelernt hast. Du weißt jetzt, in welche Richtung sich die Technologie entwickeln muß, und du hast gesehen, wie unsere Kultur den Prozeß des Lebens betont, das Wunder der Geburt und die bewußte Evolution. Du weißt, daß das die Einstellung ist, die am meisten Freude und Inspiration schenkt. Das materialistische Leben in den äußeren Kulturen verblaßt dagegen völlig.

Wir sind spirituelle Wesen, und unser Leben muß sich um das Mysterium unserer Familie, unserer Begabungen und unserer Bestimmung drehen. Du weißt jetzt, wie solch eine Kultur aussieht und sich anfühlt.

Die Legenden sagen, daß das Gebetsfeld des einzelnen größer und stärker wird, sobald wir wissen, in welche Richtung sich die äußeren Kulturen entwickeln können. Wenn du dich mit deinem Inneren verbindest und dein eigenes Feld aus dir herausfließen siehst, wie es Synchronizitäten herbeiführt und andere in den synchronistischen Prozeß mit hineinzieht, dann kannst du dies nun mit mehr Klarheit tun, weil du ganz genau weißt, wohin uns dieser Prozeß führen wird, wenn wir ihm treu bleiben und Angst und Haß vermeiden.«

Ich schaute sie an. Sie hatte recht. Die Erweiterungen begannen für mich mehr und mehr Sinn zu ergeben.

»Aber ich habe noch nicht alles gesehen«, meinte ich zögernd.

Sie blickte tief in meine Augen. »Nein, du mußt weitersuchen und versuchen, den Rest der Vierten Erweiterung zu verstehen. Da ist noch mehr. Dein Gebetsfeld kann noch stärker werden.«

In diesem Moment konnten wir wieder die Hubschrauber hören, und das Geräusch machte mich plötzlich wütend. Sie schienen näher zu kommen.

»Zum Teufel mit ihnen«, brach es aus mir heraus, worauf mich Ani erschrocken ansah.

»In dir ist viel Zorn«, meinte sie.

»Nun, das ist doch kein Wunder, wenn man daran denkt, was das chinesische Militär da gerade macht.«

»Dieser Zorn ist ein Muster bei dir. Ich bin sicher, du bist bereits vor den Auswirkungen gewarnt worden.«

Ich mußte an das denken, was Yin mir zu erklären versucht hatte.

»Ja. Ich falle aber immer wieder zurück.«

Sie war deutlich besorgt.

»Du wirst lernen müssen, das zu vermeiden. Aber zieh dich dabei selbst nicht zu sehr herunter. Das verursacht ein negatives Feld, das dich dort hält, wo du bist. Auf der anderen Seite kannst du deinen Zorn nicht einfach ignorieren. Du mußt dir des Problems bewußt sein und gleichzeitig dein Gebetsfeld so ausrichten, daß du das Muster durchbrechen und ablegen kannst.«

Ich wußte, daß das ganz bewußte Arbeit meinerseits verlangen würde, doch erst einmal hatte ich noch eine andere Frage.

»Was soll ich jetzt tun?«

»Was meinst du?«

Ich schaute sie einen Moment lang an und antwortete dann: »Ich sollte wohl zu den Tempeln gehen.«

»Ist das deine Intuition?«

Ich dachte wieder an meinen Traum und erzählte ihr davon. Ihre Augen weiteten sich.

»Du hast davon geträumt, daß du mit Tashi zu den Tempeln gehst?«

»Ja.«

Sie blickte mich streng an. »Meinst du nicht, daß du ihm davon erzählen solltest?«

Ich ging zu Tashis Tür und berührte die Wand.

»Komm herein«, ertönte es von drinnen, und die Wand öffnete sich.

Ich ging hinein und sah Tashi auf dem Bett liegen. Er setzte sich sofort auf und bedeutete mir, mich auf den Stuhl ihm gegenüber zu setzen. Ich setzte mich.

Er schwieg einen Moment. Das ganze Gewicht der Welt schien auf seinen Schultern zu lasten. Dann meinte er: »Ich weiß immer noch nicht, was ich tun soll.«

»Was denkst du?« fragte ich ihn.

»Ich weiß es nicht. Ich bin verwirrt. Ich denke nur immer daran, wie ich zu den äußeren Kulturen kommen kann. Meine Mutter sagt, ich muß meinen eigenen Weg finden. Ich wünschte, meine Großmutter wäre hier.«

»Wo ist deine Großmutter?«

»Sie ist irgendwo in den Tempeln.«

Wir starrten uns eine ganze Zeitlang nur an, und dann fügte er noch hinzu: »Ich hatte einen Traum. Wenn ich ihn nur verstehen könnte!«

»Was für einen Traum?«

»Ich bin mit einer Gruppe von Leuten zusammen. Ich kann ihre Gesichter nicht erkennen, doch ich weiß, daß eine von ihnen meine Schwester ist.« Er schwieg einen Moment. »Außerdem konnte ich einen Platz mit Wasser erkennen. Irgendwie war ich in die äußeren Kulturen geraten.«

»Ich hatte auch einen Traum. Darin warst du mit mir zusammen. Wir waren in einem der Tempel… er war blau… und wir fanden dort noch jemand anderen.«

Ein schwaches Lächeln spielte um Tashis Lippen.

»Was willst du damit sagen? Daß ich zu den Tempeln gehen soll und nicht zu den äußeren Kulturen?«

»Nein«, antwortete ich. »Das meine ich damit nicht. Du hast mir gesagt, daß alle sagen, daß es unmöglich ist, über die Tempel zu den äußeren Kulturen zu gelangen. Aber was, wenn das nicht stimmt?«

Sein Gesicht hellte sich auf. »Du meinst, ich sollte zu den Tempeln gehen und versuchen, von dort in die äußeren Kulturen zu gelangen?«

Ich schaute ihn nur an.

»Ja, so muß es sein«, meinte er schließlich und stand auf. »Vielleicht bin ich ja doch gerufen worden.«

# 9 Die Energie des Bösen

Kaum hatten wir das Schlafzimmer verlassen, nahm das Hubschraubergeräusch in der Ferne zu.

Ani kam ins Haus und holte drei große Rucksäcke aus einem Stauraum. Dann gab sie uns dazu noch schwere Parkas. Mir fiel auf, daß sie auf die konventionelle Art hergestellt schienen, aus Stoff geschneidert und genäht. Ich wollte sie danach fragen, doch sie scheuchte uns rasch aus dem Haus und führte uns den Pfad zur Linken hinab.

Während wir marschierten, ging Ani an Tashis Seite, und ich konnte hören, wie er ihr von seiner Entscheidung erzählte, zu den Tempeln zu gehen. Die Geräusche der Hubschrauber kamen immer näher, und der blaue Himmel war inzwischen von einer grauen Wolkenschicht bedeckt.

Irgendwann fragte ich sie, wohin wir eigentlich unterwegs waren.

»Zu den Höhlen«, antwortete sie. »Du wirst einige Zeit zur Vorbereitung brauchen.«

Wir gingen einen steinigen Pfad entlang, der einen steilen Abhang überquerte und zu einem Plateau auf der anderen Seite führte. Hier winkte uns Ani zu, uns in einer schmalen Schlucht zu verstecken, wo wir uns eng zusammenkauerten und lauschten. Die Hubschrauber bewegten sich eine Zeitlang in einem kleinen Kreis über dem Abhang und folgten dann genau unserem Pfad, bis sie direkt über uns waren.

Ani schien entsetzt.

»Was ist los?« schrie ich über den Lärm.

Ohne zu antworten, kletterte sie aus der Schlucht und winkte uns zu, ihr zu folgen. Wir rannten vielleicht einen knappen Kilometer über das Plateau und in ein weiteres hügeliges Gebiet, dann hielten wir an und warteten. Wie zuvor kreisten die Hubschrauber hinter uns, bevor sie uns folgten und schließlich direkt über uns ankamen.

Ein Schwall kalter Luft traf uns und hätte mich beinahe umgeworfen. Zur gleichen Zeit lösten sich unsere Kleidungsstücke in Luft auf, ausgenommen die dicken Parkas.

»Ich habe mir schon gedacht, daß das passieren würde«, meinte Ani und zog mehr Kleidungsstücke aus den Rucksäcken. Ich trug noch meine ursprünglichen Stiefel, doch die von Ani und Tashi waren verschwunden. Sie gab ihm Stiefel aus Leder und zog auch selbst welche an. Als sie fertig waren, stiegen wir den Abhang hinauf und kletterten zwischen den Felsen empor, bis wir eine flachere Stelle erreichten. Ein heftiger Schneeschauer setzte ein, und die Temperatur war extrem abgesunken. Die Hubschrauber schienen für den Moment die Orientierung verloren zu haben.

Ich blickte über das einst grüne Tal hinweg. Der Schnee hatte inzwischen fast alles bedeckt, und die Pflanzen schienen in der Kälte bereits zu erfrieren.

»Das sind die Auswirkungen der Energie der Soldaten«, erklärte Ani. »Sie zerstören unser Feld.«

Während ich in die Richtung der Hubschraubergeräusche blickte, fühlte ich eine neue Welle von Zorn in mir hochsteigen. Sofort drehten sie bei und kamen direkt auf uns zu.

»Laßt uns weitergehen«, rief Ani uns zu.

Ich rückte näher an das kleine Feuer heran. Der Morgen war kalt. Wir waren noch eine Stunde gelaufen und hatten die Nacht in einer kleinen Höhle verbracht. Trotz mehrerer Lagen Thermo-Unterwäsche war ich komplett durchgefroren. Tashi saß zusammengekauert neben mir, und Ani blickte durch die Höhlenöffnung nach draußen auf die gefrorene Welt. Es hatte stundenlang geschneit.

»Inzwischen ist alles verschwunden«, sagte Ani. »Dort draußen ist jetzt nichts als Eis.«

Ich ging zur Öffnung hinüber und schaute hinaus. Wo vorher ein bewaldetes Tal mit Hunderten von Häusern gewesen war, sah man nun nichts als Schnee und schroffe Berge. Hier und da waren die verkrümmten Überreste einiger Bäume auszumachen, doch nicht ein einziger Farbfleck war zu sehen. Die Häuser waren einfach verschwunden, und der Fluß, der durch das Tal floß, war zugefroren.

»Die Temperatur muß um mindestens dreißig Grad gefallen sein«, fügte Ani hinzu.

»Was ist passiert?« fragte ich.

»Als die Chinesen uns fanden, begann die Kraft ihrer Gedanken zu wirken, und ihre Erwartungen von Schnee und Kälte setzten das Feld außer Kraft, das wir errichtet hatten, um die Temperatur stabil zu halten. Normalerweise wäre das Feld, das von den Tempeln aufrechterhalten wird, stark genug gewesen, um die Chinesen fernzuhalten, doch sie wußten, daß es Zeit für den Übergang ist.«

»Was soll das heißen? Haben sie sie absichtlich hereingelassen?«

»Es ging nicht anders. Da wir dich und die anderen, die uns gefunden haben, hereingelassen hatten, gab es keine Möglichkeit, die Soldaten fernzuhalten. Du bist nicht stark genug, um alle negativen Gedanken von dir fernzuhalten. Und sie sind ihnen hierher gefolgt.«

Ich war bestürzt. »Willst du damit sagen, daß es mein Fehler war?«

»Das ist schon in Ordnung. Es ist alles ein Teil des Prozesses.«

Das schien mir ein recht schwacher Trost. Ich ging zurück zum Feuer, und Ani folgte mir. Tashi hatte in der Zwischenzeit einen Eintopf aus getrocknetem Gemüse gekocht.

»Du mußt dir klar machen«, fügte sie hinzu, während sie mich anblickte, »daß für die Menschen von Shambhala alles in Ordnung ist. Wir haben es erwartet. Allen, die hier waren, geht es gut. Genügend Leute kamen von den Tempeln, um alle durch die Raumfenster in Sicherheit zu bringen. Unsere Legenden haben uns gut vorbereitet.«

Sie zeigte auf das Tal hinaus. »Du mußt dich auf das konzentrieren, was du selbst zu tun hast. Du und Tashi, ihr müßt es schaffen, zu den Tempeln zu kommen, ohne vom Militär gefaßt zu werden. Alles, was Shambhala für die Menschheit getan hat, muß bekannt werden.«

Sie hielt inne, als wir beide das schwache Geräusch eines Hubschraubers in der Ferne wahrnahmen. Es wurde schwächer und verschwand schließlich ganz.

»Und du mußt vorsichtiger sein«, warnte sie mich. »Ich dachte, du weißt inzwischen, daß du dir keine negativen Gedanken erlauben darfst, besonders keine Gedanken voller Haß und Verachtung.«

Ich wußte, daß sie recht hatte, und nickte, doch gleichzeitig war mir immer noch nicht ganz klar, wie das funktionieren sollte.

Sie schaute mich nachdenklich an. »Früher oder später wirst du dich mit deinem Muster aus Zorn auseinandersetzen müssen.«

Ich wollte gerade noch eine Frage stellen, als wir durch die Höhlenöffnung einige Dutzend Menschen erkennen konnten, die einen eisigen Abhang zu unserer Rechten hinabstiegen.

Ani stand auf und blickte Tashi an.

»Wir haben keine Zeit mehr«, meinte sie dann. »Ich muß gehen. Ich muß diesen Leuten helfen, einen Weg hinaus zu finden. Dein Vater wird schon auf mich warten.«

»Kannst du nicht mit uns kommen?« fragte Tashi, während er auf sie zuging. Ich konnte Tränen in seinen Augen erkennen.

Ani starrte ihn kurz an und schaute dann zu dem Abhang hinüber, wo die anderen unterwegs waren.

»Nein, das geht nicht.« Sie umarmte ihn liebevoll. »Mein Platz ist hier, bei den Menschen, denen ich beim Übergang helfen muß.«

Tashi schaute sie schweigend an.

»Mach dir keine Sorgen«, meinte sie daraufhin. »Ich werde dich finden, wo immer du bist.«

Sie ging zur Öffnung der Höhle und drehte sich dort noch einmal zu uns um.

»Ihr werdet es schaffen. Aber seid vorsichtig.« Sie machte eine Pause und blickte mich an. »Du kannst dein Energieniveau nicht aufrechterhalten, wenn du dich von Ärger und Zorn überwältigen läßt. Du darfst keine Feinde haben.« Und dann, mit einem Lächeln: »Und denk daran, dir steht immer Hilfe zur Verfügung.«

Tashi blickte über seine Schulter zurück und lächelte mich aufmunternd an, während wir mühsam durch den tiefen Schnee stapften. Es wurde immer noch kälter, und ich kämpfte darum, mein Energieniveau aufrechtzuerhalten. Um die Bergkette zu erreichen, wo sich die Tempel befanden, mußten wir den Grat hinabklettern, auf dem wir uns gerade befanden, das zugefrorene Tal durchqueren und dann ziemlich steil einen weiteren Berg hochsteigen. Wir waren etwa einen halben Kilometer ohne größere Schwierigkeiten geklettert, als wir den Rand eines Felsvorsprungs erreichten. Darunter war ein steiler Abhang von etwa 15 Metern Höhe. Tashi wandte sich zu mir um und schaute mich an.

»Wir werden da hinabrutschen müssen. Es gibt keinen Weg außen herum.«

»Das ist zu gefährlich«, wandte ich protestierend ein. »Möglicherweise sind Felsen unter dem Schnee. Wenn wir beim Gleiten die Kontrolle verlieren, könnten wir uns ziemlich verletzen.«

Mein Energieniveau begann abzusinken. Tashi lächelte nervös.

»Das geht schon in Ordnung«, meinte er dann. »Es ist okay, wenn du Angst hast. Stell dir einfach gleichzeitig vor, daß es gut ausgeht. Deine Angst wird sogar dafür sorgen, daß die Dakini zu Hilfe kommen.«

»Halt, einen Moment. Das ist mir jetzt neu. Was meinst du damit?«

»Hast du nicht schon erlebt, daß dir auf geheimnisvolle und unerklärliche Art geholfen wird?«

»Yin hat mir erklärt, daß Shambhala mir hilft.«

»Na also!«

»Aber ich verstehe den Zusammenhang nicht. Was genau bewirkt, daß die Dakini uns helfen?«

»Nur die Menschen in den Tempeln wissen das ganz genau. Ich weiß nur so viel, daß Angst diese Wächter herbeiruft, wenn wir dabei gleichzeitig unser Vertrauen bis zu einem gewissen Grad aufrechterhalten können. Haß und Zorn dagegen vertreiben sie.«

Tashi zog mich mit sich über den Rand des Abgrunds, und wir begannen im lockeren Schnee unkontrolliert abwärts zu rutschen. Mein Fuß stieß an einen Felsen, ich fiel vornüber und rollte Hals über Kopf nach unten. Mir war klar, daß alles aus wäre, wenn ich jetzt mit dem Kopf an einen weiteren Felsen krachte, doch trotz meiner Angst gelang es mir, irgendwie das Bild einer sicheren Landung vor meinem inneren Auge aufrechtzuerhalten. Damit senkte sich ein ganz besonderes Gefühl auf mich herab und hüllte mich in Frieden und Vertrauen ein. Der Schreck verblaßte.

Augenblicke später landete ich wohlbehalten am unteren Ende des Abhangs und rollte sanft aus. Tashi rollte hinter meinem Rücken aus.

Ich blieb noch eine Weile mit geschlossenen Augen liegen. Dann öffnete ich sie langsam, während ich mich an andere gefährliche Situationen in meinem Leben erinnerte, als ein unerklärlicher Frieden über mich gekommen war.

Während Tashi sich aus dem Schnee herauswühlte, schaute ich lächelnd zu ihm hinüber.

»Was ist?« fragte er mich.

»Hat uns jemand geholfen?«

Tashi stand auf, schüttelte den Schnee von seinen Kleidern und machte sich wieder auf den Weg.

»Siehst du, was passiert, wenn es dir gelingt, positiv zu bleiben? Das kurzfristige Gefühl von Stärke, das mit Ärger und Zorn einhergeht, läßt sich mit dieser geheimnisvollen Kraft überhaupt nicht vergleichen.«

Ich nickte. Hoffentlich würde ich mich daran später wieder erinnern.

Zwei Stunden lang marschierten wir quer durch das Tal, überquerten den zugefrorenen Fluß und begannen schließlich den sanften Fuß der steilen Berge zu erklimmen. Der Schnee fiel jetzt stärker und dichter.

Plötzlich hielt Tashi abrupt inne.

»Vor uns hat sich etwas bewegt.«

Ich bemühte mich, durch das dichte Schneetreiben etwas zu erkennen. »Was war es?«

»Es sah aus wie ein Mensch. Komm, laß uns weitergehen.«

Wir kletterten weiter den Berg hinauf. Der Gipfel schien mindestens 600 Meter über uns zu sein.

»Irgendwo muß ein Paß sein. Wir können nicht über den Gipfel steigen.«

Vor uns hörten wir plötzlich das Geräusch von herabfallenden Steinen. Wir schauten einander stumm an und bewegten uns dann langsam und vorsichtig zwischen einigen großen Felsbrocken hindurch. Hinter dem letzten Felsen konnten wir einen Mann erkennen, der sich gerade aus dem Schnee aufrappelte. Er schien ziemlich erschöpft zu sein. Eine blutige Bandage war um sein Knie gebunden. Ich traute kaum meinen Augen. Es war Wil!

»Alles in Ordnung«, beruhigte ich Tashi. »Ich kenne diesen Mann.« Ich stand auf und kletterte über die Felsen zu ihm hinüber. Wil hörte uns und tauchte schnell zur Seite. Trotz seines verletzten Beins schien er drauf und dran, vor uns wegzulaufen und eine enge Trasse hinabzurennen.

»Ich bin es«, rief ich ihm zu.

Wil richtete sich einen Moment lang ganz auf und ließ sich dann zurück in den Schnee sinken. Er trug einen dicken weißen Parka und schwere, warme Stiefel.

»Das wurde ja auch langsam Zeit«, war sein grinsender Kommentar. »Ich hatte dich schon viel früher erwartet.«

Tashi ging zu ihm hinüber und begutachtete sein verwundetes Bein. Ich stellte die beiden einander vor. So kurz und knapp wie möglich schilderte ich Wil alles, was mir passiert war: die Begegnung mit Yin und die Flucht vor den Chinesen, wie ich von den Schritten zur Erweiterung meines Feldes erfahren hatte und wie ich schließlich den Durchgang gefunden hatte und nach Shambhala gekommen war.

»Ich wußte nicht, wie ich dich finden konnte«, fügte ich schließlich hinzu, wobei ich ins Tal hinunterwies. »Alles ist zerstört. Das sind die Auswirkungen der Chinesen.«

»Ich weiß«, sagte Wil. »Ich bin auch schon auf sie getroffen.«

Darauf erzählte er uns von seinen Erlebnissen. Wie ich hatte er sein Gebetsfeld so stark wie möglich erweitert und war schließlich in Shambhala aufgenommen worden. Er hatte sich in einem anderen Bereich aufgehalten und hatte dort von einer Familie mehr über die Legenden erfahren.

»Die Tempel sind sehr schwer zu erreichen«, erklärte Wil, »besonders jetzt, wo die chinesischen Soldaten unterwegs sind. Wir dürfen uns auf keinen Fall mit negativen Gedanken beschäftigen.«

»Auf diesem Gebiet scheine ich nicht so besonders begabt zu sein«, antwortete ich ihm.

Er blickte mich besorgt an. »Aber deshalb warst du doch bei Yin. Hat er dir nicht gezeigt, was passieren kann?«

»Ich glaube, ich kann allgemeine Bilder von Angst schon ganz gut vermeiden. Aber meine Wut auf die chinesischen Soldaten kommt immer wieder durch. Yin hat mir das auch schon prophezeit.«

Wil sah noch etwas besorgter drein und wollte gerade etwas antworten, als wir das Geräusch von Hubschraubern wahrnahmen, die sich aus der Entfernung näherten. Wir machten uns wieder auf den Weg und suchten uns einen Pfad über Felsen und durch Schneewehen. Alles schien ziemlich lose und instabil. Wir kletterten etwa zwanzig Minuten, ohne ein Wort zu sprechen. Der Wind frischte auf, und die Schneekristalle wurden uns ins Gesicht gepeitscht. Plötzlich hielt Wil an und ließ sich auf ein Knie fallen.

»Still! Hört ihr das? Was ist das?«

»Das ist wieder der Hubschrauber«, entgegnete ich, mühsam meine Irritation unterdrückend.

Während wir noch lauschten, stach der Hubschrauber plötzlich durch die tiefhängenden Wolken und begann direkt auf uns zuzufliegen.

Leicht hinkend begann Wil weiterzuklettern, doch ich hielt noch einen Moment inne, da ich über dem Geräusch des Hubschraubers noch etwas anderes wahrnahm. Es klang wie das Herannahen eines Güterzugs.

»Achtung!« schrie Wil von oben. »Da kommt eine Lawine!«

Ich versuchte mich aus der Gefahrenzone zu retten, doch es war bereits zu spät. Der Schnee war ganz plötzlich über mir und riß mich mit. Ich rutschte und fiel, zeitweise auf der Oberfläche der hinabdonnernden Masse gleitend, zeitweise komplett im Schnee verschwunden. Nach einer scheinbar endlosen Zeit spürte ich, wie ich zum Halten kam. Ich war vollständig von Schnee umgeben und lag da in einer unbequemen, verdrehten Position, unfähig, mich zu rühren. Ich versuchte zu atmen, doch ich bekam keine Luft

Da spürte ich eine Hand an meinem ausgestreckten rechten Arm. Jemand grub mich aus. Ich konnte noch andere rundherum wahrnehmen, die nach mir gruben, und dann war mein Kopf schließlich frei. Ich schnappte nach Luft und wischte mir den Schnee aus den Augen, in der Erwartung, daß ich Wil vor mir sehen würde.

Doch statt dessen stand da ein halbes Dutzend Chinesen, und einer von ihnen hielt mich immer noch am Arm fest. Im Hintergrund erkannte ich Colonel Chang, der auf mich zukam. Ohne ein Wort zu sprechen, gab er einigen Soldaten ein Zeichen, mich zum Hubschrauber zu bringen. Eine Strickleiter wurde heruntergelassen, und einige Soldaten kletterten rasch hoch und warfen ein Seil herab, das mir umgelegt wurde. Auf das Kommando des Colonels wurde ich an Bord gezogen, während er und die übrigen Soldaten hochkletterten. Wenige Minuten später flogen wir bereits davon.

Ich stand in einem großen, kälteisolierten Zelt, das etwa neun Meter im Quadrat maß, und blickte durch ein kleines, lukenähnliches Fenster ins Freie. Dort draußen sah ich mindestens sieben ähnlich große Zelte sowie drei kleinere Trailer, die leicht durch die Luft transportiert werden konnten. Ein Gasgenerator brummte in einer Ecke des Geländes, und ich sah außerdem mehrere Hubschrauber auf einem

Feld zur Linken stehen. Das Schneetreiben hatte aufgehört, doch waren inzwischen bereits etwa 30 Zentimeter Schnee gefallen.

Ich bemühte mich, das Gelände zur Rechten zu überblicken. Aus der Form des Bergzuges im Hintergrund schloß ich, daß man mich nur zurück zur Talmitte gebracht hatte. Der nächtliche Wind heulte draußen um die Zelte und zerrte an den Verspannungen.

Nachdem wir angekommen waren, hatte man mir etwas zu essen gegeben, mich unter eine lauwarme Dusche gestellt und mich mit einem chinesischen Arbeitsanzug und Thermo-Unterwäsche ausgestattet. Wenigstens war mir inzwischen einigermaßen warm.

Ich drehte mich um und blickte hinüber zu dem bewaffneten chinesischen Wachsoldaten, der am Eingang saß. Seine Augen waren jeder meiner Bewegungen mit einem kalten, eisigen Starren gefolgt, das mich frösteln ließ. Müde und erschöpft ging ich zurück in die Ecke, wo zwei Armeepritschen standen, und setzte mich auf eine von ihnen. Ich versuchte, meine Situation einzuschätzen, doch das Denken fiel mir schwer. Ich fühlte mich taub, wie versteinert, voller Angst und kein bißchen wach. Ich konnte gar nicht verstehen, warum ich mich so hilflos fühlte. Das Panikgefühl war so stark wie selten zuvor in meinem Leben.

Ich bemühte mich, tief durchzuatmen und meine Energie aufzubauen, doch es gelang mir nicht. Die kahlen Glühbirnen, die von der Zeltdecke hingen, erfüllten den Raum mit einem trüben, flackernden Licht und drohenden Schatten. Nirgendwo rings um mich herum konnte ich irgendwelche Schönheit erkennen.

Plötzlich öffnete sich die Zeltklappe, und der Soldat sprang rasch auf und nahm Haltung an. Colonel Chang trat ein und legte seinen dicken Parka ab, nickte dem Wachtposten zu und konzentrierte sich dann auf mich. Ich wandte den Blick ab.

»Wir müssen uns unterhalten«, begann er, wobei er sich einen Klappstuhl heranzog und sich etwa eineinhalb Meter von mir entfernt niederließ. »Ich brauche Antworten auf meine Fragen. Und zwar jetzt sofort.« Er starrte mich einen Moment lang eisig an. »Warum sind Sie hier?«

Ich beschloß, ihm so wahrheitsgemäß wie möglich zu antworten. »Ich bin hier, um die tibetischen Legenden zu erforschen. Das habe ich Ihnen bereits gesagt.«

»Sie sind hier, weil Sie Shambhala suchen.«

Ich schwieg.

»Ist es hier?« fragte er. »Ist es in diesem Tal?«

Ich konnte spüren, wie es mir vor Angst den Magen umdrehte. Was würde er tun, wenn ich mich weigerte zu antworten?

»Wissen Sie es denn nicht?« entgegnete ich ausweichend.

Er lächelte schwach. »Ich nehme an, daß Sie und die übrigen Mitglieder Ihrer illegalen Sekte denken, daß dies hier Shambhala ist.«

Dann fuhr er etwas verwirrt fort, als hätte er sich gerade an etwas erinnert: »Wir haben noch andere Menschen hier entdeckt. Aber sie sind uns in dem Schneegestöber entkommen. Wo sind sie? Wohin sind sie gegangen?«

»Ich weiß es nicht«, antwortete ich. »Ich weiß nicht einmal, wo wir hier genau sind.«

Er rückte etwas näher zu mir heran. »Wir haben auch die Überreste abgestorbener Pflanzen gefunden, die noch ganz frisch waren. Wie ist das möglich? Wie konnten sie hier gedeihen?«

Ich starrte ihn nur an. Darauf grinste er kalt.

»Wieviel wissen Sie wirklich über die Legenden um Shambhala?«

»Ein bißchen«, stotterte ich unsicher.

»Ich weiß eine Menge darüber, auch wenn Sie das vielleicht nicht glauben. Ich hatte Zugang zu allen alten Schriften, und ich muß schon sagen, sie sind ziemlich interessant – ein spannender Mythos über eine ideale Gemeinschaft von erleuchteten Menschen, die geistig um einiges weiter fortgeschritten sind als jede andere Kultur auf diesem Planeten.

Und ich kenne auch die Vorstellung, daß diese Wesen von Shambhala irgendwie eine geheime Macht des Guten verkörpern, die den Rest der Menschheit beeinflußt und irgendwie ebenfalls in diese Richtung führt. Faszinierendes Zeug, finden Sie nicht auch? Man könnte diese alten Lehren glatt gut finden … wenn sie nicht so irreführend und gefährlich für die Menschen in Tibet wären.

Denken Sie, wenn irgend etwas davon real wäre, daß wir es nicht schon längst entdeckt hätten? Gott, Geist, das ist doch alles nur ein kindischer Traum! Nehmen Sie nur einmal den tibetischen Mythos von den Dakini, diese ganze Vorstellung, daß es Engelwesen gibt, die mit uns in Beziehung stehen und uns helfen können!«

»An was glauben Sie denn?« fragte ich ihn, um die Situation zu entschärfen.

Er deutete auf seinen Kopf. »Ich glaube an die Kraft des Geistes. Deshalb sollten Sie mit mir reden und uns unterstützen. Wir sind ganz stark an parapsychologischen Kräften interessiert, an der Erforschung der verschiedenen Hirnwellenmuster und ihren Auswirkungen auf Menschen und elektronische Geräte, selbst über weite Distanzen hinweg. Aber verwechseln Sie das nicht mit Spiritismus. Die Kräfte des Geistes sind ein ganz natürliches Phänomen, das wissenschaftlich untersucht und erforscht werden kann.«

Er beendete seine Ausführungen mit einer wegwerfenden, ärgerlichen Gebärde, die wieder eine Welle von Furcht durch meine Eingeweide sandte. Ich wußte, dieser Mann war extrem rücksichtslos und gefährlich.

Er schwieg einen Moment und schaute mich an. In diesem Augenblick erregte irgend etwas an der Rückwand des Zeltes hinter ihm meine Aufmerksamkeit. Er saß rechts von mir, so daß ich auf die Zeltseite blickte, die der Tür und dem Soldaten genau gegenüberlag. Dieser Bereich schien plötzlich heller geworden zu sein. Die Glühbirne an der Decke flackerte leicht, und schließlich führte ich meine Wahrnehmung auf eine Unregelmäßigkeit im Generatorstrom zurück.

Der Colonel stand auf und kam ein paar Schritte auf mich zu. Er schien noch etwas ärgerlicher als zuvor. »Glauben Sie vielleicht, es macht mir Spaß, hier in dieser Wildnis herumzukriechen? Wie irgend jemand hier überleben kann, ist mir ein Rätsel. Aber wir werden uns nicht zurückziehen. Wir werden dieses Camp ausbauen, bis wir genügend Truppen hier haben, um das gesamte Gebiet systematisch zu Fuß durchkämmen zu können. Wer immer hier ist – wir werden sie finden und kurzen Prozeß mit ihnen machen.«

Er zwang sich zu einem falschen Lächeln. »Aber gegenüber unseren Freunden werden wir uns ebenso erkenntlich zeigen. Haben Sie mich verstanden?«

Wieder überkam mich eine Welle von Furcht, doch diesmal gemischt mit Verachtung. Ich verabscheute diesen Mann und seine Bösartigkeit.

Ich warf noch einmal einen kurzen Blick auf den Bereich, der vorhin heller erschienen war, doch er war nun dunkel und von Schatten erfüllt. Die Helligkeit war verschwunden, und ich fühlte mich völlig allein.

»Warum tun Sie das?« fragte ich ihn. »Die Tibeter haben ein Recht auf ihre religiösen Anschauungen. Sie versuchen ihre Kultur zu zerstören. Wie können Sie so etwas machen?«

Mein Zorn schien mir Kraft zu geben. Doch die Herausforderung machte ihn nur noch energischer.

»Ach, Sie haben eben doch so Ihre Vorurteile«, antwortete er grinsend. »Zu dumm, daß Sie so naiv sind. Sie denken, es ist ungewöhnlich, was wir machen. Aber Ihre eigene Regierung ist ebenfalls dabei, Wege zu entwickeln, um Sie alle zu kontrollieren. Es gibt bereits Chips, die man in den Körper von Soldaten und Unruhestiftern implantieren kann. Und das ist noch lange nicht alles.« Seine Stimme wurde lauter. »Wir wissen inzwischen, daß Gedanken bestimmte Wellenlängen und Muster aufweisen. Alle Regierungen arbeiten an Instrumenten, die diese Hirnwellen identifizieren können, besonders solche, die auf Ärger, Unzufriedenheit und abweichende Meinungen hindeuten.«

Diese Aussage ließ mich frösteln. Er sprach von genau dem Mißbrauch von Gehirnwellenverstärkung, vor dem Ani mich gewarnt hatte und der frühere Zivilisationen in den Untergang geführt hatte.

»Wissen Sie, warum Ihre sogenannten demokratischen Regierungen das tun?« fuhr er fort. »Weil sie viel mehr Angst vor den Leuten haben als wir. Unsere Bürger wissen, daß es die Rolle der Regierung ist, zu regieren. Sie wissen, daß gewisse Freiheiten eingeschränkt werden müssen. Bei Ihnen glauben die Leute an individuelle Selbstbestimmung. Nun, das mag vielleicht in der Vergangenheit möglich gewesen sein, doch in einer hochtechnisierten Welt, in der eine einzige kleine Bombe in einem Koffer eine ganze Stadt zerstören kann, funktioniert das nicht mehr. Mit dieser Art von Freiheit kann die Menschheit nicht überleben. Die Richtung und die Werte einer Gesellschaft müssen kontrolliert werden, zum Besten des Ganzen. Deshalb stellt diese Legende von Shambhala eine so große Gefahr dar. Sie beruht auf absoluter Selbstbestimmung.«

Während er sprach, hörte ich, wie sich die Tür hinter mir öffnete, doch ich drehte mich nicht um. Ich war im Moment völlig mit den Ansichten dieses Mannes beschäftigt. Je mehr er sagte, desto mehr verabscheute ich ihn.

»Was Sie dabei übersehen«, entgegnete ich ihm, »ist, daß Menschen eine innere Motivation haben können, Gutes in der Welt zu schaffen.«

Er antwortete mit einem zynischen Lachen. »Das glauben Sie doch selbst nicht! Unsere gesamte Geschichte hat gezeigt, daß die Menschen nichts weiter als gierig und selbstsüchtig sind.«

»Wenn Sie selbst spirituell wären, könnten Sie das Gute sehen.« Meine Lautstärke nahm nun ebenfalls zu.

»O nein«, schrie er mich an, »Spiritualität ist genau das Problem. Solange es Religionen gibt, kann es keine Einigkeit unter den Menschen geben. Sehen Sie das denn nicht? Jede religiöse Institution ist ein unüberwindliches Hindernis auf dem Weg des Fortschritts. Alle bekämpfen sie sich gegenseitig. Die Christen verwenden all ihre Zeit und ihr Geld darauf, alle anderen zu ihrer Doktrin von Rechtgläubigkeit zu bekehren. Die Juden isolieren sich in ihrem Traum des Auserwähltseins. Die Moslems glauben an Gemeinschaft, kollektive Stärke und heiligen Krieg. Und wir im Osten sind am schlimmsten. Wir vernachlässigen die reale Welt zugunsten eines phantastischen inneren Lebens, das keiner versteht. In all diesem metaphysischen Chaos kann sich keiner mehr um wirklichen Fortschritt kümmern, um die Bekämpfung der Armut, um Ausbildung und Erziehung für alle. Aber machen Sie sich keine Gedanken. Wir werden schon dafür sorgen, daß dieses Problem gelöst wird. Und Sie haben uns dabei geholfen. Seit der Zeit, als Wilson James Sie in Amerika besucht hat, haben wir Ihre Bewegungen und die der holländischen Gruppe überwacht. Ich wußte, daß Sie kommen und eine Rolle spielen würden.«

Ich muß ihn wohl ziemlich überrascht angeschaut haben.

»O ja, wir wissen alles über Sie. Wir arbeiten in Amerika ungehinderter, als Sie vielleicht denken. Ihr nationaler Sicherheitsdienst überwacht das Internet. Glauben Sie vielleicht, wir könnten das nicht? Sie und diese Sekte werden mir nicht mehr entkommen. Was glauben Sie wohl, wie wir Ihnen in diesem Wetter folgen konnten? Durch die Kraft des Geistes! Meines Geistes. Mir wurde klar, wo Sie sein könnten. Selbst als wir uns in dieser Wildnis verloren hatten, wußte ich es. Ich konnte Ihre Anwesenheit spüren. Zuerst war es Ihr Freund Yin, dem ich folgen konnte. Nun waren Sie es.

Und das ist noch nicht alles. Inzwischen brauche ich nicht einmal mehr meine Instinkte, um Sie zu lokalisieren. Ich habe Ihr Gehirnwellenmuster.« Er wies mit dem Kopf in Richtung Tür. »In wenigen Minuten werden unsere Techniker die neuen Überwachungsgeräte installiert haben. Dann werden wir in der Lage sein, alle zu lokalisieren, die wir gescannt haben.«

Zuerst wußte ich überhaupt nicht, wovon er sprach, doch dann erinnerte ich mich an mein Erlebnis in dem chinesischen Haus in Ali, nachdem ich mit Gas betäubt worden war. Die Soldaten hatten mich unter ein Gerät gelegt. Eine neue Welle von Angst drohte mich zu überwältigen, doch sie verwandelte sich fast unmittelbar in rasende Wut.

»Sie sind ja wahnsinnig!« schrie ich ihn an.

»Ja, für Sie bin ich vielleicht verrückt. Aber ich bin die Zukunft.« Er stand vor mir, mit rotem Kopf und Zorn in den Augen. »Was für eine dumme Naivität! Sie werden mir alles erzählen. Haben Sie mich verstanden? Alles!«

Mir war klar, daß er mir all das nie gesagt hätte, wenn er vorhätte, mich jemals wieder laufenzulassen, doch im Moment war mir das alles egal. Ich sprach mit einem Monster, und ein überwältigender Zorn erfüllte mich. Ich wollte meinen Grimm eben wieder in Worte fassen, als eine Stimme von der anderen Seite des Raums mich abhielt.

»Tu's nicht. Es schwächt dich nur!«

Der Colonel drehte sich um, und ich folgte seinem Blick. Dort bei der Tür stand ein weiterer Wachsoldat, und neben ihm, schwer gegen einen Tisch gelehnt, stand Yin. Der Soldat warf ihn hart zu Boden.

Ich sprang auf und rannte zu Yin hinüber, während der Colonel auf chinesisch etwas zu den Wachen sagte und dann aus dem Zelt stürmte. Yin hatte Wunden und Schwellungen im Gesicht.

»Yin, bist du okay?« fragte ich ihn und half ihm zu einer der Pritschen hinüber.

»Alles in Ordnung«, entgegnete er und bedeutete mir, mich neben ihm auf die Pritsche zu setzen. »Sie kamen unmittelbar nachdem du uns verlassen hattest.« Er schaute mich voll aufgeregter Neugierde an. »Erzähl mir, was passiert ist. Bist du nach Shambhala gelangt?«

Ich schaute ihn an und legte meinen Finger auf die Lippen. »Sie haben uns bestimmt zusammengebracht, um zu erfahren, was wir uns zu sagen haben«, raunte ich ihm zu. »Wetten, daß dieser Raum verwanzt ist? Wir sollten nichts sagen.«

»Wir müssen es riskieren. Komm, wir setzen uns an das Heizgerät. Das ist ziemlich laut. Und jetzt erzähl mir, was passiert ist.«

Die nächste halbe Stunde verbrachten wir damit, daß ich ihm alle meine Erlebnisse in der Welt von Shambhala schilderte. Dann erwähnte ich, vorsichtig flüsternd, die Tempel. Seine Augen weiteten sich.

»Dann hast du also die Vierte Erweiterung noch nicht vollständig gefunden?«

Mit überdeutlichen Mundbewegungen, aber ohne einen Ton von mir zu geben, antwortete ich ihm: »Sie ist in den Tempeln.«

Dann erzählte ich ihm noch von Tashi und Wil und von dem, was Ani über das gesagt hatte, was ich in den Tempeln noch in Erfahrung zu bringen hätte.

Yin schaute mich an. »Und was sagte sie noch?«

Plötzlich erinnerte ich mich.

»Sie sagte, wir dürften keine Feinde haben«, antwortete ich.

Yin zog eine schmerzhafte Grimasse und meinte dann: »Aber genau das tust du im Moment mit dem Colonel. Du hast deine Wut und Verachtung benutzt, um dich stark zu fühlen. Diesen Fehler habe ich auch gemacht. Du hast Glück, daß er dich nicht gleich umgebracht hat.«

Ich ließ mich zurücksinken. Mir war bewußt, daß meine Gefühle außer Kontrolle geraten waren.

»Erinnerst du dich, wie deine negativen Erwartungen das holländische Paar vertrieben haben, so daß dir eine wichtige Synchronizität entgangen ist? In diesem Fall hattest du die ängstliche Erwartung, daß sie dir vielleicht Böses wollten. Sie nahmen diese Angst wahr und dachten wahrscheinlich, sie würden etwas falsch machen, wenn sie anhielten. Also fuhren sie weiter.«

»Ja, ich erinnere mich.«

»Jede negative Annahme oder Erwartung, die wir einem anderen Menschen gegenüber haben, ist ein Kraftfeld, das wir aussenden und das bewirkt, daß sich der andere entsprechend verhält«, fuhr Yin fort. »Denk daran, daß wir alle miteinander in Verbindung stehen. Unsere Gedanken und Erwartungen beeinflussen andere, auf dieselbe Weise zu denken wie wir. Genau das hast du mit dem Colonel gemacht. Du hast von ihm erwartet, daß er böse ist.«

»Halt, warte einen Augenblick! Ich habe ihn nur so gesehen, wie er tatsächlich ist.«

»Ach ja? Welchen Teil von ihm? Sein Ego oder sein höheres Selbst?«

Ich nickte. Yin hatte recht. All das hatte ich doch schon bei der Zehnten Erkenntnis in den Appalachen gelernt, aber ich verhielt mich nicht entsprechend.

»Als ich vor ihm floh, konnte er mir folgen. Er hat mir gesagt, er konnte mich geistig finden.«

»Hast du an ihn gedacht?« fragte mich Yin. »Hast du erwartet, daß er dir folgen würde?«

Ich schaute ihn an. »So muß es wohl gewesen sein.«

»Erinnerst du dich nicht? Das ist genau das, was mir ebenfalls passiert ist. Und jetzt machst du dasselbe. Diese Erwartung hat dazu geführt, daß in Changs Kopf der Gedanke auftauchte, wo du sein könntest. Es war ein Ego-Gedanke, aber er kam ihm, weil du erwartet hast, daß er dich findet, und damit ein entsprechendes Kraftfeld erschaffen hast.

Wir haben schon so oft darüber gesprochen. Unser Gebetsfeld wirkt ständig auf die Welt ein, wir senden unsere Erwartungen aus, und wenn es um einen anderen Menschen geht, ist die Wirkung praktisch augenblicklich. Glücklicherweise ist ein negatives Kraftfeld nicht so stark wie ein positives, weil du dich damit selbst von der Energie deines höheren Selbst abschneidest, aber es hat trotzdem noch eine Wirkung. Das ist der verborgene Prozeß hinter eurer goldenen Regel.«

Ich schaute ihn einen Moment lang verständnislos an. Es dauerte etwas, bevor mir klar wurde, worauf er sich bezog: auf die Empfehlung »Was du nicht willst, daß man dir tu, das füg auch keinem anderen zu.« Oder, positiv ausgedrückt: »Behandle andere so, wie du von ihnen behandelt werden möchtest.«

Ich verstand den Zusammenhang allerdings nicht so ganz und bat ihn, mir zu erklären, was er damit meinte.

»Diese Regel klingt doch wie eine Empfehlung für eine gut funktionierende Gemeinschaft, nicht wahr? Wie ein ethisches Prinzip. Aber in Wahrheit steckt dahinter ein echter spiritueller, energetischer, karmischer Grund, der weit darüber hinausgeht. Es ist wichtig, diese Regel einzuhalten, weil sie dich ganz persönlich betrifft.«

Er machte eine bedeutsame Pause und fuhr dann fort: »Vollständig sollte diese Regel eigentlich heißen: Behandle andere so, wie du von ihnen behandelt werden möchtest, denn die Art und Weise, wie du andere behandelst oder über sie denkst, ist *genau die Art und Weise, wie sie dich behandeln werden.* Das Feld, das du mit deinen Gefühlen oder Handlungen aussendest, bringt in ihnen genau das an die Oberfläche, was du erwartest.«

Ich nickte. Langsam kam dieser Gedanke bei mir an.

»Wenn du im Falle des Colonels annimmst, daß er böse ist, wird dein Feld sich mit seiner Energie vereinigen und seine negativen Tendenzen verstärken. Und dann wird er sich genau so verhalten, wie du es von ihm erwartest, rücksichtslos und brutal. Weil er nicht mit einer tieferen göttlichen Energie verbunden ist, ist seine Ego-Energie schwach und leicht formbar. Er wird die Rolle übernehmen, die du von ihm erwartest. Denk doch mal daran, wie die Dinge in der menschlichen Gesellschaft in der Regel ablaufen. Diesen Effekt kannst du überall beobachten. Wir Menschen beeinflussen uns gegenseitig mit unseren Ansichten und Stimmungen. Das ist alles sehr ansteckend. Wenn wir andere anschauen und sie beurteilen, sie als zu dick oder zu dünn, als Versager oder Dummköpfe, als häßlich oder schlecht gekleidet betrachten, dann schicken wir diesen Menschen eine entsprechende Energie, und oft fangen sie dann an, negativ über sich selbst zu denken. Wir arbeiten dann tatsächlich mit der Energie des Bösen, mit der Ansteckung durch ein negatives Feld.«

»Aber was sollen wir denn tun?« protestierte ich schwach. »Sollen wir die Dinge denn nicht so sehen, wie sie sind?«

»Natürlich sollen wir die Dinge so sehen, wie sie sind, aber anschließend sollten wir unsere Erwartungen sofort von dem, *was ist*, auf das, *was sein könnte*, ausrichten. Im Falle des Colonels hättest du zum Beispiel realisieren können, daß sein Verhalten zwar negativ war und abgeschnitten von jeder spirituellen Grundlage, daß sein höheres Selbst aber jederzeit fähig ist, innerhalb eines einzigen Augenblicks die Wahrheit zu erkennen. Das ist die Erwartung, die du aufrechterhalten mußt, denn dann unterstützt du tatsächlich mit deinem Gebetsfeld seine Energie und sein Bewußtsein, so daß sie sich in diese Richtung bewegen können. Du mußt immer zu dieser inneren Einstellung finden, gleichgültig, was du im Äußeren wahrnimmst.«

Wieder machte er eine bedeutsame Pause und lächelte. Ich fragte mich, wie er unter den gegebenen Umständen nur so heiter bleiben konnte.

»Hat man dich geschlagen?« fragte ich ihn.

»Sie haben mir nichts getan, was ich ihnen selbst nicht vorher an den Hals gewünscht hatte«, antwortete er mit reumütigem Lächeln.

»Verstehst du, wie wichtig all das ist?« fuhr er fort. »Du kannst die Erweiterungen nicht zu Ende bringen, bevor du das nicht verstanden hast. Ärger und Zorn werden immer eine Versuchung sein, denn sie geben uns ein gutes Gefühl. Unser Ego glaubt, daß sie uns stärker machen. Doch wir müssen klüger sein. Die höchsten Ebenen unserer kreativen Energie können wir erst erreichen, wenn wir negative Felder jeder Art vermeiden. Dort draußen in der Welt ist genügend negative Energie, auch ohne daß wir sie unbewußt noch verstärken. Das ist die große Wahrheit hinter dem tibetischen Weg des Mitgefühls.«

Ich schaute beiseite. Natürlich wußte ich, daß Yin recht hatte mit dem, was er sagte. Ich war wieder in dieses alte Muster des Zorns gefallen. Warum passierte mir das nur immer wieder und wieder?

Yin blickte mich aufmerksam an.

»Und hier ist der Abschluß dieser wichtigen Idee. Wenn wir ein unproduktives Muster in uns selbst verändern wollen – wie zum Beispiel Zorn und Verurteilung –, dann ist es wichtig, kein negatives Feld bezüglich der eigenen Möglichkeiten aufzubauen. Verstehst du, was ich meine? Wenn du dir selbst negative Kommentare gibst, wie: ›Ich werde das niemals schaffen‹ oder ›Ich werde immer so sein‹, dann erschaffst du tatsächlich ein Feld, das dafür sorgt, daß du so bleibst, wie du bist. Du mußt in dir eine Vision davon entwickeln, daß du ein höheres Energieniveau erreichen und dein Problem überwinden wirst. Du mußt deine Energie mit deinem spirituellen Kraftfeld selbst verstärken.«

Er lehnte sich auf der Pritsche zurück. »Das ist die Lektion, die ich selbst lernen mußte. Ich konnte nie die Haltung des Mitgefühls verstehen, die Lama Rigden gegenüber der chinesischen Regierung einnahm. Sie waren dabei, unser Land zu zerstören, und ich wollte sie vernichtet sehen. Nie war ich einem der Soldaten nahe genug gekommen, um ihm in die Augen zu sehen und zu erkennen, daß sie auch nur Menschen sind, die in einem tyrannischen System gefangen sind.

Aber als ich einmal über ihr Ego und ihre Sozialisation hinaussehen konnte, lernte ich schließlich, die Energie des Bösen nicht durch meine eigenen negativen Annahmen noch zu verstärken. Statt dessen konnte ich eine höhere Vision für mich selbst und sie erkennen und halten. Und vielleicht, weil ich das gelernt habe, kann ich jetzt auch die Vision halten, daß du es ebenfalls lernen wirst.«

Der erste Lärm im Camp weckte mich auf. Irgend jemand stieß leere Fässer oder Kannen aneinander. Ich sprang auf, zog mich an und schaute zur Tür. Die Wachen waren von zwei anderen Soldaten abgelöst worden. Sie blickten mich schlaftrunken an. Ich ging hinüber zum Fenster und schaute hinaus. Der Himmel war trübe und bedeckt, und der Wind heulte. Ich konnte eine Bewegung bei einem der anderen Zelte ausmachen, und eine Tür öffnete sich. Es war der Colonel, der sich auf unser Zelt zu bewegte.

Ich ging zurück zu Yins Pritsche, und er bewegte sich schläfrig, noch ganz benommen. Sein Gesicht war geschwollen, und er blinzelte mich aus verquollenen Augen an.

»Der Colonel kommt wieder«, sagte ich zu ihm.

»Ich werde dir helfen, so gut ich kann«, meinte er. »Aber du mußt ein anderes Feld ihm gegenüber aufbauen. Das ist deine einzige Chance.«

Die Zeltklappe wurde zurückgeworfen, und die Soldaten sprangen auf und nahmen Haltung an. Der Colonel kam herein und wies sie stumm an, draußen zu warten. Er blickte kurz zu Yin hinüber, bevor er sich mir zuwandte.

Ich versuchte, tief durchzuatmen und mein Energiefeld so stark wie möglich zu erweitern. Ich visualisierte Energie, die von mir zu ihm floß, und konzentrierte mich darauf, ihn nicht als einen Folterknecht zu sehen, sondern als eine Seele, die in Angstmustern gefangen steckt.

»Ich will wissen, wo diese Tempel sind«, begann er in einem leisen, drohenden Tonfall, während er seine Jacke abnahm.

»Sie können sie nur sehen, wenn Ihr Energieniveau hoch genug ist«, antwortete ich, wobei ich einfach aussprach, was mir als erstes durch den Kopf ging.

Er schien überrumpelt. »Was soll das heißen? Wovon sprechen Sie?«

»Sie haben mir gesagt, daß Sie an die Kräfte und Fähigkeiten des Geistes glauben. Was, wenn eine dieser Fähigkeiten darin besteht, das innere Energieniveau anzuheben?«

»Welche Energie?«

»Sie haben mir erzählt, daß Gehirnwellen nachweisbar sind und durch ein bestimmtes Gerät manipuliert werden können. Was, wenn sie auch innerlich durch Ihre bewußte Absicht manipuliert werden können? Sie können sie verstärken und dadurch Ihr Energieniveau anheben.«

»Wie soll das möglich sein?«, fragte er neugierig. »So etwas ist wissenschaftlich bisher nicht nachgewiesen.«

Ich konnte es kaum fassen, doch er schien sich irgendwie zu öffnen. Ich konzentrierte mich auf seinen Gesichtsausdruck, der anzudeuten schien, daß er ernsthaft über das nachdachte, was ich gesagt hatte.

»Aber es ist möglich«, fuhr ich fort. »Gehirnwellen, oder vielleicht auch eine andere Art von Wellen, die weitergehen, können so weit verstärkt werden, daß wir auf die Ereignisse Einfluß nehmen können.«

Er richtete sich auf. »Wollen Sie damit sagen, daß Sie in der Lage sind, Gehirnwellen so einzusetzen, daß sie bestimmte Dinge bewirken?«

Während er sprach, sah ich wieder eine helle Stelle hinter ihm an der Zeltwand.

»Ja«, fuhr ich fort. »Aber nur die Dinge, die unser Leben in genau die Richtung führen, die es nehmen soll. Sonst bricht die Energie irgendwann zusammen.«

»Die Richtung, die es nehmen soll?« fragte er blinzelnd nach.

Der Bereich der Zeltwand hinter ihm schien immer heller zu werden, und ich warf immer mal wieder schnell einen Blick dorthin. Er drehte sich um und blickte ebenfalls in diese Richtung.

»Warum schauen Sie immer dorthin?« fragte er nach, doch kam er sofort wieder auf seine Frage zurück. »Was meinen Sie mit ›der Richtung, die das Leben nehmen soll‹? Ich betrachte mich als frei. Ich kann mein Leben in jede Richtung lenken, die ich möchte.«

»Ja natürlich, das ist richtig. Aber es gibt immer eine Richtung, die sich besser anfühlt, die mehr Inspiration und Befriedigung schenkt als alle anderen, nicht wahr?«

Der Bereich hinter ihm wurde immer heller, doch ich wagte es nicht mehr, direkt dorthin zu blicken.

»Ich habe keine Ahnung, wovon Sie eigentlich sprechen«, entgegnete er.

Er sah jetzt ziemlich verwirrt drein, doch ich konzentrierte mich weiterhin auf den Teil von ihm, der mir immer noch zuzuhören schien.

»Wir sind frei«, erklärte ich. »Doch wir gehören auch zu einem größeren Muster, mit dem wir in Verbindung stehen. Unser wahres Selbst ist viel größer, als wir es uns vorstellen.«

Er schaute mich einfach nur an. Irgendwo tief in seinem Bewußtsein schien ein Verstehen aufzudämmern.

Plötzlich wurden wir von den Wachen unterbrochen, die von außen gegen die Zeltwand schlugen. Gleichzeitig nahm ich wahr, daß der Wind draußen offensichtlich inzwischen in einen Sturm übergegangen war. Wir konnten hören, wie überall im ganzen Lager irgendwelche Dinge umgeweht wurden und zu Boden krachten.

Einer der Soldaten hatte inzwischen die Eingangsklappe geöffnet und schrie dem Colonel etwas auf chinesisch zu. Dieser rannte zu ihm hinüber und blickte durch die offene Tür. Dabei konnten wir erkennen, daß überall im Lager die Zelte davongeweht wurden. Der Colonel drehte sich um und schaute zurück zu Yin und mir, doch in diesem Moment wurde die linke Seite unseres Zeltes von einem besonders heftigen Windstoß aus ihrer Verankerung gezerrt. Dabei riß die Zeltwand, ein Teil davon schlug um und traf den Colonel und die beiden Wachen, so daß sie umgeworfen und unter der schweren Zeltbahn begraben wurden.

Wind und Schnee drangen durch das klaffende Loch und trafen Yin und mich.

»Yin«, schrie ich zu ihm hinüber, »die Dakini!«

Yin versuchte, irgendwie auf die Beine zu kommen.

»Das ist deine Gelegenheit! Mach dich davon!«

»Komm mit«, forderte ich ihn auf und ergriff seinen Arm. »Wir gehen zusammen.«

Er stieß mich von sich weg. »Nein, das geht nicht. Es würde dich nur langsamer machen.«

»Doch, wir können es beide schaffen«, versuchte ich ihn zu überreden.

Er mußte gegen den heulenden Wind anbrüllen. »Ich habe das getan, wozu ich hier war. Jetzt mußt du das Deine tun. Wir kennen immer noch nicht den Rest der Vierten Erweiterung.«

Ich nickte und umarmte ihn rasch, griff mir den schweren Mantel des Colonels und rannte dann durch das Loch in der Zeltwand hinaus in den Sturm.

# 10 *Das Licht anerkennen*

Ich rannte etwa dreißig Meter weit in nördliche Richtung, bevor ich anhielt, um zum Lager zurückzublicken. Immer noch hörte ich undeutliche Schreie und das Krachen von Gegenständen, die vom Wind durchs Lager geweht wurden.

Direkt vor mir befand sich eine massive weiße Wand. Ich drehte mich, so daß ich mich wieder in Richtung der Berge bewegte, als ich den Colonel hinter mir her schreien hörte.

»Ich werde Sie finden«, ertönte seine wütende Stimme über das Heulen des Windes hinweg. »Sie werden mir nicht entkommen!«

Ich lief weiter, so schnell es in dem tiefen Schnee eben ging. Für hundert Meter brauchte ich fast eine Viertelstunde. Glücklicherweise war der Wind immer noch so stark, daß für die Chinesen überhaupt nicht daran zu denken war, ihre Hubschrauber einzusetzen.

Da nahm ich vor mir ein Geräusch wahr. Zuerst war es kaum vom Wind zu unterscheiden, doch dann wurde es lauter. Ich kauerte mich auf den Boden. Jemand rief meinen Namen! Schließlich konnte ich eine Gestalt ausmachen, die sich durch das wilde Schneetreiben auf mich zu bewegte. Es war Wil.

Ich legte ihm die Hände auf die Schultern. »Bin ich froh, dich zu sehen! Wie hast du mich bloß gefunden?«

»Ich bin in Richtung des Hubschraubers gegangen und einfach immer weitergelaufen, bis ich das Camp sehen konnte. Ich war die ganze Nacht hier draußen. Ohne meinen Campingkocher wäre ich wahrscheinlich erfroren. Ich hab mir den Kopf darüber zerbrochen, wie ich dich da rauskriegen sollte. Aber der Schneesturm hat dieses Problem ja jetzt gelöst. Komm, laß uns gehen. Wir müssen versuchen, es doch noch bis zu den Tempeln zu schaffen.«

Ich zögerte.

»Was ist los?« fragte mich Wil.

»Yin ist noch im Lager«, antwortete ich ihm. »Er ist verletzt.«

»Sie werden bestimmt einen Suchtrupp ausschicken. Wir können jetzt nicht zurück. Wir müssen versuchen, ihm später zu helfen. Wenn wir jetzt nicht aufbrechen und vor dem Colonel die Tempel erreichen, kann alles verloren sein.«

Wir marschierten mehr als zwei Stunden, und seltsamerweise begann sich der Wind zu legen, sobald wir das Gebiet rund um das chinesische Lager verlassen hatten. Allerdings herrschte immer noch starker Schneefall. Während unseres Marsches erzählte ich Wil alles, was Yin mir in dem Zelt erklärt hatte und was im Zusammenhang mit dem Colonel passiert war.

Schließlich erreichten wir die Anhöhe, wo die Lawine abgegangen war, überquerten die Fläche und stiegen weiter hinauf.

»Was ist eigentlich mit Tashi passiert?« fragte ich nach.

»Wir wurden voneinander getrennt, als die Lawine abging. Aber ich habe ihn später am Berghang gesehen, wie er alleine hochkletterte.«

Schweigend kletterten wir weitere zwei Stunden bergan. Schließlich hielt Wil an und setzte sich im Schutz einer riesigen Schneewehe nieder, um eine Pause zu machen. Wir schauten uns einen Moment lang an und ließen unseren keuchenden Atem zur Ruhe kommen.

Schließlich lächelte Wil und fragte: »Verstehst du jetzt, was Yin dir zu erklären versucht hat?«

Ich brütete eine Zeitlang schweigend vor mich hin. Obwohl ich die Erfahrung mit dem Colonel selbst gemacht hatte, fiel es mir immer noch schwer, daran zu glauben.

»Ich habe ein negatives Feld aufgebaut«, gab ich schließlich zu. »Deshalb konnte der Colonel mir folgen.«

»Wir können nicht weitergehen, bevor wir das nicht beide vermeiden können«, meinte Wil. »Unsere Energie muß gleichbleibend hoch sein, bevor wir zur Vollendung der Vierten Erweiterung vorstoßen können. Wir müssen uns davor hüten, diejenigen als böse zu betrachten, die in Ängsten gefangen sind. Wir müssen sie ganz realistisch sehen und entsprechende Vorsichtsmaßnahmen treffen, aber wenn wir uns zu viele Gedanken über ihr Verhalten machen oder uns vorstellen, daß sie uns etwas antun werden, gibt das ihrer Paranoia noch zusätzliche Energie und kann möglicherweise sogar dazu führen, daß sie genau das tun, was wir von ihnen erwarten. Darum ist es so wichtig, daß wir uns davor hüten, uns all die schrecklichen Dinge vorzustellen, die uns möglicherweise zustoßen könnten. Damit bauen wir ein negatives Feld auf, das genau diese Dinge erschafft.«

Ich schüttelte den Kopf, denn ich hatte immer noch Vorbehalte. Wenn diese Theorie zutreffend war, dann bedeutete das, daß wir wirklich jeden unserer Gedanken genau beobachten mußten. Ich erzählte Wil von meinen Bedenken.

Er mußte ein Lachen unterdrücken. »Natürlich müssen wir auf jeden Gedanken aufpassen. Das müssen wir sowieso, um keine wichtige Intuition zu übersehen. Außerdem ist es einfach nur notwendig, stets eine gewisse geistige Wachheit aufrechtzuerhalten und sich immer vorzustellen, daß die Bewußtheit aller Beteiligten zunimmt. Die Legenden sind in diesem Punkt sehr klar. Um unser Feld in seinem stärksten Zustand zu halten, dürfen wir es niemals negativ einsetzen. Wir kommen nicht eher weiter, bis wir dieses Problem nicht komplett vermeiden können.«

»Wie viele der Legenden hat man dir erzählt?« wollte ich wissen.

Darauf begann Wil in allen Einzelheiten von seinen Erfahrungen bei diesem Abenteuer zu erzählen. Bisher war dafür ja noch keine Zeit gewesen.

»Als ich zu dir kam«, begann er, »fragte ich mich, warum meine Energie so stark abgefallen war im Vergleich zu dem Zeitpunkt, als wir zusammen die Zehnte Erkenntnis erforschten. Dann begann ich an Tibet zu denken, und schließlich fand ich mich im Kloster von Lama Rigden wieder, wo ich Yin begegnete und von den Träumen hörte. Ich habe nicht alles davon verstanden, aber ich hatte selbst ganz ähnliche Träume. Mir wurde bewußt, daß du auch irgend etwas damit zu tun hattest und daß dir eine Aufgabe in diesem Zusammenhang zufiel. Von da an begann ich die Legenden ernsthaft in allen Details zu erforschen und die Erweiterungen zu üben. Ich hatte bereits alle Vorbereitungen getroffen, um dich in Kathmandu zu treffen, doch da bemerkte ich, daß die Chinesen mir folgten, und bat Yin, an meiner Stelle zu gehen. Wir mußten darauf vertrauen, daß wir schließlich irgendwann zusammenfinden würden.«

Wil hielt einen Moment inne, wühlte ein frisches Unterhemd aus seinem Rucksack hervor und begann sein Knie damit zu verbinden. Ich blickte auf die endlose Kette weißer Berge hinter uns. Die Wolken teilten sich für einen Augenblick, und die Morgensonne beleuchtete die hohen Gipfel, während die Täler noch im dunklen Schatten lagen, so daß ein faszinierendes Muster entstand. Der Anblick erfüllte mich mit Ehrfurcht, und plötzlich fühlte ich mich auf seltsame Weise zu Hause, als würde irgendein Teil in mir anfangen, dieses Land endlich zu verstehen.

Als ich wieder zu Wil hinüberblickte, starrte er mich gerade nachdenklich an.

»Vielleicht«, meinte er, »sollten wir die Legenden noch einmal im Detail betrachten und herausfinden, was sie über das Gebetsfeld sagen. Wir müssen verstehen, was das alles miteinander zu tun hat.«

Ich nickte.

»Alles fängt damit an, daß wir realisieren, daß dieses Gebetsfeld tatsächlich vorhanden ist und von uns ausgehend die Welt beeinflußt. Sobald wir das erkannt haben, können wir verstehen, daß dieses Feld, diese Wirkung, die wir auf die Welt haben, verstärkt und ausgedehnt werden kann. Aber wir müssen mit der Ersten Erweiterung beginnen. Zuerst müssen wir die Qualität der Energie verbessern, die wir physisch zu uns nehmen. Schwere, tote und industriell verarbeitete Nahrungsmittel führen zu einer Übersäuerung unseres Körpers, senken unsere Schwingungsrate und führen schließlich zu physischen Krankheiten. Lebendige Nahrung hat eine basische Wirkung und erhöht unsere Schwingungsrate.

Je höher unsere Schwingung, desto einfacher ist es, mit den feinstofflichen Energien um uns herum in Verbindung zu treten. Die Legenden behaupten, daß wir lernen werden, diese höheren Schwingungen aufzunehmen und in uns hineinzuatmen, indem wir unsere erhöhte Wahrnehmung der Schönheit als Maßstab nehmen. Je höher unsere Schwingungsrate, desto mehr Schönheit können wir wahrnehmen.

Wir können lernen, diese höhere Energieschwingung auszustrahlen, wobei das Gefühl der Liebe ein Zeichen dafür ist, daß genau das geschieht.

Auf diese Weise sind wir mit unserem Inneren verbunden, wie wir es schon in Peru gelernt haben. Inzwischen wissen wir auch, daß wir diese Energie als ein Kraftfeld visualisieren können, das von uns ausgeht, wo immer wir uns befinden. Auf diese Weise können wir dauerhaft unsere Stärke bewahren.

Die Zweite Erweiterung beginnt, wenn wir unser Gebetsfeld einsetzen, um den Fluß der Synchronizitäten in unserem Leben zu verstärken. Das tun wir, indem wir in einem Zustand bewußter Wachheit bleiben und jederzeit die nächste Intuition oder Fügung erwarten, die unser Leben weiterführt. Diese Erwartung erweitert unser Energiefeld und macht es noch stärker, da wir so unsere Intention mit dem natürlichen Fluß der Evolution in Einklang bringen. Das ist der Wachstumsprozeß, wie er vom Universum vorgesehen ist.

Die Dritte Erweiterung beinhaltet eine zusätzliche Erwartung: nämlich daß unser Gebetsfeld das Energieniveau bei anderen anhebt, so daß sie ebenfalls in Verbindung mit dem Göttlichen in ihrem Inneren kommen und Zugang zu den Intuitionen ihres höheren Selbst erhalten können. Das erhöht natürlich gleichzeitig die Wahrscheinlichkeit, daß sie uns intuitiv Informationen geben, die weiter zur Erhöhung der Synchronizität in unserem Leben beitragen. Dies ist die zwischenmenschliche Ethik, die wir schon in Peru kennengelernt haben, nur daß wir jetzt wissen, wie wir unser Gebetsfeld einsetzen können, um den Vorgang zu verstärken.

Die Vierte Erweiterung beginnt, wenn wir lernen, wie wichtig es ist, unseren Energiefluß zu verankern und aufrechtzuerhalten, selbst wenn wir uns in bedrohlichen Situationen befinden oder uns ärgern. Wir tun dies, indem wir immer einen gewissen inneren Abstand zu den Ereignissen bewahren, während wir den Ablauf beobachten. Immer müssen wir nach einer positiven Bedeutung suchen, und immer müssen wir davon ausgehen, daß der Prozeß dazu dient, uns innerlich weiterzubringen, gleichgültig, um was es sich auch handelt. Diese Einstellung hilft uns, im Fluß zu bleiben, und verhindert, daß wir uns negative Gedanken über die Zukunft machen.

Sobald wir also feststellen, daß uns negative Bilder kommen, müssen wir prüfen, ob es sich um eine intuitive Warnung handelt. In diesem Fall müssen wir die entsprechenden Vorkehrungen treffen, aber dabei sollten wir immer gleichzeitig die Erwartung hegen, daß eine höhere Synchronizität uns durch dieses Problem hindurchgeleiten wird. Diese Erwartung, dieses Vertrauen verankert unser Gebetsfeld und unseren Energiefluß. Das ist es, was immer schon mit dem Wort ›Glauben‹ gemeint war.

Im Endeffekt geht es also beim ersten Teil der Vierten Erweiterung darum, unser Energiefeld jederzeit möglichst stark zu halten. Sobald wir das gemeistert haben, können wir unsere Energie noch weiter ausdehnen. Der nächste Schritt beinhaltet unser Vertrauen, daß die Menschheit sich in Richtung des Ideals bewegt, das in der Zehnten Erkenntnis ausgedrückt ist und das uns von Shambhala vorgelebt wird. Unsere Energie weiter und stärker in diese Richtung auszudehnen erfordert wahrhaften Glauben. Darum ist es so wichtig, Shambhala zu verstehen. Wenn wir wissen, daß Shambhala es geschafft hat, erhöht das unsere Erwartung, daß der Rest der Menschheit diesen Schritt ebenfalls tun kann. Wir können uns schließlich ganz leicht vorstellen, daß die Menschen die bisher entwickelten Technologien beherrschen und sie im Dienste unserer spirituellen Entwicklung einsetzen können. Dann könnten wir uns auf den Prozeß des Lebens selbst konzentrieren, auf den wahren Grund, warum wir auf diesem Planeten sind: um auf der Erde eine Kultur zu erschaffen, die sich ihrer Rolle innerhalb der spirituellen Evolution bewußt ist, und dieses Verständnis an unsere Kinder weiterzugeben.«

Er hielt einen Moment inne und schaute mich an.

»Jetzt kommt der schwierigste Teil«, meinte er dann. »Um uns noch weiter auszudehnen, müssen wir mehr tun, als nur ganz allgemein positiv zu bleiben und negative Bilder zu vermeiden. Wir müssen auch alle negativen Gedanken über andere Menschen vermeiden. Wie du bereits bemerkt hast, kann unsere Angst ganz leicht in Zorn umschlagen, und dann denken wir das Schlimmste von anderen. Damit geht ein negatives Feld von uns aus, das in den anderen genau das Verhalten zum Vorschein bringt, das wir erwarten. Wenn Lehrer viel von ihren Schülern erwarten, bringen diese in der Regel auch gute Ergebnisse, und wenn sie nichts von ihnen erwarten, leisten die Schüler auch nichts, aus genau diesem Grund.

Die meisten Menschen glauben, daß es nur schlecht ist, negativ über jemanden zu sprechen, aber daß es nichts ausmacht, negativ über andere zu denken. Wir wissen aber jetzt, daß das nicht richtig ist, denn Gedanken sind wichtig.«

Als Wil das sagte, mußte ich an die Schießereien an amerikanischen High Schools denken. Ich erzählte Wil, was mir eben in den Sinn gekommen war.

»Die Kinder«, meinte Wil darauf, »werden heutzutage immer stärker, und die typischen Cliquen- und Fraktionenbildungen an Schulen dürfen von den Lehrern nicht länger ignoriert werden. Wenn man Kinder verachtet, verlacht oder zum Sündenbock macht, reagieren sie auf dieses negative Feld stärker als jemals zuvor. Und manchmal schlagen sie inzwischen auf brutale Weise zurück.

Das geschieht aber nicht nur bei Kindern. Es geschieht ganz allgemein auf allen Ebenen der menschlichen Kultur. Nur indem wir die Auswirkungen unserer Gebetsfelder begreifen, können wir verstehen, was vor sich geht. Wir werden alle schrittweise stärker, und wenn wir uns unserer Erwartungen nicht stärker bewußt werden, können wir anderen unbewußt großen Schaden zufügen.«

Mit diesen Worten hielt er inne und hob eine Augenbraue. »Damit sind wir wohl an dem Punkt angekommen, wo wir uns im Moment befinden, schätze ich.«

Ich nickte. Erst jetzt wurde mir klar, wie sehr ich ihn die ganze Zeit über vermißt hatte.

»Was sagen die Legenden über den nächsten Schritt?« fragte ich ihn.

»Dabei geht es um das Thema, das mich am meisten interessiert«, entgegnete er. »Die Legenden sagen, daß wir unser Energiefeld nicht mehr erweitern können, bevor wir nicht die Rolle der Dakini voll anerkennen.«

Rasch erzählte ich ihm von den seltsamen Gestalten und Lichterscheinungen, die ich wahrgenommen hatte, seit ich nach Tibet gekommen war.

»Solche Erfahrungen hast du auch schon vor Tibet gemacht«, meinte Wil.

Ich dachte darüber nach und stellte fest, daß er recht hatte. Während wir nach der Zehnten Erkenntnis suchten, hatte ich bereits von geheimnisvollen Lichtschwaden Hilfe erhalten.

»Stimmt«, gab ich zu. »Das war, als wir zusammen in den Appalachen waren.«

»Auch in Peru«, fügte er hinzu.

Ich versuchte mich zu erinnern, doch mir fiel dazu nichts ein.

»Du hast mir doch von der Begebenheit erzählt, als du an einer Weggabelung standest und nicht wußtest, in welche Richtung du fahren solltest. Und dann erschien dir die eine Richtung plötzlich heller und strahlender, und du hast den entsprechenden Weg gewählt.«

»Ja«, antwortete ich. Daran konnte ich mich ganz deutlich erinnern. »Du glaubst, daß dabei die Dakini im Spiel waren?«

Wil war inzwischen aufgestanden und nahm seinen Rucksack wieder auf.

»Ja«, meinte er. »Sie sind Lichtwesen, die wir wahrnehmen können und die uns führen.«

Ich war sprachlos. Das würde bedeuten, daß diese Wesen am Werk sind, wann immer wir einen Gegenstand oder einen Weg wahrnehmen, der uns heller oder attraktiver erscheint, ein Buch, das unsere Aufmerksamkeit auf uns zieht, oder ähnliches.

»Was sagen die Legenden denn noch über die Dakini?« wollte ich wissen.

»Daß sie überall, in jeder Kultur, existieren, gleichgültig, wie wir sie nennen.«

Ich warf ihm einen fragenden Blick zu.

»Nun ja, wir würden sie wohl Engel nennen«, fuhr er fort. »Aber ob man sie nun als Engel oder Dakini bezeichnet, es handelt sich um dieselben Wesen … und sie arbeiten immer auf die gleiche Weise.«

Ich hatte noch weitere Fragen, doch Wil begann bereits wieder den steilen Hang hinaufzuklettern, wobei er die Stellen mit lockerem Tiefschnee vermied. Es blieb mir also nichts anderes übrig, als ihm zu folgen. Dutzende von Fragen gingen mir durch den Kopf, und ich wollte unsere Unterhaltung nicht so schnell abbrechen.

Schließlich drehte sich Wil zu mir um. »Die Legenden sagen, daß diese Wesen den Menschen schon seit Anbeginn der Zeiten beistehen und daß sie in der mystischen Literatur aller Religionen erwähnt werden. Jetzt ist der Zeitpunkt gekommen, daß wir sie leichter wahrnehmen können, und sobald wir sie wirklich anerkennen, werden sie sich auch stärker zu erkennen geben.«

Die Art, wie er das Wort »anerkennen« betonte, schien ihm eine besondere Bedeutung zu geben.

»Und wie sollen wir das machen?« fragte ich, während ich über einen Felsen kletterte, der in den Weg ragte.

Wil hielt einen Moment an, damit ich aufholen konnte, und antwortete dann: »Die Legenden sagen, daß wir wirklich anerkennen müssen, daß sie da sind. Das ist für unseren modernen Verstand ziemlich schwierig. Es ist eine Sache, Dakini oder Engel faszinierend zu finden, doch es ist noch mal was ganz anderes, ihre Anwesenheit als real wahrzunehmen.«

»Was genau sollen wir also tun?«

»Wir sollten ganz bewußt auf Unterschiede in der Helligkeit um uns herum achten.«

»Wenn wir also unsere Energie auf einem hohen Niveau halten und ihre Anwesenheit anerkennen, können wir mehr dieser hellen Flecken wahrnehmen?«

»Ja, ganz genau«, meinte Wil. »Das Schwierige daran ist, die feinen Helligkeitsunterschiede rund um uns herum tatsächlich wahrzunehmen. Doch wenn wir das lernen, werden wir immer mehr davon sehen können.«

Ich dachte über seine Worte nach, und so weit war mir das auch alles klar, aber eine Frage hatte ich doch noch:

»Wie ist es in den Fällen, wenn Dakini oder Engel direkt in unser Leben eingreifen, obwohl wir sie gar nicht erwarten oder anerkennen? Das ist etwas, was mir passiert ist.«

Ich erzählte ihm von der großen Gestalt, die dagewesen war, als Yin mich nördlich von Ali aus dem Jeep gestoßen hatte, und die wieder aufgetaucht war, als das Campfeuer bei dem zerstörten Kloster erschienen war, kurz bevor ich Shambhala betreten hatte.

Wil nickte. »Sieht so aus, als hätte sich dir dein Schutzengel gezeigt. Die Legenden sagen, daß alle Menschen einen haben.«

Ich hielt einen Augenblick inne und schaute ihn verblüfft an.

»Dann sind die alten Mythen also wahr«, meinte ich schließlich, »daß jeder Mensch seinen Schutzengel hat?«

»Nun, was denkst du?«

Mir schwirrte der Kopf. Die Realität dieser Wesen war mir noch sie so klar gewesen.

»Aber woran liegt es dann, daß sie uns zu gewissen Zeiten helfen und zu anderen nicht?« wollte ich schließlich wissen.

Wil zog eine Augenbraue hoch und blickte mich an.

»Nun«, meinte er, »um genau das herauszufinden, sind wir hier.«

Schließlich näherten wir uns dem Gipfel des Berges. Hinter uns brach die Sonne gerade vorsichtig durch die Wolken, und sofort fühlte sich die Luft um einige Grad wärmer an.

»Mir wurde gesagt«, meinte Wil, der knapp unterhalb des Gipfels angehalten hatte, »daß die Tempel sich auf der anderen Seite dieses Höhenzuges befinden.« Er hielt inne und blickte mich an. »Dies ist möglicherweise der schwierigste Teil.«

Seine Worte klangen irgendwie unheilverkündend in meinen Ohren.

»Wieso? Was meinst du damit?« fragte ich.

»Wir müssen alle Erweiterungen zusammenfügen und unser Energieniveau so hoch wie möglich halten. Die Legenden sagen, daß wir die Tempel nur dann erblicken können, wenn unser Energiefeld stark genug ist.«

In genau diesem Augenblick konnten wir wieder Hubschrauber irgendwo in der Ferne hören. Das Geräusch ließ mir einen Schauder über den Rücken laufen.

»Und vergiß nicht, was du eben gehört hast«, meinte Wil. »Wenn du anfängst, über das chinesische Militär nachzudenken, und dabei Zorn oder Verachtung spürst, mußt du deine Aufmerksamkeit augenblicklich auf eine höhere Ebene richten und das höhere Selbst in diesen Soldaten sehen. Stell dir vor, wie die Energie von dir ausgeht und in ihr Feld einfließt, wobei es sie in Verbindung mit dem inneren Licht bringt, so daß auch sie Zugang zu ihrer höheren Intuition haben. Alles andere erzeugt ein negatives Feld, das ihre negativen Absichten mit noch mehr Energie auflädt.«

Ich nickte und blickte in Richtung des Tals hinter uns. Ich war entschlossen, dieses positive Feld aufrechtzuerhalten.

»Und jetzt geh noch einen Schritt weiter und erkenne die Dakini an. Du wirst sie als helle Flecken wahrnehmen können.«

Ich blickte auf den Gipfel unmittelbar vor uns, und schließlich nickte Wil und ging wieder voran. Als wir die Spitze erreicht hatten, konnten wir jedoch auf der anderen Seite nichts erkennen als eine Reihe schneebedeckter Berge und Täler. Wir schauten uns sorgfältig um.

»Dort drüben«, rief Wil plötzlich aufgeregt und deutete nach links.

Ich bemühte mich, etwas zu erkennen. Auf einer Seite unterhalb des Gipfels gab es eine Stelle, die leicht schimmerte. Wenn ich mich direkt darauf konzentrierte, war da nur ein leicht verschwommener heller Bereich, doch wenn ich nur aus den Augenwinkeln hinüberblickte, konnte ich sehen, daß tatsächlich die Stelle selbst schimmerte.

»Laß uns hinübergehen«, forderte Wil mich auf. Er zog mich am Arm, während wir uns durch den tiefen Schnee zu der Stelle hindurchkämpften, die wir wahrgenommen hatten. Je näher wir kamen, desto heller schien der ganze Bereich zu werden. Dahinter befand sich eine Reihe hoher Felstürme, die aus der Ferne unmittelbar nebeneinander zu stehen schienen. Doch beim Näherkommen erkannten wir, daß einer von ihnen etwas versetzt stand und einen schmalen Durchgang freiließ, der noch weiter nach links und den Abhang hinab führte. Als wir den Durchgang erreichten, entdeckten wir dort Steinstufen, die in den Fels gehauen waren und einen Weg hinabführten. Auch die Steine schimmerten hell, und sie waren frei von Schnee.

»Die Dakini zeigen uns, wo wir lang müssen«, meinte Wil und zog mich mit sich.

Wir zwängten uns durch den engen Durchlaß und folgten dem abfallenden Pfad. Auf beiden Seiten ragten schroffe Felswände etwa sechs bis neun Meter steil in die Höhe und ließen kaum Licht auf unseren Weg fallen. Wir stiegen mehr als eine Stunde lang die Stufen hinab, die gleichmäßig nach unten führten, bis sich schließlich die Felswände über uns erweiterten und der Boden wieder eben wurde. Hier endeten die Stufen, und wir entdeckten zu unserer Linken einen flachen Felsvorsprung, der sich den ganzen Abhang entlangzog.

»Dort drüben.« Wil deutete mit dem Finger auf eine Stelle ungefähr zweihundert Meter vor uns, wo ein uraltes, zerfallenes Kloster zu stehen schien. Während wir darauf zugingen, stieg die Temperatur mehr und mehr an, und ein leichter Bodennebel erhob sich über den Felsen. Direkt vor dem Kloster erweiterte sich der Felsvorsprung zu einer breiten Platte. Als wir die zerfallenen Mauern erreichten, die jahrtausendealt zu sein schienen, kletterten wir vorsichtig über die Trümmer und Bruchstücke, die überall herumlagen. Schließlich gelangten wir zur anderen Seite der Ruinen, wo uns eine Überraschung erwartete: Der felsige Untergrund ging hier in einen glatten Boden aus flachen, hellgelben Steinen über, die gleichmäßig den Boden bedeckten. Vor uns stand ein unzerfallener, vollkommen intakter Tempel, etwa fünfzehn Meter hoch und doppelt so breit, aus rostbraunem Stein mit grau verwaschenen Streifen. Auf der Vorderseite befanden sich zwei riesige Tore, etwa fünf bis sechs Meter hoch.

Etwas schien sich in dem verschwommenen Nebel rund um den Tempel zu bewegen. Ich blickte fragend zu Wil hinüber, und er nickte mir zu und bedeutete mir, ihm zu folgen. Wir gingen bis auf etwa zwanzig Meter an den Tempel heran.

»Hast du diese Bewegung bemerkt?« fragte ich Wil.

Er deutete mit dem Kopf auf den Bereich vor uns. Etwa drei Meter entfernt zeigte sich eine verschwommene Gestalt. Ich bemühte mich, sie genauer erkennen, und konnte schließlich in etwa die Umrisse eines menschlichen Körpers erahnen.

»Das muß einer der Adepten sein, die in den Tempeln leben«, meinte Wil. »Er befindet sich auf einer höheren Schwingungsebene als wir, deshalb können wir nur eine verschwommene Gestalt wahrnehmen.«

Während wir sie beobachteten, bewegte sich die Gestalt auf das Tor des Tempels zu und verschwand. Wil warf mir einen kurzen Blick zu und ging dann voran zum Tor. Es schien aus einer Art Stein gemacht, doch als Wil an dem verzierten hölzernen Griff zog, öffnete es sich so leicht und schwebend, als sei es völlig substanzlos.

Im Inneren befand sich ein großer, offener Raum. Er war rund, und wie in einem Amphitheater führte eine Reihe von Stufen nach unten zu einem zentralen Bereich. Als ich mich umschaute, erblickte ich eine deutlich erkennbare Gestalt, die etwa auf halbem Weg nach unten war. Sie wandte sich zu uns um, so daß wir ihr Gesicht erkennen konnten. Es war Tashi. Ich wollte Wil gerade auf ihn aufmerksam machen, als er bereits die Stufen hinunterlief.

Doch bevor wir Tashi erreicht hatten, öffnete sich eine Art von Fenster in dem Bereich direkt über dem Zentrum des Raumes. Während wir hinaufblickten, begann sich langsam ein Bild zu formen, das unsere Aufmerksamkeit vollkommen in Anspruch nahm und bald so hell wurde, daß wir nichts anderes mehr erkennen konnten. Es war ein Bild der Erde, wie man sie vom All aus sieht.

Die Szene wechselte in schneller Folge von einer Stadt irgendwo in Europa zu einer Großstadt in den Vereinigten Staaten und schließlich zu einer Metropole in Asien. Wir konnten jeweils Menschen auf der Straße, im Büro und in anderen Situationen erkennen. Während die Szenen wechselten, konnten wir wahrnehmen, wie die einzelnen Menschen langsam ihr Energieniveau anhoben, während sie arbeiteten und interagierten, forschten und kommunizierten, ihrer Intuition folgten und ihre Kreativität entwickelten. Gleichzeitig sahen wir Szenen mit Menschen, die noch in Angst befangen waren, sich gegen die Veränderungen wehrten und versuchten, die Kontrolle nicht zu verlieren.

Schließlich landeten wir im Konferenzraum einer Forschungsstation. Eine Gruppe von Männern und Frauen befanden sich in lebhafter Diskussion miteinander. Während wir sie beobachteten und lauschten, wurde uns langsam klar, worum es ging. Die meisten der Anwesenden waren für ein neues Bündnis zwischen einigen großen Kommunikations- und Computerfirmen und einer internationalen Vereinigung von Geheimdiensten. Die Vertreter der Geheimdienste argumentierten, daß es für den Kampf gegen den Terrorismus unabdingbar sei, daß alle Telefonleitungen einschließlich des Internets überwacht würden und alle Computer geheime Identifizierungscodes erhielten, so daß die Daten jedes beliebigen Nutzers ständig kontrolliert werden könnten.

Doch das war noch nicht alles. Sie forderten zusätzliche Überwachungssysteme. Einige waren der Meinung, daß man das Internet komplett überwachen müßte, vor allem, wenn das Problem der Computerviren nicht abnahm. Der Zugang müßte dann mit einer speziellen Identifikationsnummer kontrolliert werden. Ein Vorschlag lautete, daß man für diesen Zweck neue Identifikationssysteme entwickeln müßte, zum Beispiel mit Augen- oder Handlinienscannern, oder sogar auf der Basis der Gehirnwellenmuster.

Schließlich begannen zwei der Anwesenden, ein Mann und eine Frau, heftig gegen diese Maßnahmen zu protestieren und Gegenargumente zu bringen.

Während wir die Szene beobachteten, wurde mir plötzlich klar, daß ich durch das Fenster des Konferenzraums nach draußen blicken konnte. Ein Auto fuhr gerade außerhalb des Gebäudes vorbei. Im Hintergrund waren Säulenkakteen und eine unwirtliche Wüstenlandschaft zu erkennen.

Ich blickte Wil fragend an.

»Diese Diskussion findet jetzt gerade statt«, meinte er, »irgendwo auf der Erde. Sieht aus, als wäre es im Südwesten der USA.«

Unmittelbar hinter dem Tisch, um den die Diskutierenden versammelt waren, bemerkte ich jetzt noch etwas anderes. Der Raum schien weiter zu werden – nein, heller.

»Die Dakini«, meinte ich zu Wil gewandt.

Er nickte, und wir beobachteten weiter. Das Gespräch schien sich langsam in eine neue Richtung zu bewegen. Die beiden, die gegen eine verstärkte Überwachung argumentierten, schienen von der Gruppe mehr Aufmerksamkeit zu bekommen, während die Befürworter langsam an Boden verloren.

Plötzlich und ohne Vorwarnung spürten wir eine starke Erschütterung, die den Boden und die Wände des Tempels zum Beben brachte und unsere Aufmerksamkeit von dem Bild über uns ablenkte. Wir rannten zu einer Tür am anderen Ende des Gebäudes und versuchten, durch den Staub hindurch etwas zu erkennen. Wir konnten hören, wie draußen Steine zu Boden fielen. Als wir noch etwa neun Meter von der Tür entfernt waren, öffnete sie sich plötzlich, und eine Gestalt, die wir nicht genau erkennen konnten, huschte hindurch.

»Das muß wohl Tashi gewesen sein«, meinte Wil, während er ihm nach zur Tür stürzte und sie öffnete.

Während wir durch die Tür rannten, ertönte ein weiteres lautes Krachen hinter uns. Die alte Ruine, die wir zuerst erblickt hatten, stürzte unter lautem Getöse zusammen, während rundum Staub aufgewirbelt wurde. Dahinter konnten wir das Geräusch sich nähernder Hubschrauber ausmachen.

»Es scheint so, als würde der Colonel uns weiter verfolgen«, meinte ich. »Aber ich hatte die ganze Zeit über nur positive Bilder in meinem Bewußtsein. Wie kann das sein?«

Wil schaute mich fragend an, und plötzlich erinnerte ich mich an Colonel Changs Bemerkung, daß er mein Gehirnwellenmuster aufgenommen habe, so daß ich ihm nicht mehr entkommen könne.

Rasch erzählte ich Wil davon. Wir blickten uns einen Moment lang schweigend an, dann meinte ich: »Vielleicht sollte ich in eine andere Richtung gehen, um die Soldaten von den Tempeln abzulenken.«

»Nein«, entgegnete Wil. »Du mußt hierbleiben. Du wirst hier noch gebraucht. Wir müssen ihnen einfach entkommen, bis wir Tashi gefunden haben.«

Wir folgten einem Steinpfad, der an weiteren Tempeln vorbeiführte, wobei mein Auge an einer Tür zu unserer Linken hängenblieb. Wil drehte sich in diesem Augenblick um und bemerkte es.

»Warum hast du diese Tür angeschaut?« fragte er mich.

»Ich weiß nicht genau«, erwiderte ich. »Sie hat einfach meine Aufmerksamkeit auf sich gezogen.«

Wil blickte mich an, als hätte er nicht richtig gehört.

»Ach ja, natürlich«, meinte ich schnell. »Laß uns nachschauen.«

Wir rannten also ins Innere, wo wir einen weiteren runden Raum fanden, diesmal noch größer als der andere, vielleicht hundert Meter im Durchmesser. Auch hier befand sich ein Fenster über dem

Zentrum. Als wir eintraten, sah ich Tashi einige Meter zu unserer Rechten stehen und stieß Wil an.

»Ja, ich sehe ihn«, antwortete Wil und ging voran in die Dunkelheit zu der Stelle, wo Tashi stand. Dieser drehte sich um und erblickte uns, worauf er uns erleichtert anlächelte, bevor er seine Aufmerksamkeit wieder auf die Szene richtete, die im Fenster sichtbar war. Diesmal sahen wir einen Raum, der deutlich nach einem Jugendzimmer aussah: Poster, Bälle, Spielzeug, Haufen von Kleidung. Ein zerwühltes Bett stand in einer Ecke, und auf einer Seite des Schreibtischs lag ein leerer Pizzakarton. Am anderen Ende des Schreibtischs saß ein Junge von vielleicht fünfzehn Jahren und arbeitete an einem seltsamen, verdrahteten Apparat. Er trug nur kurze Hosen und sonst nichts, und sein Gesicht war wütend und entschlossen.

Während wir ihn noch beobachteten, wechselte die Szene zu einem anderen Raum, wo ein weiterer Junge in Jeans und Pulli auf einem Bett saß und unentschlossen auf ein Telefon starrte. Er stand auf, ging mehrere Male im Zimmer auf und ab und setzte sich dann wieder hin. Man hatte den Eindruck, daß er mit einer Entscheidung rang. Schließlich nahm er das Telefon auf und wählte eine Nummer.

An diesem Punkt erweiterte sich das Fenster, so daß wir beide Szenen gleichzeitig sehen konnten. Der Junge in kurzen Hosen nahm den Anruf entgegen. Ganz offensichtlich führten die beiden, die wir eben noch getrennt beobachtet hatten, nun ein Telefongespräch miteinander. Der Junge in Jeans schien den anderen um etwas zu bitten, während dieser immer ärgerlicher wurde, schließlich den Hörer auf das Telefon knallte und wieder an seinem Schreibtisch zu arbeiten begann.

Der andere Junge stand auf, zog sich eine Jacke an und rannte zur Tür hinaus. Kurz darauf hörte der Junge an seinem Schreibtisch ein Klopfen an der Tür. Er stand auf und öffnete die Tür. Davor stand der Junge, mit dem er eben am Telefon gesprochen hatte. Er versuchte, ihm die Tür vor der Nase zuzuknallen, doch der andere war schneller, zwängte sich ins Zimmer und redete drängend auf ihn ein, wobei er auf den Apparat auf dem Schreibtisch zeigte.

Der andere Junge schob ihn weg, drehte sich um und holte einen Revolver aus der Schublade. Er richtete ihn auf seinen Besucher. Jener trat einen Schritt zurück, doch versuchte er weiter, mit ihm zu reden. Der Junge mit dem Revolver wurde dagegen immer wütender und drängte seinen Besucher gegen die Wand, wobei er den Lauf der Waffe gegen dessen Schläfe drückte.

In diesem Augenblick bemerkten wir in dem Bereich hinter den beiden eine Veränderung: Der Raum begann sich aufzuhellen. Ich blickte Tashi an, der meinen Blick einen Moment lang erwiderte und sich dann wieder auf die Szene konzentrierte. Wir wußten beide, daß wir hier wieder einmal das Wirken der Dakini beobachten konnten.

Währenddessen hatte die Situation sich noch kaum verändert, doch langsam begann der Junge mit der Waffe sich zu entspannen und ruhiger zu werden. Schließlich warf er den Revolver beiseite und ging hinüber zu seinem Bett. Der andere Junge setzte sich in einen Stuhl ihm gegenüber.

Jetzt konnten wir die Einzelheiten ihrer Unterhaltung vernehmen, so daß schließlich klar wurde, worum es ging. Der Junge mit dem Revolver fühlte sich von seinen Altersgenossen an der Schule nicht akzeptiert. Sie hatten ihn gehänselt, ihn zum Verlierer abgestempelt, und er fühlte sich ausgeschlossen und minderwertig. Das erfüllte ihn mit Wut, und schließlich hatte er beschlossen, es ihnen heimzuzahlen. Das Gerät, an dem er gearbeitet hatte, war eine selbstgebastelte Bombe.

Wie zuvor spürten wir plötzlich den Boden unter unseren Füßen wanken, und das gesamte Gebäude bebte. Wir rannten gemeinsam zur Tür und schafften es gerade noch nach draußen, bevor der halbe Tempel hinter uns zusammenstürzte.

Tashi winkte uns zu, ihm zu folgen, und wir rannten einige hundert Meter weiter, bevor wir an einer Wand stehenblieben.

»Habt ihr die Menschen im Tempel gesehen, die den Jungen positive Energie schickten?« fragte uns Tashi.

Wir mußten beide gestehen, daß wir nichts gesehen hatten.

»Es waren Hunderte, die da drinnen an dem Problem gearbeitet haben.«

»Was genau haben sie gemacht?« wollte ich wissen.

Tashi trat näher zu mir. »Sie haben ein Gebetsfeld aufgebaut und dabei visualisiert, wie die beiden Jungen in der Szene sich auf eine höhere Schwingungsebene erheben, so daß sie über ihre Angst und Wut hinauswachsen und zu ihrer höheren Intuition finden können, die ihnen dabei hilft, das Problem zu lösen. Ihre Energie hat den einen Jungen dabei unterstützt, die besten Argumente zu finden. Und bei dem anderen Jungen hat sie dazu geführt, daß er sich mit der Ebene seines höheren Selbst identifizieren konnte. Er hat dadurch erkannt, daß er nicht die Anerkennung der anderen braucht, um etwas wert zu sein. Das hat seinen Zorn verrauchen lassen.«

»Dann haben sie also auch in dem anderen Tempel so etwas Ähnliches gemacht?« fragte ich. »Dort haben sie wohl diejenigen unterstützt, die gegen die verstärkten Kontrollmaßnahmen argumentierten?«

Wil schaute mich an. »Die Leute im Tempel haben ein Energiefeld erzeugt, das das Schwingungsniveau aller Beteiligten erhöht hat. Dadurch reduzierte sich die Angst bei denen, die mehr Kontrolle einzuführen versuchten, und die anderen, die dagegen waren, bekamen mehr Mut, ihre Meinung deutlich auszusprechen.«

Tashi nickte. »Das sind beides Dinge, die wir sehen sollten. Es sind einige der Hauptprobleme, die wir lösen müssen, wenn unsere spirituelle Evolution weitergehen soll, wenn wir diese kritische Schwelle in der menschlichen Geschichte überschreiten wollen.«

»Was ist mit den Dakini?« fragte ich. »Was haben sie gemacht?«

»Sie haben ebenfalls mitgeholfen, das Schwingungsniveau anzuheben«, erwiderte Tashi.

»Ja, schon«, meinte ich, »aber wir wissen immer noch nicht genau, was sie dazu bringt, dorthin zu gehen und zu helfen. Die Menschen im Tempel müssen noch etwas anderes machen, was wir noch nicht wissen.«

In diesem Moment ertönte ein weiteres lautes Krachen, als die restliche Hälfte des Tempels dröhnend hinter uns einstürzte.

Tashi zuckte unwillkürlich zusammen und begann dann den Pfad hinunterzueilen.

»Los, kommt«, rief er uns zu. »Wir müssen meine Großmutter finden!«

# 11 *Das Geheimnis von Shambhala*

Stundenlang irrten wir durch die Tempel, immer auf der Suche nach Tashis Großmutter und auf der Flucht vor dem chinesischen Militär, das uns verfolgte. Dabei beobachteten wir die Arbeit der Menschen in den Tempeln. In jedem Tempel waren Leute dabei, kritische Szenen aus den äußeren Kulturen zu beobachten.

Ein Tempel beschäftigte sich mit den speziellen Problemen Jugendlicher – besonders mit dem Anstieg der Gewaltbereitschaft, ausgelöst durch die zunehmenden Gewaltdarstellungen in Filmen und Videospielen, die zu der illusionären Vorstellung führen, daß gewalttätige Handlungen im Affekt ausgeführt werden können und ohne reale Konsequenzen bleiben. Hier sahen wir zu, wie den Entwicklern und Herstellern solcher Videospiele Energie geschickt wurde, die ihnen dazu verhalf, eine höhere intuitive Ebene zu erreichen und zu erkennen, welche Auswirkungen ihre Kreationen auf Kinder und Jugendliche haben würden. Gleichzeitig wurden die Eltern in die Lage versetzt, das gestörte Verhalten ihrer Kinder rechtzeitig zu erkennen und ihnen bessere Modelle für den Umgang miteinander beizubringen.

In einem anderen Tempel ging es um die aktuelle Debatte über alternative Methoden und Ansätze innerhalb der Medizin. Noch arbeitete das medizinische Establishment – medizinische Organisationen, staatliche Gesundheitseinrichtungen, Forschungskliniken und pharmazeutische Unternehmen – auf der Basis eines veralteten Paradigmas aus dem achtzehnten Jahrhundert, das sich darauf beschränkt, den Körper als Maschine zu betrachten und Symptome zu bekämpfen. Ihre Bemühungen richten sich vorwiegend gegen krankheitserregende Mikroorganismen, Tumorzellen und defekte Gene. Und die meisten Mediziner sind der Ansicht, gesundheitliche Probleme seien eine unvermeidliche Nebenerscheinung des Alterungsprozesses. Aus dieser Sicht heraus werden immer noch die meisten Forschungsgelder dafür vergeben, »Wunderpillen« gegen Krankheitsprozesse zu entwickeln und patentieren zu lassen: Medikamente, um Mikroorganismen abzutöten, bösartig wuchernde Zellen zu zerstören oder fehlerhafte Gene zu korrigieren. Dagegen fließen kaum Gelder in Programme, die sich der Erforschung des Immunsystems widmen, mit dem Ziel, seine Rolle besser zu verstehen und präventive Maßnahmen gegen Krankheiten zu entwickeln.

In einer Szene, die wir beobachteten, diskutierten Vertreter verschiedenster medizinischer Bereiche bei einer Konferenz über die zukünftige Entwicklung des Gesundheitswesens. Einige Wissenschaftler argumentierten, daß die Medizin ihre gesamte Sichtweise ändern müsse, um sich auf ganz neue Art mit der Problematik menschlicher Krankheiten auseinanderzusetzen. Nur dann könnten Probleme wie Herz- und Kreislauferkrankungen, bösartige Tumore oder degenerative Erkrankungen wie zum Beispiel Arthrose und multiple Sklerose jemals zufriedenstellend gelöst werden.

Diese Wissenschaftler waren derselben Ansicht, wie Hanh sie uns gegenüber bereits geäußert hatte – nämlich daß die wahren Ursachen der Krankheit darin liegen, daß unser Körper durch die Nahrungsmittel, die wir zu uns nehmen, sowie durch Umweltgifte beeinträchtigt wird und daß dadurch der Säure-Basen-Haushalt aus dem Gleichgewicht gerät und sich von einem gesunden, basischen Zustand in der Jugend mit zunehmendem Alter hin zu einem übersäuerten Zustand entwickelt. In diesem Milieu können sich Mikroorganismen aller Art besonders gut vermehren und den Körper verstärkt angreifen. Alle Krankheiten, so ihre Aussage, sind nur eine Folge dieses Prozesses. Mit den Nahrungsmitteln, die wir zu uns nehmen, bereiten wir den Nährboden für Mikroorganismen und Krankheiten.

Die meisten der Anwesenden hatten starke Vorbehalte gegenüber dieser Ansicht und waren nicht bereit, eine solch einfache Erklärung zu akzeptieren. Sie kamen aus einer Gesundheitsindustrie, die den Verbrauchern komplexe Medikamente und teure Behandlungen für Milliarden von Dollars verkauft, und sie glaubten auch daran, daß all das notwendig war. Einige waren sogar der Ansicht, daß es empfehlenswert sei, die Menschen mit Chips auszustatten, auf denen ihre Gesundheitsdaten sowie Informationen über ihre Medikamentenversorgung gespeichert werden sollten. Sie waren von ihren Maßnahmen und Programmen voll überzeugt. Und schließlich hingen ja auch ihre Positionen davon ab – und ihr Einkommen.

Außerdem waren sie nicht besonders begeistert von der Idee, ihre Ernährungsweise umzustellen. Das, was sie gewöhnlich aßen, hatte ihnen bisher doch immer wunderbar geschmeckt. Wie sollten sie anderen eine Ernährungsumstellung empfehlen, die sie selbst sich überhaupt nicht vorstellen konnten! Nein, das war doch einfach nicht akzeptabel!

Doch die alternativen Wissenschaftler ließen sich nicht so schnell abweisen, denn sie wußten, daß die Zeit reif war für eine Änderung des medizinischen Paradigmas. Sie verwiesen auf ihre Forschungsergebnisse und darauf, daß immer mehr Menschen sich des Problems bewußt werden. Schließlich kam die Babyboomer-Generation jetzt langsam in ein Alter, in dem sie anfällig für Krankheiten wurden, und sie hatten bereits erlebt, wie wenig die konventionelle Medizin ihren Eltern helfen konnte. Sie waren auf der Suche nach neuen Alternativen.

Wir beobachteten, wie sich die Einstellung vieler Beteiligten während der Konferenz langsam änderte. Die Argumente derer, die alternative Vorgehensweisen propagierten, wurden angehört und ernst genommen.

In wieder einem anderen Tempel wurden wir Zeugen einer ähnlichen Debatte auf dem Gebiet des Rechtswesens. Eine Gruppe von Anwälten versuchte ihre Kollegen davon zu überzeugen, daß es an der Zeit sei, die eigene Berufsgruppe zu reformieren. Viele Jahre lang hatten angesehene Anwälte Augen und Ohren verschlossen, während gewisse schwarze Schafe unter ihren Kollegen so manchen Streitfall manipulierten, Zeugenaussagen unzulässig beeinflußten und die Jurys mit brillanter Rhetorik buchstäblich hypnotisierten. Nun entstand eine Bewegung, die wieder mehr Wert auf die Einhaltung ethischer Grundsätze legte und die Rolle des Anwalts darin sah, Konflikte zu klären und beizulegen, statt sie aufzubauschen und dabei abzukassieren.

Einige der Tempel befaßten sich mit der Problematik politischer Korruption in den verschiedensten Ländern. Wir sahen eine Szene, in der gewählte Vertreter in Washington hinter verschlossenen Türen über eine Reform der Parteienfinanzierung debattierten. Ganz speziell ging es um die Frage, ob es politischen Parteien weiterhin gestattet sein sollte, unbegrenzte Zuwendungen von speziellen Interessengruppen zu erhalten, um sie dann für Fernsehwerbung einzusetzen. Diese finanzielle Abhängigkeit von großen Firmen und Konzernen verpflichtet Politiker zu gewissen Gegenleistungen, und jeder weiß das eigentlich.

Doch es gab immer noch Widerstand gegen die Stimmen derer, die eine Reform forderten und dafür eintraten, statt marketingmäßig aufgebauter Fernseh-Werbekampagnen lieber öffentliche Debatten einzuführen, bei denen das Wählerpublikum die Kandidaten leichter einschätzen und als Persönlichkeit beurteilen kann.

Während wir uns so von einem Tempel zum nächsten bewegten, wurde uns klar, daß alle sich auf ähnliche Art und Weise mit bestimmten kritischen Themen und Bereichen des menschlichen Lebens in den äußeren Kulturen beschäftigten.

Wir sahen unter anderem auch, wie zahlreiche zögerliche politische Führer – einschließlich verschiedener Mitglieder der chinesischen Regierung – dazu bewegt wurden, der globalen Gemeinschaft beizutreten und ökonomische und soziale Reformen in Gang zu bringen.

In jedem dieser Fälle konnten wir beobachten, wie helle, schimmernde Stellen hinter den betreffenden Personen erschienen. Und dann bequemten sich selbst Menschen, die in Angstmustern gefangen waren, die das starke Bedürfnis hatten, ihre Umwelt zu kontrollieren oder die nach Gewinn und persönlicher Macht strebten, den Argumenten der Gegenseite zu öffnen und ihre unzugänglichen Positionen zu verlassen.

Während wir auf der Suche nach Tashis Großmutter durch das Labyrinth der Tempel hetzten, tauchten in mir immer wieder dieselben Fragen auf. Was genau geschah hier? Was war die Beziehung zwischen den Dakini oder Engeln und den Gebetsfeldern, die hier jeweils aufgebaut wurden? Was wußten die Menschen in den Tempeln, was wir nicht wußten?

Nachdem wir bereits durch zahlreiche Räume geirrt waren, standen wir schließlich vor buchstäblich Tausenden von Tempeln, die sich kilometerweit erstreckten, soweit das Auge reichte. Die Pfade vor uns gingen in jede beliebige Richtung. Im Hintergrund konnten wir immer noch die Geräusche der Hubschrauber wahrnehmen. Während wir dastanden und schauten, stürzte ein weiterer Tempel etwa hundertfünfzig Meter hinter uns krachend in sich zusammen.

»Was passiert mit all den Leuten in den Tempeln?« fragte ich Tashi.

Er starrte auf die Staubwolke, die sich über dem eingestürzten Gebäude erhob. »Mach dir keine Sorgen, denen geht es gut. Sie können sich entfernen und zu anderen Stellen begeben, ohne daß sie gesehen werden. Das Problem ist, daß ihre Arbeit des Energietransfers gestört und unterbrochen wird.«

Er schaute uns beide an. »Wer übernimmt ihre Rolle, wenn sie nicht mehr in der Lage sind, in diesen kritischen Situationen Unterstützung zu geben?«

Wil drängte voran. »Wir müssen uns entscheiden, wohin wir gehen wollen. Wir haben nicht mehr viel Zeit.«

»Meine Großmutter ist irgendwo da vorn«, meinte Tashi. »Mein Vater sagte mir, sie sei in einem der zentralen Tempel.«

Ich blickte auf das unübersichtliche Labyrinth steinerner Strukturen vor uns. »Es gibt kein physisches Zentrum, jedenfalls nicht, soweit ich es sehen kann.«

»Das hat mein Vater auch nicht gemeint«, entgegnete Tashi. »Er wollte damit sagen, daß sich meine Großmutter in einem Tempel befindet, der mit den zentralen Themen der menschlichen Evolution befaßt ist.« Während er sprach, ließ er das Gelände der Tempel vor uns nicht aus den Augen.

»Du kannst die Leute hier besser erkennen als wir. Kannst du nicht mit ihnen sprechen und sie fragen, wohin wir gehen sollen?« schlug ich Tashi vor.

»Das habe ich bereits versucht«, erwiderte er. »Aber mein Energieniveau war nicht hoch genug. Vielleicht würde es funktionieren, wenn ich länger hier wäre.«

Kaum hatte Tashi diesen Satz beendet, als der nächste Tempel einstürzte, diesmal noch näher hinter uns. Ich schaute Wil an.

»Wir müssen unbedingt außerhalb des Einflußbereichs der Soldaten bleiben«, drängte er.

»Moment mal«, meinte Tashi plötzlich. »Ich glaube, ich sehe da was.«

Sein Blick war auf das Gewirr der Tempel vor uns fixiert. Ich schaute mich sorgfältig um, konnte jedoch nichts Auffälliges erkennen. Auch Wil zuckte nur mit den Achseln, als ich ihn ansah.

»Wo denn?« fragte ich Tashi, doch der setzte sich bereits in Richtung eines Pfades zu unserer Rechten in Bewegung und winkte uns, ihm zu folgen.

Nachdem wir ungefähr zwanzig Minuten gegangen waren, hielten wir vor einem Tempel an, der ganz genauso aussah wie die anderen, ausgenommen, daß er etwas größer war und der dunkelbraune Stein eine Spur mehr Blau enthielt. Aus der Ferne war er mir nicht besonders aufgefallen.

Tashi stand bewegungslos da und starrte das massive Tor vor uns an.

»Was ist los, Tashi?« wollte Wil wissen.

Hinter uns hörten wir ein weiteres lautes Krachen, als der nächste Tempel einstürzte.

Tashi blickte schließlich zu mir herüber. »Der Tempel in deinem Traum, in dem wir jemanden fanden – war der nicht blau?«

Ich schaute mir den Tempel vor uns noch einmal genauer an und fühlte einen Schauer über meinen Rücken laufen. »Ja, stimmt, das war er.«

Wil ging auf das Tor zu und blickte uns dabei fragend an.

Tashi nickte ihm zu, und Wil schwang langsam das riesige steinerne Tor auf.

Im Innern nahm ich sofort viele Menschen wahr. Ich konnte zwar nur die schwachen Umrisse zahlloser Gestalten erkennen, doch sie alle schienen sich rund um uns zu bewegen, und ich fühlte mich von einer eindeutig freudigen Atmosphäre umgeben. Die Bewegung der Gestalten um mich herum schien anzudeuten, daß sie sich auf das Zentrum des Tempels konzentrierten. Dort sah ich ein weiteres offenes Raumfenster, in dem verschiedene Szenen aus dem Mittleren Osten auftauchten, darauf Bilder aus dem Vatikan und schließlich aus Asien, die alle auf einen zunehmenden Dialog zwischen den großen Weltreligionen hinzudeuten schienen.

Wir beobachteten mehrere Bilder, die zeigten, wie sich zunehmende Toleranz entwickelte. In der katholischen wie auch protestantischen Richtung des Christentums tauchte zunehmend die Erkenntnis auf, daß das christliche Bekehrungserlebnis und das Erleuchtungserlebnis der östlichen Religionen sowie des Judentums und des Islams in der Essenz identisch sind. Jede Religion betont einfach unterschiedliche Aspekte dieser mystischen Begegnung mit Gott.

Die östlichen Religionen legen mehr Wert auf die bewußtseinsmäßigen Auswirkungen – Erfahrungen von Schwerelosigkeit und Einheit mit dem Universum, Befreiung von Egowünschen und ein größerer Abstand zum Alltag. Der Islam betont das Gefühl von Einheit, das entsteht, wenn diese Erfahrung mit anderen geteilt wird, sowie die Kraft des gemeinsamen Handelns. Das Judentum legt

Wert auf eine Tradition, die auf dieser inneren Verbindung beruht, auf die Erfahrung des Auserwähltseins, die durch dieses Erlebnis entsteht, sowie auf den persönlichen Beitrag jedes einzelnen zur Weiterentwicklung der menschlichen Spiritualität.

Das Christentum dagegen betont den Gedanken, daß sich das Geistige im Menschen nicht einfach nur als ein gesteigertes Bewußtsein der Einheit mit Gott manifestiert, sondern vielmehr als ein höheres Selbst – als wären wir plötzlich eine erweiterte Version unserer selbst, vollständiger, fähiger, mit einer inneren Führung und Weisheit, die uns dazu befähigen, so zu agieren, als wäre die menschliche Verkörperung Gottes, Christus, der Handelnde in uns.

In der Szene vor uns konnten wir die Auswirkungen dieser neuen Toleranz und Einheit beobachten. Die Erfahrung der inneren Verbundenheit aller Menschen wurde mehr und mehr in den Mittelpunkt gestellt, statt immer nur die unterschiedlichen Interpretationen religiöser Offenbarungen zu betonen. Es schien eine zunehmende Bereitwilligkeit aufzukommen, eine friedliche Lösung für ethnische und religiöse Konflikte zu finden. Es gab mehr Kommunikation und Verständigung zwischen religiösen Führern und ein neues Verständnis für die Kraft des Gebets, wenn alle sich in Einheit zusammenfinden.

Während ich die Bilder betrachtete, verstand ich mehr und mehr, was Lama Rigden und Ani über die Vereinigung der Religionen gesagt hatten: daß dies ein Zeichen dafür sein würde, daß die Geheimnisse von Shambhala bekannt werden.

Plötzlich veränderte sich die Szenerie im Fenster vor unseren Augen. Wir sahen eine Gruppe von Menschen mit lachenden Gesichtern, die in fröhlicher Stimmung die Geburt eines Kindes feierten. Das Baby wurde von einem zum anderen weitergereicht. Dabei sah es so aus, als wären alle Anwesenden aus ganz unterschiedlichen Nationen. Während ich zusah, hatte ich den Eindruck, daß sie ebenso auch verschiedene religiöse Hintergründe repräsentierten. Schließlich konnte ich auch die Eltern des Kindes ausmachen. Sie kamen mir bekannt vor. Ich wußte, daß sie es nicht sein konnten, doch die beiden sahen Pema und ihrem Ehemann sehr ähnlich.

Ich verrenkte mir den Hals und bemühte mich, besser zu sehen, da ich das Gefühl hatte, daß das, was nun kam, von großer Bedeutung war. Um was ging es hier?

Die Szene veränderte sich von neuem, und nun sahen wir eine tropische Region, vielleicht in Südostasien. Wie zuvor zeigten uns die Bilder ein Haus mit einer Gruppe von Menschen unterschiedlicher Herkunft und Nationalität, die um ein Neugeborenes herumstanden und den Eltern gratulierten.

Ich blickte erst Tashi und dann Wil an.

»Siehst du nicht, worum es geht?« meinte Tashi als Antwort auf meinen fragenden Blick. »Das sind die fehlenden Babys. Sie sind zu verschiedenen Familien in der ganzen Welt gegangen. Es muß sich um so etwas wie einen Channeling-Prozeß gehandelt haben. Und irgendwie haben die Kinder die höhere genetische Energie von Shambhala mitbekommen, bevor sie weitergingen.«

Wil starrte nachdenklich zu Boden, bevor er sich uns wieder zuwandte.

»Das ist die Verschiebung«, meinte er dann. »Das ist es, wovon die Legenden immer erzählt haben. Shambhala bewegt sich nicht zu einem einzelnen Platz hin, seine Energie verteilt sich vielmehr auf viele verschiedene Regionen auf der ganzen Erde.«

»Wie bitte?« fragte ich ungläubig nach.

Tashi griff erklärend ein. »Du kennst doch die Legende, die besagt, daß die Krieger von Shambhala aus dem Osten kommen, die Mächte der Finsternis besiegen und eine vollkommene Gesellschaft gründen werden. Das passiert aber nicht mit Pferden und Schwertern. Es geschieht durch die Wirkung unserer erweiterten Felder, durch die die Weisheit und das Wissen von Shambhala in die Welt übertragen werden. Wenn alle Menschen jeder Religion, die an eine Verbindung mit dem Göttlichen glauben, negative Felder vermeiden und zusammenarbeiten, können wir alle die Erweiterungen dazu verwenden, die Rolle von Shambhala zu übernehmen.«

»Aber wir wissen noch nicht alles über das, was sie machen«, wandte ich ein. »Wir kennen das restliche Geheimnis noch nicht!«

Gerade als ich das aussprach, veränderte sich die Szene in dem Fenster von neuem. Nun sahen wir ein weites Feld schneebedeckter Berge und eine Reihe chinesischer Militärhubschrauber, die auf uns zuflogen. Wir sahen weitere Tempel, die sich bei ihrem Anflug in Staub verwandelten, zusammenstürzten und zu Ruinen wurden. Die Hubschrauber näherten sich immer mehr dem Gebäude, in dem wir uns befanden, und schließlich wechselte die Szene ins Innere des Tempels. Wir sahen uns selbst in dem Gebäude stehen, und um uns herum waren nicht verschwommene Konturen von Menschen, sondern klar sichtbare Gestalten. Viele trugen das traditionelle Gewand tibetischer Mönche, doch einige von ihnen waren überraschenderweise auch ganz anders gekleidet. Unter ihnen waren hassidische Juden, christliche Mönche und Priester, islamische Imams und Vertreter verschiedener anderer östlicher Religionen.

Eine der Gestalten erinnerte mich interessanterweise an eine Frau, die nahe bei meinem Haus in meinem Tal wohnt, und meine Augen blieben an ihr hängen. Übergangslos verfiel ich in einen Tagtraum, der mich nach Hause führte. Vor meinem geistigen Auge konnte ich alles ganz klar erkennen: die Berge, wie man sie von meinem Fenster aus sehen kann, und dann der gleiche Anblick von der Quelle aus. Ich dachte an den Geschmack des Wassers dort. Ich stellte mir vor, wie ich mich vorbeugte und trank.

Wieder hörten wir das Geräusch der Hubschrauber, diesmal ganz nahe, und das Krachen eines weiteren Tempels, der in sich zusammenstürzte. Wil und ich blickten uns an.

Mir fiel auf, daß Tashi sich von uns entfernt hatte und irgendwohin nach rechts gegangen war. In der Szene im Fenster konnten wir erkennen, was er tat. Er stand einer Gestalt in einer tibetischen Mönchskutte gegenüber.

»Wer ist das?« fragte ich Wil.

»Es muß wohl seine Großmutter sein«, meinte er.

Es war deutlich zu erkennen, daß sie miteinander sprachen, doch ich konnte ihre Worte nicht verstehen. Schließlich umarmten sie sich, und Tashi kam eilig zu uns zurückgelaufen.

Ich hatte Tashi immer noch durch das Fenster beobachtet, doch als er bei mir ankam, veränderte sich die Szene ganz abrupt. Das Fenster war immer noch da, doch die Bilder, die es zeigte, waren unscharf wie bei einem flimmernden Fernsehbild.

Tashi war voller Begeisterung. »Wißt ihr, was das hier ist? Der Tempel, in dem sie dich und Wil die ganze Zeit über beobachtet haben, während ihr versucht habt, Shambhala zu erreichen. Dies hier waren die Leute, die euch mit ihrem Gebetsfeld geholfen haben. Ohne sie wäre keiner von uns jetzt hier.«

Ich sah mich um und erkannte, daß ich um uns herum nichts und niemanden mehr sehen konnte.

»Wohin sind sie alle gegangen?« war meine drängende Frage.

»Sie mußten den Tempel verlassen«, meinte Tashi, der nun zu dem leeren Fenster in der Mitte des Raumes hochstarrte. »Jetzt sind wir dran.«

In diesem Augenblick erschütterte ein gewaltiger Stoß den Tempel, in dem wir uns befanden, und mehrere Steine fielen draußen unter Getöse zu Boden.

»Das sind die Soldaten«, schrie Tashi. »Sie sind hier.«

Ohne Vorwarnung klärte sich das Fenster und zeigte uns ein Bild der Chinesen, die unmittelbar vor dem Tempel draußen aus ihren Hubschraubern stiegen. Colonel Chang ging voran und gab seinen Truppen Anweisungen. Wir konnten sein Gesicht ganz deutlich erkennen.

»Wir müssen sein Energieniveau mit unserem Feld anheben«, meinte Wil.

Tashi nickte zustimmend und führte uns rasch durch die Erweiterungen. Wir visualisierten unsere Energiefelder und stellten uns vor, wie die Energie aus uns heraus und zu den chinesischen Soldaten hinfloß, besonders zu Chang, und sie auf eine höhere Ebene intuitiven Bewußtseins erhob.

Während ich sein Gesicht beobachtete, schien er innezuhalten und sich umzusehen, als könne er die höhere Energie spüren.

Ich beobachtete ihn genau, um jede kleinste Regung seines höheren Selbst in ihm erkennen zu können, und bemerkte eine winzige Veränderung in seinen Augen, wie das Erwachen eines Lächelns. Er schien sich nach seinen Soldaten umzusehen.

»Konzentriert euch auf sein Gesicht«, empfahl ich den anderen.

Während wir damit beschäftigt waren, schien er nochmals innezuhalten. Dann ging einer seiner Soldaten, offenbar sein nächster Untergebener, auf ihn zu und begann ihm Fragen zu stellen. Einen Augenblick lang ignorierte Chang seinen Offizier. Doch schließlich gelang es diesem, seine Aufmerksamkeit auf sich zu ziehen. Er deutete auf den Tempel, in dem wir uns befanden. Chang schien sich wieder an sein Vorhaben zu erinnern, und ein wütender, entschlossener Ausdruck machte sich auf seinem Gesicht breit. Er winkte den Soldaten zu, ihm zu folgen, während er sich weiter dem Tempel näherte.

»Es funktioniert nicht«, stellte ich fest.

Wil schaute mich an. »Es sind keine Dakini da.«

»Wir müssen hier raus«, rief Tashi uns zu.

»Und wie sollen wir hier rauskommen?« fragte Wil.

Tashi wandte sich uns zu. »Wir müssen durch das Fenster gehen. Meine Großmutter hat mir erklärt, daß wir durch das Fenster zu den äußeren Kulturen gelangen können. Aber nur, wenn wir von dort Hilfe bekommen, um die Energie auf der anderen Seite zu erhöhen.«

»Was soll das heißen, wir müssen Hilfe bekommen?« fragte ich nach. »Wer soll uns helfen?«

Tashi schüttelte den Kopf. »Das weiß ich auch nicht.«

»Nun, wir müssen es eben einfach probieren«, meinte Wil. »Und zwar jetzt sofort!«

Tashi schien verwirrt.

»Wie bist du sonst immer durch die Fenster gegangen?« fragte ich ihn.

»Dort gab es die Verstärker«, erwiderte er. »Ich bin nicht sicher, ob ich es auch ohne sie schaffe.«

Ich berührte beruhigend seine Schulter. »Ani hat gesagt, daß jeder in Shambhala nahe davor war, alles auch ohne die entsprechende Technologie zu tun. Denk nach. Wie hast du es gemacht?«

Tashi schien immer noch unsicher. »Ich weiß es wirklich nicht. Es ging praktisch automatisch. Ich schätze, wir haben einfach erwartet, daß es funktioniert, und damit war es auch immer schon sofort passiert.«

»Dann mach genau das, Tashi«, forderte Wil ihn auf und wies zum Fenster hinüber. »Mach es einfach jetzt sofort.«

Es war deutlich, daß Tashi sich total konzentrierte, und dann blickte er mich an. »Ich muß wissen, wohin ich gehen will, so daß ich den Platz visualisieren kann. Wohin sollen wir gehen?«

»Moment«, erwiderte ich, »was ist mit dem Traum, den du hattest? Hast du nicht Wasser gesehen?«

Tashi dachte einen Augenblick nach, dann nickte er. »Es war ein Platz oberhalb einer Quelle oder eines Brunnens …«

»Eine Quelle?« Ich schrie fast, so aufgeregt war ich plötzlich. »Eine Quelle mit einem Becken, das mit Steinen eingefaßt ist?«

Er starrte mich verwirrt an. »Ja, ich glaube schon.«

Ich sah zu Wil hinüber. »Ich weiß, wo das ist. Es handelt sich um eine Quelle am Nordrand des Tales, wo ich wohne. Dorthin müssen wir gehen.«

In diesem Moment wurde der Tempel von einem zweiten Stoß erschüttert. Bilder von einstürzenden Wänden und heftigen Explosionen tauchten in mir auf, doch ich schüttelte sie ab und versuchte mir statt dessen unsere erfolgreiche Flucht vorzustellen. Ich fühlte mich jetzt fast wie mein Vater, gefangen in einem Kampf, den ich nicht gewollt hatte, den ich aber auch nicht vermeiden konnte, weil es um zuviel ging. Nur daß es diesmal ein Kampf mit geistigen Waffen war.

»Konzentriert euch«, rief ich den anderen zu. »Was müssen wir jetzt tun?«

»Zuerst müssen wir uns ganz klar vorstellen, wohin wir gehen wollen«, erwiderte Tashi. »Beschreib uns den Platz.«

Hastig erklärte ich ihnen jedes Detail: den Bergpfad, die Bäume, die Art, wie das Wasser floß, die Farbe des Laubes zu dieser Jahreszeit. Dann versuchten wir Tashi zu unterstützen, während er sich auf das Bild konzentrierte. Vor unseren Augen begann sich das Bild im Fenster in die Szene zu verwandeln, die wir uns vorstellten. Wir konnten die Quelle ganz klar und deutlich erkennen.

»Das ist es!« rief ich aufgeregt.

Wil wandte sich an Tashi. »Und was nun? Deine Großmutter hat gesagt, wir würden Hilfe brauchen.«

Plötzlich konnten wir in dem Fenster eine Gestalt im Hintergrund ausmachen, und gemeinsam konzentrierten wir uns auf das undeutliche Bild. Ich versuchte krampfhaft zu erkennen, um wen es sich handelte. Es schien eine junge Person zu sein, etwa in Tashis Alter. Schließlich klärte sich das Bild, und ich konnte erkennen, um wen es sich handelte.

»Das ist Natalie, die Tochter meines Nachbarn«, rief ich. Ich konnte mich deutlich an meine erste intuitive Wahrnehmung von ihr erinnern. Es war ein Bild genau dieser Szene gewesen.

Tashi lächelte breit. »Das ist meine Schwester!«

In diesem Augenblick krachte ein großer Teil des Tempels zu Boden.

»Sie hilft uns«, rief Wil und drängte uns zum Fenster. »Los, gehen wir!«

Mit einem zischenden Geräusch trat Tashi hindurch, gefolgt von Wil. Gerade als ich mich dem Fenster näherte, brach die rückwärtige Wand des Tempels völlig zusammen, und dort, auf der anderen Seite, stand Colonel Chang.

Ich drehte mich um und schaute ihn an, dann trat ich durch das Fenster.

Mit einem raschen Griff riß er ein Ortungsgerät von seinem Gürtel.

»Ich weiß, wohin Sie gehen!« schrie er mir nach, während der Rest des Tempels einzustürzen begann. »Ich weiß es!«

Nachdem ich durch das Fenster geschritten war, landete ich auf vertrautem Boden. Ein warmer Wind streichelte mein Gesicht. Ich war wieder zu Hause.

Als ich mich umschaute, bemerkte ich, daß Tashi und Natalie beieinander standen, sich in die Augen schauten und erregt miteinander sprachen. Ihre Augen waren groß, als hätten sie eben etwas Spannendes entdeckt. Wil stand neben ihnen.

Dahinter standen Bill, Natalies Vater sowie mehrere Nachbarn aus unserem Tal, darunter Pfarrer Brannigan, Sri Devo und Julie Carmichael, eine protestantische Geistliche. Sie blickten etwas verwirrt drein.

Bill kam zu mir herüber.

»Ich habe keine Ahnung, woher ihr gerade gekommen seid, aber Gott sei Dank seid ihr jetzt hier.«

Ich deutete auf die Geistlichen. »Was machen die alle hier?«

»Natalie hat sie gebeten zu kommen. Sie hat über irgendwelche Legenden gesprochen und uns gezeigt, wie wir Gebetsfelder aufbauen können und alles mögliche andere. Anscheinend sind ihr alle diese Dinge einfach irgendwie zugeflogen. Sie behauptete, sie könne sehen, was mit euch passiert. Außerdem haben wir jemanden bemerkt, der dein Haus beobachtet.«

Ich blickte den Hang hinauf und wollte gerade eine Antwort geben, als Bill mir zuvorkam. »Natalie hat noch etwas ganz Seltsames gesagt. Sie hat behauptet, sie hätte einen Bruder. Wer ist der Junge, mit dem sie spricht?«

»Das erzähle ich dir später«, wich ich aus. »Wer hat mein Haus beobachtet?«

Bill gab keine Antwort. Er beobachtete Wil und die anderen, die auf uns zukamen.

In diesem Augenblick hörten wir Fahrzeuge, die sich auf dem Hang über uns näherten. Zwei blaue Lastwagen hielten vor meinem Haus an. Mehrere Männer stiegen aus, bemerkten uns und gingen zu einem Überhang dreißig Meter über uns.

»Ich bin sicher, die sind vom chinesischen Geheimdienst«, meinte Wil. »Wir müssen ein Feld aufbauen.«

Ich erwartete, daß die Geistlichen nachfragen würden, was das bedeuten solle, doch sie nickten nur zustimmend. Natalie schaute zuerst fragend Bill an, dann begann sie uns durch die Erweiterungen zu führen, während Tashi weiter an ihrer Seite blieb.

»Beginnt mit der Energie des Schöpfers«, sagte sie. »Laßt sie in euren Körper eintreten und ihn anfüllen. Laßt diese Energie durch den Scheitel eures Kopfes und durch eure Augen nach außen fließen, bis ihr nur Schönheit um euch herum erblicken und reine Liebe fühlen könnt. Nun stellt euch vor, wie dieses Feld die Männer über uns erreicht und ihr Energieniveau so weit anhebt, daß sie in Verbindung zu ihrer inneren Intuition treten können.«

Oben auf dem Hügel starrten die Männer unheilvoll auf uns herab und begannen, den Weg zu uns hinabzusteigen.

Tashi warf einen Blick auf Natalie und nickte.

»Jetzt«, meinte sie, »können wir die Engel rufen.«

Ich blickte zu Wil hinüber. »Wie bitte?«

»Zuerst«, fuhr Natalie fort, »müssen wir dafür sorgen, daß unser Feld vollständig und bereit ist, mit dem Feld der Männer dort oben in Kontakt zu treten. Seht, wie es geschieht. Sie sind keine Feinde, sie sind Menschen, die in Ängsten gefangen sind. Und jetzt müssen wir die Engel rufen und uns ganz bewußt vorstellen, wie sie zu den Männern kommen.

Jetzt konzentriert euch mit eurer ganzen Kraft darauf, daß die Engel das Energiefeld verstärken. Sie werden das höhere Selbst dieser Männer auf eine Weise mit Energie erfüllen, wie wir allein es niemals könnten. Sie werden sie auf ein Bewußtseinsniveau heben, das unfähig ist zu irgend etwas Bösem.«

Ich starrte die beiden Männer an, die den Hügel herabkamen, und suchte nach den Lichtschemen, die auf die Anwesenheit der Dakini hinweisen, doch ich konnte nichts erkennen, trotz all meiner Anstrengungen, mich zu konzentrieren.

»Es funktioniert nicht«, meinte ich frustriert zu Wil.

»Schau doch«, erwiderte er. »Dort oben rechts!«

Während ich noch starrte, konnte ich plötzlich ein Licht erkennen, das sich näherte. Dann erkannte ich, daß dieses Licht eine Gestalt umgab, die auf die beiden Männer zuging. Die Lichtgestalt trug die Uniform eines Deputy Sheriffs.

»Wer ist das?« fragte ich Bill. »Er kommt mir bekannt vor.«

»Warte ab«, erwiderte Wil. »Das ist kein Mensch.«

Ich beobachtete, wie der Sheriff mit den beiden Männern zu sprechen begann. Das Licht umgab sie nun alle, und schließlich begannen die Männer, wieder zu ihrem Fahrzeug zurückzugehen. Während der Sheriff dort stehenblieb, wo er war, dehnte sich das Licht bis zu den Lastwagen aus und hüllte alles ein. Die Fahrzeuge drehten um und fuhren davon.

»Die Erweiterung hat also doch funktioniert«, meinte Wil.

Aber ich hörte gar nicht mehr richtig zu. Meine Augen waren auf den Sheriff gerichtet, der sich jetzt uns zuwandte. Er war groß und hatte schwarzes Haar. Wo hatte ich ihn schon einmal gesehen?

Es kam mir erst, als er sich wieder umdrehte und wegging. Das war derselbe Mann, den ich beim Pool in Kathmandu gesehen hatte, der mir von den Forschungen über das Gebetsfeld erzählt hatte und den ich später noch öfter kurz erblickt hatte. Den Wil als meinen Schutzengel bezeichnet hatte!

»Sie sind schon immer in menschlicher Gestalt erschienen, wenn es notwendig war«, meinte Tashi, der zusammen mit Natalie auf mich zukam.

»Wir haben eben die letzte Erweiterung abgeschlossen«, fügte er hinzu. »Jetzt kennen wir endlich das Geheimnis von Shambhala. Wir können nun anfangen, dieselbe Arbeit zu verrichten wie die Menschen dort. Sie haben die Welt beobachtet und die wichtigen Vorkommnisse herausgesucht. Dann haben sie nicht nur mit ihrem eigenen spirituellen Feld eingegriffen, sondern auch die Kraft der Engel dafür eingesetzt. Das ist die Rolle der Engel: diese Felder zu verstärken.«

»Das verstehe ich noch nicht so ganz. Warum hat es nicht funktioniert, als wir versuchten, Chang aufzuhalten, bevor wir durch das Fenster gingen?« wollte ich wissen.

»Da kannte ich den letzten Schritt noch nicht«, erwiderte Tashi. »Ich wußte nicht genau, was die Menschen in den Tempeln machten, bevor ich mit Natalie gesprochen hatte. Wir hatten mit unserem Feld Changs Energieniveau angehoben, was ein absolut notwendiger Schritt ist, aber wir wußten noch nicht, wie wir die Engel zu Hilfe rufen konnten. Zuerst müssen wir sie anerkennen, doch dann müssen wir sie ganz bewußt rufen, so daß sie kommen und uns unterstützen.«

Tashi unterbrach sich und schaute gedankenverloren in die Ferne. Dann bildete sich langsam ein Lächeln auf seinem Gesicht.

»Was ist, Tashi?« fragte ich.

»Ani und der Rest von Shambhala«, erwiderte er. »Sie verbinden sich mit uns. Ich kann sie spüren.«

Er machte eine Pause und wandte sich dann an uns alle. »Es gibt noch etwas, das wir tun können. Wir können die Engel rufen, damit sie dieses Tal bewachen.«

Natalie führte uns durch einen Prozeß, in dem wir ein besonderes Feld aufbauten, das sich bis zu den bewaldeten Höhenzügen rund um das Tal erstreckte, und dann die Engel riefen, um es zu beschützen.

»Stellt euch einen Engel in jeder Richtung vor«, schlug sie vor. »Shambhala war immer beschützt. Auch wir können uns einen solchen Schutz schaffen.«

Wir konzentrierten uns noch einige Minuten lang auf die aufgebauten Energiefelder, dann begannen die beiden Jugendlichen ein intensives Gespräch, während wir ihnen lauschten.

Sie sprachen über die anderen Kinder und Jugendlichen, die aus Shambhala gekommen waren, und darüber, daß sie nun erwachen mußten, wo immer sie waren. Sie erzählten uns, daß die Kinder, die zur Zeit in unsere Welt kommen, stärker sind als jemals zuvor. Sie sind auf eine ganz neue Art und Weise stark, kraftvoll und intelligent. Sie entwickeln ihre Talente früher als jemals zuvor. Sie singen, tanzen, schreiben, machen Musik oder treiben Sport.

»Dabei gibt es nur ein Problem. Ihre Kraft ist viel größer, aber sie haben noch nicht gelernt, die Wirkungen ihrer Gedanken vollkommen zu kontrollieren. Sie können jedoch sehr leicht lernen, wie die Arbeit mit den Gebetsfeldern funktioniert. Wir müssen ihnen helfen und es ihnen beibringen.«

Alle brachen nun auf zu Bills Haus, wobei Tashi und Natalie sich immer noch lebhaft miteinander unterhielten.

Dabei überkam mich wieder einmal ein Anflug von Skepsis. Selbst nach allem, was ich gesehen hatte, zweifelte ich immer noch daran, daß wir Menschen wirklich Engel rufen konnten.

»Glaubst du wirklich, daß wir Engel rufen können, um uns und anderen zu helfen?« fragte ich Wil. »Haben wir wirklich so viel Macht?«

Wil hielt inne und schaute mich an.

»So einfach ist es ja nun auch wieder nicht«, meinte er. »Für jemanden mit bösen Absichten ist es sogar völlig unmöglich. Nichts davon funktioniert, wenn wir nicht vollständig mit der Energie des Schöpfers verbunden sind und dieses Energiefeld bewußt von uns aussenden, damit es mit anderen in Kontakt treten kann. Wenn auch nur ein bißchen Ego oder Ärger damit verbunden sind, bricht das Energiefeld zusammen, und die Engel werden nicht reagieren. Verstehst du, was ich damit sagen will? Wir sind Gottes Vertreter hier auf diesem Planeten. Wir können die Vision des göttlichen Willens in uns aufrechterhalten, und wenn wir uns tatsächlich mit dieser positiven Zukunft verbinden, entsteht ein so starkes spirituelles Energiefeld, daß es die Engel auf den Plan ruft und diese einbindet.«

Ich wußte, er hatte recht.

»Ist dir schon aufgefallen, was all das hier ist?« fügte er hinzu. »All diese Informationen sind zusammen die Elfte Erkenntnis! Das Wissen um die Gebetsfelder bringt die menschliche Kultur wieder einen Schritt weiter. Nachdem wir die Zehnte Erkenntnis verstanden hatten – daß es die Aufgabe der Menschheit ist, auf diesem Planeten eine ideale spirituelle Kultur zu erschaffen –, fehlte immer noch etwas. Wir wußten nicht, wie wir in der Lage sein sollten, diese Vision zu halten und zu verwirklichen. Wir wußten nicht, wie wir unseren Glauben und unsere Intention energetisch umsetzen konnten.

Jetzt wissen wir es. Das ist es, was wir durch die Existenz von Shambhala und durch das Geheimnis der Gebetsfelder erhalten haben. Wir können nun die Vision einer spirituellen Welt halten und sie durch unsere kreativen Kräfte verwirklichen. Die menschliche Kultur kann sich nicht weiterentwickeln, bevor wir nicht fähig sind, diese Kraft bewußt im Dienst der menschlichen Evolution einzusetzen. Wir müssen dasselbe tun, was die Menschen in den Tempeln taten: unser Gebetsfeld systematisch in allen Bereichen da draußen einsetzen, wo es etwas bewirken kann. Die wahre Rolle der Medien, besonders des Fernsehens, ist es, diese problematischen Bereiche aufzuzeigen. Wir müssen jede Diskussion, jede wissenschaftliche Debatte, jeden Kampf zwischen Licht und Finsternis aufspüren und uns die Zeit nehmen, unser Feld auf diese Bereiche auszurichten.«

Er blickte sich um. »Wir können das in kleinen Gemeinschaften machen, in kirchlichen Gruppierungen und in Freundeskreisen überall auf der Welt. Aber stell dir vor, was geschehen würde, wenn alle Religionen sich zu einem gigantischen zusammenhängenden Gebetsfeld verbinden würden. Im Moment ist dieses Feld noch zersplittert, und manchmal wird es sogar durch negative Gedanken und Haß völlig zerstört. Selbst Menschen, die es eigentlich gut meinen, lassen zu, daß ihre Gedanken zum allgemeinen Bösen beitragen, da sie denken, daß es keine Rolle spielt.

Aber was, wenn sich das ändern würde? Was, wenn wir ein Feld aufbauen würden, das größer ist als alles, was die Welt bisher gesehen hat? Das den gesamten Planeten umspannt und alle jene heimtückischen Kräfte umfaßt, die die Macht zentralisieren und alle anderen kontrollieren wollen? Was, wenn alle reformatorischen Kräfte in jedem Berufsfeld und jedem Bereich wüßten, wie das gemacht werden kann? Was, wenn das Wissen um diese Felder so stark anwachsen würde?«

Wil hielt einen Moment inne.

»Und was wäre, wenn wir alle an das Reich der Engel glauben würden?« fuhr er dann fort. »Wenn wir wüßten, daß es unser Geburtsrecht ist, sie zu rufen? Es gäbe dann keine Situation mehr, die wir nicht unmittelbar beeinflussen könnten. Das neue Jahrtausend könnte um einiges anders aussehen als im Moment. Wir wären wirklich die Krieger von Shambhala, die den Kampf um die Zukunft gewinnen.«

Er blickte mich ernst an. »Das ist die wahre Herausforderung dieser Generation. Wenn es uns nicht gelingt, könnten alle Opfer der früheren Generationen umsonst gewesen sein. Wir schaffen es dann vielleicht nicht, die gegenwärtige Zerstörung unserer Umwelt rechtzeitig aufzuhalten und der Gefahr zunehmender Kontrolle der Gesellschaften durch einige wenige zu entgehen.

Das Wichtigste ist im Moment, ein bewußtes Netzwerk der Gedanken aufzubauen. Die Krieger miteinander zu verbinden. Jeder einzelne, der darum weiß, muß sich mit allen anderen in seinem Leben verbinden, die an dieser Aufgabe interessiert sein könnten.«

Ich schwieg. Was Wil sagte, erinnerte mich an Yin und all die anderen Menschen unter chinesischer Tyrannei. Ohne Yins Hilfe hätte ich es nicht geschafft. Was war mit ihm geschehen? Ich erzählte Wil, woran ich eben gedacht hatte.

»Das können wir ganz leicht feststellen«, meinte Wil. »Das Fernsehen ist schließlich nur ein Vorläufer für das Hellsehen mit dem inneren Auge. Versuche, ein Bild davon zu finden, wo er sich im Moment aufhält.«

Ich nickte und versuchte, meinen Geist ganz leer werden zu lassen und nur an Yin zu denken. Statt dessen erschien plötzlich das Gesicht von Colonel Chang. Ich schrak zurück und erzählte Wil, was geschehen war.

»Erinnere dich an den Ausdruck auf seinem Gesicht, als er aufzuwachen schien«, schlug Wil vor. »Versuche, diesen Ausdruck in dem Bild zu finden.«

Ich stellte mir den Ausdruck vor meinem inneren Auge vor, und plötzlich wechselte das Bild zu einer Gefängniszelle, in der ich Yin erkennen konnte, umgeben von Wachen.

»Ich sehe Yin«, erklärte ich Wil. Und dann baute ich mein inneres Feld auf und rief die Engel an, bis der Bereich um ihn herum heller und lichter wurde. Schließlich stellte ich mir vor, wie das Licht sich auf alle ausdehnte, die ihn gefangenhielten.

»Stell dir einen Engel an seiner Seite vor«, schlug Wil vor. »Und einen an der Seite des Colonels.«

Ich nickte und mußte dabei an die tibetische Lehre des Mitgefühls denken.

Wil zog eine Augenbraue hoch und lächelte, während ich mich wieder auf die Bilder konzentrierte.

Yin ist in Sicherheit. Tibet wird irgendwann schließlich frei werden. Diesmal hatte ich keine Zweifel mehr.